John Gray

Mężczyźni są z Marsa, kobiety z Wenus

Jak dochodzić do porozumienia i uzyskiwać to, czego się pragnie

Przekład
Katarzyna Waller-Pach

Zysk i S-ka
Wydawnictwo

Tytuł oryginału
Men are from Mars, Women are from Venus
A Practical Guide for Improving Communication and Getting What You Want in Your Relationships

Wydanie II poprawione

ISBN 83-86530-02-2

Zysk i S-ka Wydawnictwo s.c.
ul. Wielka 10, 61-774 Poznań
tel. (0-61) 853 27 51, 853 27 67, fax 852 63 26
Dział handlowy, ul. Zgoda 54, 60-122 Poznań
tel. (0-61) 864 14 03, 864 14 04
e-mail: sklep@zysk.com.pl
nasza strona: www.zysk.com.pl

Skład i łamanie
perfekt s.c., Poznań, ul. Grodziska 11, tel. 67 12 67

Druk i oprawa: FINIDR, s. r. o., Český Těšín

*Książkę tę z najgłębszą miłością
i wzruszeniem dedykuję mojej żonie,
Bonnie Gray.
Jej miłość, wrażliwość, mądrość i siła
sprawiły, że mogłem najlepiej, jak tylko umiem,
przedstawić to, czego się wspólnie
nauczyliśmy.*

Podziękowania

Dziękuję mojej żonie Bonnie za to, że odbyła ze mną całą drogę, która doprowadziła do powstania tej książki. Jestem jej wdzięczny, że zgodziła się, bym uchylił rąbka naszej prywatności oraz że pomogła mi zrozumieć i docenić kobiecy sposób widzenia świata.

Dziękuję naszym trzem córkom — Shannon, Julie i Lauren — za ich niezachwianą miłość i zachętę. Wyzwanie, jakim była dla mnie rola ojca, pozwoliło mi pojąć, jakie trudności musieli pokonać moi rodzice. Dzięki temu, że sam mam dzieci, jeszcze bardziej kocham swoich rodziców. Będąc ojcem, lepiej zrozumiałem własnego ojca.

Dziękuję moim rodzicom za to, że z wielką miłością wychowali całą naszą siódemkę.

Jestem wdzięczny najstarszemu bratu, Davidowi, za to, że rozumie moje uczucia i pochwala sposób, w jaki je wypowiadam. Dziękuję mojemu bratu Williamowi za ustawiczne zachęcanie mnie do większego wysiłku. Dziękuję mojemu bratu Robertowi za pewną rozmowę, która trwała aż po świt i tak wiele wniosła do mojej pracy. Dziękuję mojemu bratu Tomowi za dodawanie mi otuchy i za jego wspaniały optymizm. Dziękuję mojej siostrze Virginii za to, że zawsze we mnie wierzyła i że wysoko ocenia moje seminaria. Zawsze pozostanę wdzięczny mojemu zmarłemu młodszemu bratu Jimmy'emu za jego miłość i podziw, które wciąż pomagają mi w trudnych chwilach.

Dziękuję mojej agentce, Patti Breitman, której twórcza pomoc i entuzjazm towarzyszyły tej książce od pierwocin aż po finał. Dziękuję Carole Bidnick za wsparcie, którego udzieliła mi w trudnych chwilach rozpoczynania pracy. Dziękuję Susan Moldow i Nancy Peske za poparcie i rady, których mi udzieliły. Dziękuję zespołowi HarperCollins za to, że zawsze mogłem liczyć na jego pomoc w swoich poszukiwaniach.

Pragnę też wyrazić wdzięczność tysiącom anonimowych uczestników moich seminariów, którzy dzielili się ze mną swoimi doświadczeniami i zachęcali do napisania książki. Przygotowując możliwie pełną prezentację rozległego tematu, jakim są problemy w porozumiewaniu się, czułem ich nie słabnące wsparcie.

Jestem wdzięczny moim pacjentom za to, że zaufali mi i opowiedzieli o swoich domowych zmaganiach.

Dziękuję Steve'owi Martineau za jego mądre wskazówki, które wpłynęły na kształt tej książki. Dziękuję tym wszystkim, których serdeczność i wspaniałomyślność pozwoliły powołać do życia John Gray Relationship Seminars (właśnie seminaria były polem, na którym ulepszyłem i rozwijałem swoją pracę). Byli to: Elley i Ian Corenowie z Santa Cruz, Debra Mudd, Gary i Helen Francellowie z Honolulu, Bill i Judy Elbringowie z San Francisco, David Obstfeld i Fred Kliner z Waszyngtonu, Elizabeth Kling z Baltimore, Clark i Dottie Bartelowie z Seattle, Michael Najarian z Phoenix, Gloria Manchester z Los Angeles, Sandee Mac z Houston, Earlene Carrillo z Las Vegas, David Farlow z San Diego, Bart i Merril Jacobsowie z Dallas oraz Ove Johhansson i Ewa Martensson ze Sztokholmu.

Dziękuję Richardowi Cohenowi i Cindy Black z Beyond Words Publishing za ich autentyczny i serdeczny wkład w powstanie mojej poprzedniej książki *Men, Women, and Relationships*, w której tkwił zalążek wszystkiego, co potem rozwinąłem, pisząc obecną książkę.

Dziękuję Johnowi Vestmanowi z Trianon Studios za znakomite nagranie całego mojego seminarium oraz Dave'owi Mortonowi i zespołowi Cassette Express za profesjonalizm, z jakim potraktowali dostarczony im materiał.

Spośród mężczyzn, których opowiadania szczególnie mnie wzbogaciły, osobne podziękowania składam Lenneyowi Eigerowi, Charlesowi Woodowi, Jacquesowi Early'emu, Davidowi Placekowi i Chrisowi Johnsowi, który wspomógł wydanie mojego rękopisu.

Dziękuję mojej sekretarce, Arianie, za to, że na cały czas mojej pracy nad książką wzięła na siebie odpowiedzialność za prowadzenie biura.

Dziękuję mojemu adwokatowi, który jest także przybranym dziadkiem moich dzieci, Jerry'emu Riefoldowi za to, że zawsze mogłem na niego liczyć.

Dziękuję Cliffordowi McGuire'owi za naszą dwudziestoletnią przyjaźń. Nie mógłbym sobie życzyć lepszego przyjaciela i doradcy.

Wstęp

W tydzień po narodzinach naszej córki Lauren moja żona Bonnie i ja byliśmy zupełnie wyczerpani. Lauren nie dawała nam zasnąć. Bonnie po porodzie prawie nie mogła chodzić i musiała brać środki przeciwbólowe. Przez pięć dni pozostawałem w domu, żeby jej pomóc, a potem wróciłem do pracy. Wydawało mi się, że Bonnie czuje się już lepiej.

Kiedy mnie nie było, skończyły się jej środki przeciwbólowe. Zamiast zadzwonić do mnie do pracy, poprosiła jednego z moich braci, który wpadł z wizytą, by poszedł do apteki. On jednak z jakiegoś powodu nie przyniósł jej tabletek. Bonnie przez cały dzień opiekowała się noworodkiem, cierpiąc okropnie.

Ja tymczasem nie miałem o niczym pojęcia. Kiedy wróciłem do domu, Bonnie była zupełnie wytrącona z równowagi.

Nie rozumiałem, o co chodzi. Miałem wrażenie, że mnie oskarża, gdy mówiła: „Cały dzień mnie boli. Skończyły się tabletki. Leżę zwinięta w łóżku i nikogo to nie obchodzi".

Zacząłem się bronić: „Dlaczego nie zadzwoniłaś do mnie?" A ona na to odpowiedziała: „Prosiłam twojego brata, ale zapomniał! Czekałam cały dzień, aż wróci. Co miałam zrobić? Ledwo chodzę. Czuję się taka opuszczona!"

Wtedy wybuchłem. Ja także byłem tego dnia poirytowany. Byłem zły, że do mnie nie zadzwoniła. Czułem wściekłość, myśląc o tym, że mnie oskarża, chociaż nawet nie wiedziałem, że cierpi. Powiedzieliśmy sobie kilka niemiłych słów i ruszyłem w stronę drzwi. Byłem zmęczony, zdenerwowany i dość już usłyszałem. Oboje doszliśmy do kresu wytrzymałości. I wtedy stało się coś, co odmieniło moje życie.

Bonnie powiedziała: „Poczekaj! Nie odchodź, proszę. Teraz najbardziej cię potrzebuję. Jestem cała obolała. W ogóle nie sypiam. Proszę, wysłuchaj mnie". Zatrzymałem się. Bonnie mówiła dalej: „John, póki jestem słodka i kochająca, jesteś przy mnie, ale kiedy tylko zaczynam być rozżalona, po prostu wychodzisz". Potem przerwała i z oczami pełnymi łez dodała: „Teraz bardzo mnie boli. Nie mam ci nic do ofiarowania. Właśnie teraz najbardziej ciebie potrzebuję. Proszę, chodź tutaj i przytul mnie. Nic nie musisz mówić. Wystarczy, że poczuję, jak mnie obejmujesz. Proszę, nie odchodź".

Zbliżyłem się i w milczeniu wziąłem ją w objęcia. Płakała, przytulona do mnie. Po kilku minutach podziękowała mi, że nie wyszedłem i że mogła popłakać na moim ramieniu. Tego dnia po raz pierwszy nie zostawiłem jej samej. Zostałem i czułem się z tym świetnie. W końcu dałem jej to, czego naprawdę potrzebowała. To chyba naprawdę była miłość: troska o tę drogą osobę, wiara w nasze uczucie, obecność drugiego człowieka. Byłem zaskoczony, jak łatwo udało mi się pomóc Bonnie, kiedy tylko wskazała mi właściwą drogę. Inna kobieta w tej sytuacji instynktownie wiedziałaby, czego Bonnie potrzeba, lecz ja jako mężczyzna nie miałem pojęcia, że to dotykanie, przytulanie i wysłuchiwanie żalów jest dla niej takie ważne.

Nigdy bym nie uwierzył, że tak łatwo rozwiążemy nasz konflikt.

W moich wcześniejszych związkach stawałem się w takich chwilach niechętny albo obojętny, po prostu dlatego, że nie wiedziałem, co właściwie mógłbym zrobić. Pewnie z tego powodu moje pierwsze małżeństwo było bardzo trudne i bolesne.

Incydent z Bonnie uświadomił mi, jak mógłbym zmienić swoje zachowanie. Zainspirował mnie także do podjęcia siedmioletnich badań, które w końcu doprowadziły do powstania tej książki.

Uświadomiłem sobie, jak bardzo kobiety różnią się od mężczyzn, i zdałem sobie sprawę, że małżeństwo nie musi być ciągłą walką. Pamiętając o dzielących nas różnicach, mogliśmy z Bonnie skutecznie poprawić nasze sposoby porozumiewania się. Zrobiło nam się z sobą po prostu przyjemniej. Poznając i zgłębiając te różnice, uzyskaliśmy świadomość spraw, o których nigdy nie mówili nam rodzice, choćby dlatego, że podobnie jak my nie zdawali sobie dotąd sprawy z ich istnienia. Kiedy zacząłem się dzielić własnymi odkryciami z osobami przychodzącymi ze swoimi problemami do mojego gabinetu, zauważyłem, że moje rady przyniosły i w ich związkach znaczącą poprawę. Od tego czasu dosłownie tysiące par, które spotkałem na swoich seminariach, uznało, że w ich związkach nastąpiła cudowna odmiana.

Minęło siedem lat, a ja wciąż dostaję listy, zdjęcia uśmiechniętych małżeństw z dziećmi, kartki z podziękowaniami za uratowanie czyjegoś związku. Co prawda, to nie ja ratuję małżeństwa, lecz miłość, ale wielu z tych ludzi z pewnością rozwiodłoby się, gdyby nie nauczono ich w porę lepszego zrozumienia płci przeciwnej.

Susan i Jim byli małżeństwem od dziesięciu lat. Jak większość par oni także zaczynali wspólne życie, bardzo się kochając. Nadeszły jednak lata narastającej frustracji i rozczarowań, a wtedy, myśląc, że ich uczucie wygasło, zdecydowali się na rozstanie. Przed przeprowadzeniem rozwodu postanowili jeszcze przyjść na moje sobotnio-niedzielne seminarium. Susan powiedziała mi: „Próbowaliśmy wszystkiego, by ocalić ten związek, ale nic nie pomaga. Za bardzo się różnimy". W czasie seminarium ze zdumieniem dowiedzieli się, że te liczne różnice są zupełnie naturalne. Ucieszyło ich odkrycie, że inne pary przeszły dokładnie tę samą drogę.

W ciągu zaledwie dwóch dni Susan i Jim nauczyli się zupełnie nowego spojrzenia na naturę mężczyzn i kobiet.

Znowu się w sobie zakochali. Ich związek cudownie się przeobraził. Nie myśleli już o rozwodzie. Marzyli, by razem spędzić resztę życia. Jim powiedział potem, że to właśnie dzięki zrozumieniu dzielących ich różnic mogli się wzajemnie odzyskać.

Sześć lat później zaprosili mnie, bym zobaczył ich nowy dom i poznał całą rodzinę. Wciąż się kochali i dziękowali za to, że pozwoliłem im lepiej się zrozumieć i że się nie rozstali.

Chociaż większość ludzi wie, że mężczyźni i kobiety bardzo się różnią, to pozostaje dla nich niejasne, **na czym** ta różnica polega. Wielu specjalistów poruszało ten temat w swoich książkach, lecz prace te były zwykle jednostronne i pogłębiały tylko wzajemną niechęć i brak zaufania. Jedna z płci była zazwyczaj przedstawiana jako ofiara drugiej. Potrzebny był prosty podręcznik mówiący o tym, jak **naturalne** są różnice między kobietami a mężczyznami.

Aby wzbogacić i uleczyć kontakty między ludźmi przeciwnej płci, należy im pomóc w zrozumieniu dzielących ich różnic. Pozwoli to mężczyznom i kobietom na nowo się zaakceptować oraz umocnić poczucie własnej wartości, a jednocześnie obdarzyć partnera miłością, z całą jej niezmierzoną ufnością, chęcią współdziałania i podejmowaniem odpowiedzialności.

W wyniku ankiety, jaką przeprowadziłem wśród 25 000 uczestników moich seminariów, udało mi się zdefiniować zasadnicze różnice między kobietami a mężczyznami. Kiedy będziecie czytać o tych różnicach, poczujecie, jak wyrosłe między wami mury nieufności i urazy walą się w gruzy. Wszystkie zasady opisane w tej książce zostały wypróbowane w praktyce. 90 procent ankietowanych osób całkowicie utożsamiało się z uczuciowymi modelami mężczyzny i kobiety, jakie przedstawiłem.

Mężczyźni są z Marsa, kobiety z Wenus — to podręcznik o szczęśliwym związku z lat dziewięćdziesiątych XX wieku. Mówi głównie o tym, że mężczyźni i kobiety inaczej myślą, czują, postrzegają, reagują i kochają, innych rzeczy pragną i inne cenią. Zdaje się czasem, jakby pochodzili z różnych planet, których mieszkańcy mają odmienne potrzeby i mówią własnymi językami.

Ta książka pomoże wam uniknąć niezrozumienia i niewłaściwych oczekiwań. Jeśli będziecie pamiętali, że partner pochodzi z innej planety, to postaracie się, zamiast go zmieniać — jak bywało dotąd — rozpocząć współdziałanie oparte na zrozumieniu faktu, że **musicie** się różnić. Co ważniejsze, nauczycie się praktycznych technik rozwiązywania problemów płynących z waszej inności.

Tworzenie szczęśliwego związku jest czasami bardzo trudne. Oczywiście, że pojawią się problemy. Tylko że te problemy albo mogą się stać źródłem urazy i odrzucenia partnera, albo posłużyć do zbudowania głębszego wzajemnego zrozumienia, bliskości, zaufania i miłości. Wskazówki, które znajdziecie w tej książce, pomogą wam rozwiązywać problemy, jakie napotkacie w waszym wspólnym życiu. W ten sposób uzyskacie narzędzie, które pozwoli wam zdobyć miłość, jakiej pragniecie, i dać partnerowi swoją czułość i pomoc, na które zasługuje.

Naturalnie, książka ta zawiera wiele uogólnień i czasem niektóre stwierdzenia wydadzą się wam bardziej trafne, a inne mniej. Każdy z nas ma przecież własną osobowość. Czasami na moich seminariach spotykałem i takie pary, w których związku zachodziło swoiste odwrócenie ról — mężczyzna identyfikował się z tym, co mówiłem o kobietach, i odwrotnie. Jeżeli zauważycie, że coś podobnego dotyczy także waszego związku, pragnę was uspokoić, że nie ma w tym żadnej „nienormalności".

Radzę serdecznie, byście, jeśli natraficie na coś, co zupełnie do was nie pasuje, albo zignorowali to, albo wejrzeli głębiej w siebie.

Czasem mężczyźni, którzy pragną być bardziej kochający i lepiej trafiać w oczekiwania partnerki, zaprzeczają do pewnego stopnia swej męskiej naturze. Podobnie niektóre kobiety wyrzekają się swoich kobiecych cech, aby osiągnąć sukces w zawodzie wymagającym „męskiego" charakteru. Jeśli ten przypadek zaistniał w waszym związku, to, być może, lektura tej książki pozwoli wam przywrócić równowagę między waszą męską i kobiecą naturą.

Nie staram się natomiast odpowiedzieć w mej książce na

pytanie, **dlaczego** mężczyźni i kobiety tak bardzo się różnią. Jest to zagadnienie dotyczące bardzo wielu kwestii: różnic biologicznych i wpływu rodziców, edukacji, uwarunkowań kulturalnych, społecznych, historycznych czy wreszcie oddziaływania mediów. (Sprawy te omawiam szerzej w publikacji *Men, Women, and Relationships: Making Peace with the Opposite Sex*).

Chociaż korzyści płynące z lektury mej książki są natychmiastowe, nie może ona zastąpić prawidłowo przeprowadzonej terapii ani porady specjalisty zajmującego się problemami rodzinnymi.

Książka ta pokazuje jedynie obraz szczęśliwego związku i pozwala poznać metody wzajemnego porozumiewania się.

Jestem przekonany, że każdy czytelnik może z niej czerpać wiele korzyści. Jedyna negatywna uwaga, jaką słyszałem na swoich seminariach, brzmiała: „Szkoda, że nikt mi wcześniej tego nie powiedział".

Nigdy nie jest za późno, by wprowadzać do swojego życia miłość. Musicie się tylko nauczyć nowego sposobu postępowania.

Jeśli pragniecie, by wasz związek był pełniejszy i bardziej satysfakcjonujący, przeczytajcie tę książkę.

Przedstawiając ją czytelnikom, czynię to z wielką radością. Niech rośnie w was miłość i mądrość. Życzę Wam wszystkim, by liczba rozwodów spadła, a szczęśliwych związków wzrosła. Nasze dzieci zasługują na życie w lepszym świecie.

15 listopada 1991 John Gray
Mill Valley, Kalifornia

ROZDZIAŁ PIERWSZY

MĘŻCZYŹNI SĄ Z MARSA, KOBIETY Z WENUS

Wyobraźcie sobie, że mężczyźni pochodzą z Marsa, a kobiety z Wenus. Pewnego dnia, dawno temu, Marsjanie, patrząc przez teleskopy, odkryli Wenusjanki. Jeden rzut oka wystarczył, by obudziły się w nich nie znane wcześniej uczucia. Marsjanie zakochali się, szybko wymyślili podróż kosmiczną i polecieli na Wenus.

Wenusjanki przywitały Marsjan z otwartymi ramionami. Intuicyjnie przeczuwały, że ten dzień kiedyś nadejdzie. Ich serca otworzyły się na miłość, której nigdy wcześniej nie zaznały.

Miłość Wenusjanek i Marsjan była czarowna. Zachwycali się tym, że są razem, robią ze sobą różne rzeczy, wspólnie mieszkają. Chociaż pochodzili z innych światów, umieli się rozkoszować swoją odmiennością. Całe miesiące spędzali, ucząc się siebie nawzajem, badając i uznając swoje odrębne potrzeby, upodobania i sposoby zachowania. Przez całe lata żyli w miłości i harmonii.

Potem zdecydowali się polecieć na Ziemię. Z początku wszystko szło dobrze, ale oddziaływanie atmosfery ziemskiej spowodowało, że pewnego ranka wszyscy obudzili się z osobliwym rodzajem amnezji — amnezją wybiórczą.

Zarówno Marsjanie, jak i Wenusjanki zapomnieli, że muszą się różnić, bo pochodzą z innych planet. Tego ranka wszystko, czego dotychczas się dowiedzieli o swojej odrębności, zatarło się w ich pamięci. I od tego dnia mężczyźni i kobiety pozostają w konflikcie.

PAMIĘĆ O ODRĘBNOŚCI

Nieświadomi, że mężczyźni i kobiety **muszą się** różnić, żyjemy w niezgodzie. Często wpadamy w złość lub frustrację w zetknięciu z płcią przeciwną, ponieważ zapomnieliśmy o tej ważnej prawdzie. Spodziewamy się, że przedstawiciele odmiennej płci będą bardziej do nas podobni. Żądamy, aby „chcieli, czego my chcemy" i „czuli to, co my czujemy".

Mylnie sądzimy, że jeśli nasi partnerzy nas kochają, to będą reagować i zachowywać się w określony sposób. Ten sam, w jaki my reagujemy i zachowujemy się, gdy kogoś kochamy. Takie nastawienie prowadzi do wciąż nowych rozczarowań. Tracimy czas, który moglibyśmy poświęcić na wymienianie się informacjami na temat swoich odrębności.

Mylnie sądzimy, że jeśli nasi partnerzy nas kochają, to będą reagować i zachowywać się w określony sposób. Taki sam, w jaki my reagujemy i zachowujemy się, gdy kogoś kochamy.

Mężczyźni niesłusznie oczekują, że kobiety będą myślały, wypowiadały się, reagowały tak, jak to robią mężczyźni; kobiety błędnie spodziewają się po mężczyznach uczuć, sposobów komunikowania i reakcji właściwych kobietom. Nasze związki są pełne niepotrzebnych utarczek i konfliktów, bo zapomnieliśmy, że mężczyźni i kobiety się różnią.

Jasne postawienie sprawy i respektowanie tych odmienności spektakularnie zmniejsza nieporozumienia w kontaktach między płciami. Jeśli się pamięta, że mężczyźni pochodzą z Marsa, a kobiety z Wenus, wszystko daje się wyjaśnić.

PRZEGLĄD DZIELĄCYCH NAS RÓŻNIC

W poszczególnych rozdziałach książki będę szczegółowo omawiał dzielące nas różnice. Kolejno uzyskamy wgląd w nowe i rozstrzygające sprawy. Oto główne odmienności, jakie zgłębimy:

W rozdziale drugim przeanalizujemy, czym różni się męska skala wartości od kobiecej. Spróbujemy też zrozumieć dwa największe błędy, jakie popełniamy w kontaktach z płcią przeciwną: mężczyźni błędnie ofiarowują rozwiązania i dezawuują uczucia, a kobiety dają rady i instruują. Dla tych, którzy zrozumieją nasze marsjańsko-wenusjańskie pochodzenie, stanie się jasne, dlaczego mężczyźni i kobiety **nieświadomie** robią pewne błędy. Pamięć o dzielących nas różnicach umożliwi nam uniknięcie tych błędów i reagowanie w sposób bardziej efektywny.

W rozdziale trzecim odkryjemy, w jak różny sposób mężczyźni i kobiety reagują na stres. Podczas gdy Marsjanie zwykle zamykają się i milcząc, rozmyślają o tym, co ich gnębi, Wenusjanki czują instynktowną potrzebę mówienia o trawiących je niepokojach. Poznamy nową strategię zdobywania tego, na czym nam w tym pełnym konfliktów czasie zależy.

Jak postępować z płcią przeciwną, dowiemy się w rozdziale czwartym. Mężczyzn pobudza wrażenie, że są potrzebni, a kobiety — że są traktowane z czułością. Omówimy trzy etapy ulepszania naszych związków i nauczymy się przezwyciężać największe wyzwania: mężczyźni muszą przełamać swój opór przeciw dawaniu miłości, podczas gdy kobiety muszą pokonać opór przeciw przyjmowaniu jej.

W rozdziale piątym dowiecie się, że mężczyźni i kobiety zwykle nie mogą się porozumieć, ponieważ mówią różnymi językami. *Słownik wyrażeń marsjańsko-wenusjańskich* zawiera tłumaczenia wypowiedzi, które najczęściej bywają błędnie rozumiane. Dowiecie się, że mężczyźni i kobiety mówią, a niekiedy przestają to robić z całkowicie różnych powodów. Kobiety mogą nauczyć się, co robić, kiedy mężczyzna milknie, a mężczyźni — jak można lepiej słuchać, nie poddając się frustracji.

W rozdziale szóstym odkryjecie, jak odmienna jest potrzeba intymności mężczyzn i kobiet. Mężczyzna dąży do zbliżenia, lecz potem nieuchronnie pragnie się odsunąć. Kobiety nauczą się, jak przebrnąć przez tę fazę zachowania dystansu, tak by partner jednym skokiem wracał do poprzedniego etapu. Dowiedzą się także, jakie chwile są najlepsze do prowadzenia z mężczyzną intymnych rozmów.

W rozdziale siódmym zbadamy, jak natężenie uczuć kobiety wobec obiektu miłości rytmicznie podnosi się i opada na podobieństwo fali. Mężczyźni nauczą się, w jaki sposób odpowiednio interpretować te czasem nagłe wahania emocji. Dowiedzą się też, jak się zorientować, kiedy są najbardziej potrzebni, i w takich przypadkach umiejętnie mogą służyć pomocą, bez konieczności poświęcania się.

W rozdziale ósmym odkryjemy, że mężczyźni i kobiety ofiarowują ten rodzaj miłości, jakiego sami potrzebują, nie zaś ten, którego oczekuje płeć przeciwna. Mężczyźni pragną w miłości przede wszystkim zaufania, akceptacji i docenienia. Kobiety szukają miłości niosącej zrozumienie, uwagę i szacunek. Poznacie sześć powszechnie, choć nieświadomie przez nas stosowanych sposobów odpychania partnera.

W rozdziale dziewiątym zbadamy, jakie są sposoby unikania bolesnych kłótni. Mężczyźni nauczą się, że zachowując się tak, jakby mieli zawsze rację, dezawuują uczucia kobiet. Kobiety dowiedzą się, że zdarza im się niechcący wysyłać sygnały dezaprobaty zamiast sygnałów niezgody i w ten sposób prowokować męskie mechanizmy obronne. Przeprowadzimy szczegółową analizę kłótni. Sformułujemy praktyczne rady dotyczące sposobów komunikowania się, pomocnych w podobnych sytuacjach.

Rozdział dziesiąty pokaże, że mężczyźni i kobiety prowadzą odmienne „zapisy zdobytych punktów". Mężczyźni dowiedzą się, że dla Wenusjanek każdy — niezależnie od wielkości — podarunek miłości liczy się tak samo (jest równie ważny). Przekonają się, że nie muszą skupiać się na jednym dużym prezencie, skoro maleńkie dowody uczucia mają tę samą wartość. Przedstawimy listę 101 sposobów „zdobywania punktów" u kobiet. Kobiety tymczasem nauczą się poświęcać energię tym sprawom, które „liczą się" u mężczyzn: dawać im to, czego oni oczekują.

W rozdziale jedenastym poznacie sposoby porozumiewania się w trudnych chwilach. Omówimy odmienne u mężczyzn i kobiet sposoby ukrywania uczuć, a także wagę dzielenia się swymi emocjami. „Technika *Listu miłosnego*" będzie naszym sposobem wyrażania negatywnych uczuć, jakie czujemy wobec partnera, metodą odnalezienia większej miłości, drogą do wybaczenia.

W rozdziale dwunastym dowiecie się, dlaczego Wenusjankom trudniej przychodzi prosić o pomoc, a także dlaczego Marsjanie zwykle odmawiają tej prośbie. Nauczycie się, dlaczego wyrażenia „czy mógłbyś" i „czy możesz" zniechęcają mężczyzn i co powiedzieć w zamian. Poznacie sekret, jak zachęcić mężczyzn, by dawali z siebie więcej. Odkryjecie moc drzemiącą w odpowiednio dobranych słowach, wypowiadanych zwięźle i wprost.

W rozdziale trzynastym odkryjecie cztery pory miłości. Realistyczne spojrzenie na to, jak miłość zmienia się i wzrasta, pomoże wam przezwyciężyć nieuniknione w każdym związku kłopoty. Dowiecie się, jak przeszłość wasza i waszego partnera wpływa na teraźniejszość waszego związku. Nauczycie się, jak utrzymać miłość.

W każdym z tych rozdziałów odnajdziecie sekrety budowania trwałych związków miłosnych. Dzięki tym odkryciom potraficie sprawić, by związki te dawały wam satysfakcję.

DOBRE CHĘCI NIE WYSTARCZĄ

Zakochanie zawsze jest cudowne. Wydaje się, że będzie trwało wiecznie, a miłość pozostanie w nas na zawsze. Naiwnie wierzymy, że jakimś cudem właśnie nas nie dotyczą problemy, jakie mieli nasi rodzice. Tylko innym zdarza się, że miłość umiera — nam przeznaczono, byśmy żyli wspólnie długo i szczęśliwie.

Lecz gdy oczarowanie się rozpływa, a codzienność bierze górę, wychodzi na jaw, że mężczyźni oczekują po kobietach reakcji męskich, a kobiety spodziewają się, że mężczyźni będą zachowywać się jak kobiety. Nie uświadamiając sobie dzielących nas różnic, nie zabiegamy o wzajemne zrozumienie. Nie szanujemy swojej odrębności. Jesteśmy urażeni. Domagamy się, osądzamy, stajemy się nietolerancyjni.

Mimo najlepszych, z uczucia płynących intencji — miłość z wolna umiera. Pojawiają się problemy. Rośnie uraza. Załamuje się porozumienie. Wzrasta nieufność. W rezultacie zaczynamy zamykać się i odrzucać partnera. Czar miłości pryska.

Zadajemy sobie pytania:

- Jak to się dzieje?
- Dlaczego tak się dzieje?
- Dlaczego zdarza się to nam?

Aby odpowiedzieć na te pytania, najmądrzejsi z nas wypracowali wspaniale rozbudowane wzorce filozoficzne i psychologiczne. A jednak dawne przyzwyczajenia odżywają. Miłość umiera. Przydarza się to prawie każdemu.

Codziennie miliony samotnych osób szukają partnera, z którym będą mogły przeżyć to szczególne uczucie. Każdego roku miliony par łączą się w miłości, by potem boleśnie się rozstawać, bo zaprzepaścili swą szansę.

Z tych, którzy są zdolni podtrzymać miłość wystarczająco długo, by się pobrać — tylko 50 procent pozostaje w małżeństwie. Spośród tych, którzy zostają razem, prawdopodobnie kolejne 50 procent to ludzie nie spełnieni. Trwają razem przez lojalność, z poczucia obowiązku lub ze strachu przed rozpoczynaniem wszystkiego od nowa.

Bardzo niewielu ludzi potrafi rozwijać uczucie miłości. A jednak to się zdarza. Kiedy mężczyźni i kobiety są zdolni do szanowania i akceptowania swojej odmienności — wtedy miłość ma szansę rozwoju.

Kiedy mężczyźni i kobiety są zdolni do szanowania i akceptowania swojej odmienności — wtedy miłość ma szansę rozwoju.

Dzięki zrozumieniu ukrytej odmienności drugiej płci możemy lepiej dawać i przyjmować miłość, którą mamy w sercach. Odkrycie, uznanie i zaakceptowanie dzielących nas różnic pomoże nam uzyskiwać to, na czym nam zależy, w sposób twórczy. I — co więcej — nauczymy się, jak najlepiej kochać i wspomagać tych, na których nam zależy.

Miłość jest cudowna i może trwać, jeśli będziemy pamiętać o naszej odmienności.

ROZDZIAŁ DRUGI

PAN ZAŁATWIACZ I DOMOWY KOMITET ULEPSZEŃ

Najczęściej powtarzana przez kobiety skarga dotyczy tego, że mężczyźni nie potrafią słuchać. Mężczyzna albo całkowicie ignoruje mówiącą do niego kobietę, albo słucha przez moment, a pojąwszy, o co chodzi, dumnie nakłada czapkę Pana Załatwiacza i proponuje rozwiązanie, które pomoże jej poczuć się lepiej. Jest zdumiony, że kobieta nie docenia jego gestu miłości.

Niezależnie od tego, ile razy kobieta powtórzy, że on jej nie słucha, mężczyzna tego nie zrozumie i nadal będzie robił to co dotąd. Ona potrzebuje współczucia, on proponuje rozwiązania.

Zastrzeżenie najczęściej powtarzane przez mężczyzn w stosunku do kobiet dotyczy dążenia kobiet, aby ich zmienić. Kiedy kobieta kocha mężczyznę, czuje się współodpowiedzialna za jego rozwój. Próbuje mu pomóc, by wszystko robił lepiej. Zakłada Domowy Komitet Ulepszeń, a mężczyzna staje się głównym przedmiotem naprawy.

Niezależnie od tego, jak dalece będzie unikał jej pomocy, kobieta uparcie czyhać będzie na każdą sposobność udzielenia mu wsparcia lub choćby rady, co powinien robić.

Ona sądzi, że mu pomaga, a on czuje się kontrolowany. Bardziej niż czegokolwiek mężczyzna potrzebuje akceptacji.

Oba te problemy mogą być wreszcie zlikwidowane — musimy tylko zrozumieć, dlaczego mężczyźni proponują rozwiązania, a kobiety ulepszają.

Stanie się to możliwe dzięki podróży w czasie i przestrzeni. Znajdziemy się na Marsie i Wenus, podglądając ich mieszkańców, zanim jeszcze odkryli nawzajem swoje istnienie i polecieli na Ziemię.

ŻYCIE NA MARSIE

Marsjanie cenią siłę, kompetencję, skuteczność i osiąganie celów. Robią wszystko, by tę swoją siłę i umiejętność udowodnić i by je rozwijać. Policjanci, żołnierze, biznesmeni, naukowcy, taksówkarze, technicy i kucharze — wszyscy noszą uniformy lub co najmniej czapki dla uwidocznienia swojej kompetencji i siły.

Nie czytając popularnych kobiecych periodyków, skupiają się na takich pozadomowych działaniach, jak polowanie, łowienie ryb czy wyścigi samochodowe. Interesują ich wiadomości, pogoda i sport. Natomiast nie przykładają większej wagi do książek o miłości i poradników psychologicznych.

Bardziej niż ludzie i uczucia interesują ich „rzeczy" i „sprawy". Nawet dziś na Ziemi, gdy fantazje kobiet krążą wokół miłości, mężczyźni marzą o szybszych samochodach, lepszych komputerach, przyrządach i nowych, potężniejszych technologiach.

Mężczyzn zajmują te przedmioty, które ułatwiając osiąganie celów i „zdobywanie goli", pozwalają im pokazać, że są silni.

„Zdobywanie goli" jest bardzo ważne dla Marsjanina, ponieważ jest sposobem udowodnienia jego kompetencji, dzięki czemu jest on z siebie zadowolony. W dodatku, żeby był naprawdę ukontentowany, musi te gole wbijać samodzielnie. Ktoś inny nie może ich zdobyć za niego. Marsjanie są dumni z działań samodzielnych. Niezależność jest symbolem skuteczności, siły i kompetencji.

Dostrzeżenie tej cechy Marsjan pomoże kobietom zrozumieć, dlaczego mężczyźni tak się bronią przed ulepszaniem ich lub mówieniem, co mają robić. Udzielając mężczyźnie rad, kobieta sugeruje, że on sam nie wie, co robić, lub że nie umie tego zrobić samodzielnie. Mężczyźni są na tym punkcie bardzo wrażliwi, ponieważ kwestia kompetencji ma dla nich wielkie znaczenie.

Udzielając mężczyźnie rad, kobieta sugeruje, że on sam nie wie, co robić, lub że nie potrafi tego zrobić samodzielnie.

Zmagając się ze swoim problemem, Marsjanin rzadko o nim mówi, chyba że potrzebuje fachowej porady. Rozumuje następująco: „Dlaczego wciągać w to kogoś, skoro mogę to zrobić sam?" Zachowuje problem dla siebie, chyba że potrzebuje czyjejś pomocy, by znaleźć rozwiązanie. Szukanie wsparcia, kiedy można zrobić coś samemu, jest uznawane za oznakę słabości.

Jeśli jednak Marsjanin naprawdę potrzebuje pomocy — uzyskanie jej staje się oznaką mądrości. W takim przypadku znajduje on osobę, którą szanuje, i wtedy mówi o swoich kłopotach. Rozmowa o problemach jest zaproszeniem do zaproponowania sposobu ich rozwiązania. Wybrany Marsjanin czuje się zaszczycony taką możliwością. Automatycznie wkłada swoją czapkę Załatwiacza, słucha przez chwilę i natychmiast udziela błyskotliwej rady.

Ten zwyczaj Marsjan jest jedną z przyczyn, dla której mężczyźni instynktownie proponują rozwiązania, kiedy kobiety mówią im o swoich kłopotach. Podczas gdy Bogu ducha winna kobieta dzieli się swoimi niepokojami albo głośno rozważa problem dnia, mężczyzna niesłusznie sądzi, że jest proszony o fachową poradę. Wkłada czapkę Załatwiacza i udziela rady, co jest jego formą wyrażania miłości i chęci niesienia pomocy.

Pragnie poprawić samopoczucie kobiety, rozwiązując jej problem. Chce być przydatny. Kiedy jego umiejętności zostają użyte do wspomożenia kobiety, czuje się doceniony i przez to wart jej miłości.

Kiedy jednak zaproponuje rozwiązanie, a kobieta dalej jest rozżalona, niezmiernie mu trudno słuchać dalej. Czuje, że jego rada została odrzucona, a on sam jest niepotrzebny. Nie ma pojęcia, że kobieta oczekuje właśnie tego, by jej z zainteresowaniem i współczuciem wysłuchał. Nie wie, że na Wenus mówienie o problemach nie jest zaproszeniem do zaproponowania rozwiązania.

ŻYCIE NA WENUS

Wenusjanki mają inną skalę wartości. Cenią piękno, miłość, porozumienie i związki. Spędzają dużo czasu, wspomagając i wzbogacając się wzajemnie. Ich samopoczucie jest uzależnione od stanu uczuć i jakości związków. Spełnienie uzyskują przez dzielenie się z kimś i w odniesieniu do kogoś.

Samopoczucie kobiety jest uzależnione od stanu jej uczuć i jakości jej związku.

Wszystko na Wenus odzwierciedla te wartości. Wenusjanki poświęcają się raczej harmonijnej współpracy i przepełnionemu miłością współżyciu w społeczności niż budowaniu autostrad i drapaczy chmur. Związki są dla nich istotniejsze niż praca i technologie. W większości spraw ich świat jest przeciwieństwem życia na Marsie.

Nie noszą uniformów używanych przez Marsjan (do uwidocznienia ich kompetencji). Przeciwnie — cieszy je codzienna odmiana wyglądu, odpowiednia do nastroju. Indywidualne wyrażanie siebie, szczególnie w sferze uczuć, jest dla nich bardzo istotne. Wenusjanki mogą, poddając się zmianom nastroju, nawet kilkakrotnie w ciągu dnia zmienić wygląd.

Sprawa porozumienia jest na Wenus kwestią podstawowej wagi. Znacznie istotniejsze jest dzielenie się osobistymi odczuciami niż dążenie do sukcesu.

Rozmowa i porozumienie są źródłem cudownego spełnienia. Mężczyźnie trudno to pojąć. Może być bliski zrozumienia tego, co czuje kobieta dzieląca się emocjami lub osiągająca porozumienie, jeśli przywoła wspomnienie satysfakcji, jaką sam osiąga, kiedy zwycięży w wyścigu, wbije gola lub rozwiąże jakiś problem.

Uwaga kobiet nie jest skierowana na wbijanie goli, lecz na osiąganie wysokiej jakości związków. Zależy im na wyrażaniu swojej dobroci, miłości i zainteresowania.

Dwaj Marsjanie idą razem na lunch, żeby rozwiązać jakiś problem albo omówić sprawy zawodowe. Dodatkowo z marsjańskiego punktu widzenia restauracja jest miejscem łatwego zdobywania pożywienia — bez zakupów, gotowania i mycia naczyń.

Wenusjankom pójście na lunch daje możliwość wzbogacenia kontaktów przez ofiarowanie przyjaciółce pomocy i przyjęcie od niej wsparcia. Rozmowy, które kobiety prowadzą w restauracji, bywają bardzo otwarte, a nawet intymne — prawie takie, jakie prowadzi terapeuta z pacjentem.

Na Wenus każdy studiuje psychologię i posiada co najmniej stopień magistra w dziedzinie poradnictwa. Wenusjanki są głęboko uwikłane w sprawy indywidualnego rozwoju, duchowości i we wszystko, co może wzbogacić ich życie. Planeta obfituje w park, ogrody, centra handlowe i restauracje.

Ponieważ dla Wenusjanek udowadnianie kompetencji nie jest sprawą istotną, proponowanie pomocy nie jest obraźliwe, a jej przyjmowanie nie oznacza słabości. Mężczyzna jednak czuje się w takiej sytuacji urażony, bo gdy kobieta ofiarowuje mu pomoc, on odbiera to jako brak zaufania do jego kompetencji.

Kobieta nie ma pojęcia, jak dalece mężczyzna jest na tym punkcie wrażliwy. Ona chęć niesienia pomocy odbierałaby jako dowód miłości partnera. Mężczyzna zaś, któremu ofiarowuje się pomoc, poczuje się niekompetentny, słaby, a nawet nie kochany.

Na Wenus dawanie rad i wypowiadanie sugestii jest sygnałem, że naprawdę nam na kimś zależy. Wenusjanki niezbicie wierzą, że nawet jeśli coś działa, to zawsze może działać jeszcze lepiej. W ich naturze leży chęć ulepszania. Jeśli są kimś głęboko zainteresowane, natychmiast dostrzegają elementy, które można by poprawić, i sugerują, jak tego dokonać. Doradzanie i konstruktywna krytyka jest z punktu widzenia kobiet wyrazem miłości.

Na Marsie jest inaczej. Marsjanie są zajęci znajdowaniem rozwiązań. Ich naczelną zasadą jest niezmienianie tego, co działa. Instynkt mówi, wręcz każe im zostawić to w spokoju. Popularne na Marsie powiedzenie brzmi: „Nie naprawiaj, dopóki się nie zepsuje".

Kiedy kobieta próbuje ulepszać mężczyznę, on sądzi, że partnerka chce go naprawić. Innymi słowy, przyjmuje to jako informację, że jest „zepsuty". Kobieta nie uświadamia sobie, że jej pełne starania próby pomocy upokarzają partnera i niesłusznie sądzi, że pomaga mu się rozwijać.

ZREZYGNUJ Z UDZIELANIA RAD

Bez takiego wglądu w męską naturę kobieta może niechcący, a nawet wbrew intencjom zranić i obrazić najbardziej nawet kochanego mężczyznę.

Przykładem niech będą Tom i Mary, którzy jechali na przyjęcie. Tom prowadził samochód. Po dwudziestu minutach krążenia wokół jednego i tego samego kompleksu budynków Mary uświadomiła sobie, że Tom się zgubił. Zaproponowała więc, żeby zadzwonić po pomoc. Tom przestał się odzywać. Ostatecznie dotarli jednak na przyjęcie, ale napięcie utrzymało się przez cały wieczór. Mary nie mogła zrozumieć, co Toma wyprowadziło z równowagi. Z jej punktu widzenia powiedziała coś w rodzaju: „Kocham cię, zależy mi na tobie i dlatego proponuję ci pomoc". On zaś usłyszał obraźliwe: „Nie wierzę, że nas tam dowieziesz. Jesteś niekompetentny".

Nie wiedząc nic o życiu na Marsie, Mary nie rozumiała, jak ważne jest dla Toma samodzielne osiągnięcie celu. Proponowanie pomocy jest rozwiązaniem ostatecznym. Jak zauważyliśmy, mieszkańcy Marsa nigdy nie udzielają rad nie proszeni. Marsjaninowi okazuje się szacunek, ufając, że **zawsze** jest zdolny rozwiązywać swoje problemy, chyba że sam poprosi o pomoc.

Mary nie zdawała sobie sprawy, iż wówczas, gdy Tom się zgubił i zaczął jeździć w kółko, miała znakomitą sposobność okazania mu miłości i wsparcia. W tym momencie był przewrażliwiony i bardziej niż zazwyczaj potrzebował uczucia.

Okazanie mu szacunku przez nieproponowanie pomocy byłoby podarunkiem równym temu, jakim dla niej bywa bukiet kwiatów lub miłosny liścik.

Dopiero kiedy Mary dowiedziała się o Marsie i Wenus, nauczyła się pomagać Tomowi w trudnych chwilach. Następnym razem, gdy zabłądził, zamiast proponować mu „pomoc", wstrzymała się od doradzania, wzięła głęboki oddech, starała się całym sercem docenić to, co on dla niej robi. Tom był jej bardzo wdzięczny za to, że zaakceptowała go i okazała mu swoje zaufanie.

Ogólnie rzecz ujmując: kiedy kobieta spontanicznie doradza i próbuje „pomóc" mężczyźnie, nawet sobie nie wyobraża, jak krytycznie i „niemiłośnie" brzmi to w jego uszach. Nawet jeśli jej intencje są szczere, to w ten sposób obraża i rani partnera. Jego reakcja może być gwałtowna, szczególnie jeśli był krytykowany w dzieciństwie lub był świadkiem krytykowania ojca przez matkę.

Kiedy kobieta spontanicznie doradza
i próbuje „pomóc" mężczyźnie,
nawet sobie nie wyobraża, jak krytycznie
i „niemiłośnie" brzmi to w jego uszach.

Dla większości mężczyzn niezwykle ważne jest udowadnianie, iż mogą osiągnąć cel samodzielnie — nawet jeśli celem jest zaledwie dotarcie do restauracji czy na przyjęcie. Jak na ironię, potrafią być bardziej czuli na punkcie spraw małych niż w obliczu wielkich. Uczucia mężczyzny można by streścić tak: „Jeśli nie można mi zaufać w drobnej sprawie, jak ona chce mi powierzyć rzeczy naprawdę ważne?”

Podobnie jak ich marsjańscy antenaci, mężczyźni są dumni, jeśli uzna się ich za ekspertów, zwłaszcza w dziedzinie naprawy urządzeń mechanicznych i rozwiązywania skomplikowanych problemów. To są momenty, w których ze strony kobiet potrzebują przede wszystkim akceptacji, a nie porad i krytyki.

NAUKA SŁUCHANIA

Podobnie mężczyzna, kiedy próbuje pomóc, a nie rozumie odmienności kobiety, może tylko pogorszyć sytuację. Mężczyźni powinni pamiętać, że kobieta mówi o swoich problemach dlatego, że szuka bliskości, a nie rozwiązań.

Kiedy kobieta próbuje po prostu podzielić się z kimś wrażeniami dnia, mąż, sądząc, że pomaga, przerywa jej, proponując, według siebie znakomite, rozwiązanie problemu. I nie ma pojęcia, czemu jej to nie cieszy.

> Kobieta próbuje po prostu podzielić się uczuciami, a mąż, sądząc, że pomaga, przerywa jej, proponując, według siebie, znakomite rozwiązanie.

Mary, na przykład, wraca do domu po wyczerpującym dniu. Bardzo pragnie podzielić się z kimś nagromadzonymi w ciągu dnia uczuciami.

Mówi: „Mam tyle pracy i ani chwili dla siebie”.

Tom odpowiada: „Powinnaś więc rzucić pracę. Wcale nie musisz tak ciężko pracować. Znajdź sobie coś, co ci się będzie podobało”.

Mary: „Ależ ja lubię swoją pracę. Tyle tylko, że oni oczekują, iż będę na każde ich wezwanie”.

Tom: „Nie słuchaj ich. Po prostu rób to, co umiesz robić”.

Mary: „Właśnie to robię. Niesamowite, znowu zapomniałam zadzwonić do cioci”.

Tom: „Nie przejmuj się, ona to zrozumie”.

Mary: „Ale co ona sobie pomyśli, przecież mnie potrzebuje”.

Tom: „Za bardzo się przejmujesz. To dlatego jesteś taka nieszczęśliwa”.

Mary, ze złością: „Nie zawsze jestem nieszczęśliwa. Czy mógłbyś po prostu mnie wysłuchać?”

Tom: „Przecież słucham”.

Mary: „I po co ja ci to wszystko mówię!”

Po tej rozmowie Mary była bardziej sfrustrowana niż w momencie powrotu do domu — kiedy to szukała towarzystwa i bliskości. Tom także był sfrustrowany i nie miał pojęcia, o co chodzi. Chciał przecież pomóc. Zawiodła tylko jego taktyka rozwiązywania problemu.

Nie znając specyfiki życia na Wenus, Tom nie rozumiał, jak ważne jest wysłuchanie Mary. Nie pojmował, że jego rozwiązania są niepotrzebne i tylko pogarszają sytuację.

Trzeba nam wiedzieć, że Wenusjanki nigdy nie proponują rozwiązań, kiedy ktoś do nich mówi. Sposobem okazania szacunku mówiącej kobiecie jest współczujące wysłuchanie jej i dołożenie starań, by wniknąć w jej uczucia.

Tom nie wiedział, że najzwyczajniejsze wysłuchanie tego, co Mary chce powiedzieć o swoich uczuciach, przyniosłoby jej ogromną ulgę i zadowolenie. Kiedy jednak usłyszał o tym, jak bardzo kobiety tego potrzebują, powoli nauczył się słuchać.

Teraz, kiedy Mary wraca do domu zmęczona i wyczerpana, ich rozmowa brzmi mniej więcej tak:

Mary mówi: „Mam tyle pracy i ani chwili dla siebie".

Tom bierze głęboki oddech, odpręża się i odpowiada: „Wygląda na to, że miałaś ciężki dzień".

Mary: „Oni oczekują, że będę na każde ich wezwanie. Nie wiem już, co robić".

Tom chwilę milczy, po czym wtrąca: „Hmm".

Mary: „Zapomniałam nawet zadzwonić do cioci".

Tom, lekko unosząc brwi: „Och, naprawdę?"

Mary: „Ona mnie teraz tak potrzebuje. Strasznie mi głupio".

Tom: „Jesteś taka kochana. Chodź do mnie. Przytul się".

Tom przytula Mary, a ona wzdycha z ulgą w jego ramionach. Potem Mary mówi: „Uwielbiam z tobą rozmawiać. Przy tobie czuję się naprawdę szczęśliwa. Dziękuję, że mnie wysłuchałeś. Jest mi znacznie lepiej".

Nie tylko Mary. Tom także poczuł się lepiej. Był zdumiony, że jego żona jest szczęśliwsza, odkąd nauczył się słuchać.

Oto dwa najczęściej powtarzane przez nas błędy:

1. Mężczyzna stara się uspokoić zdenerwowaną kobietę, przybierając pozę Pana Załatwiacza i proponując rozwiązanie problemów, czym obraża jej uczucia.

2. Kobieta stara się zmienić zachowanie mężczyzny, kiedy on popełnia błędy. Przekształca się w Domowy Komitet Ulepszeń — spontanicznie doradza i krytykuje.

W OBRONIE PANA ZAŁATWIACZA I DOMOWEGO KOMITETU ULEPSZEŃ

Wskazując te dwa główne błędy, wcale nie twierdzę, że w Panu Załatwiaczu lub Domowym Komitecie Ulepszeń tkwi jakiekolwiek zło. Przeciwnie, wyrażają jak najbardziej pozytywne cechy Marsjanina i Wenusjanki. Błąd leży w niewłaściwym doborze miejsca i okazji do ich uzewnętrznienia.

Kobieta na ogół wdzięcznie przyjmuje wszelakie rozwiązania Załatwiacza, chyba że jest zdenerwowana. Mężczyźni muszą pamiętać, że jeśli kobieta wygląda na zaniepokojoną i mówi o swoich problemach, to nie jest to moment odpowiedni na proponowanie rozwiązania. Zamiast tego należy kobietę wysłuchać — wtedy poczuje się lepiej. Bez czyjejkolwiek pomocy.

Mężczyzna najczęściej docenia działalność Domowego Komitetu Ulepszeń, jeśli naprawianie jest potrzebne. Kobiety muszą pamiętać, że nie przemyślane doradztwo i krytyka — szczególnie wówczas, kiedy partner popełnił jakiś błąd, powodują, że czuje się on nie kochany i kontrolowany. Aby mógł uczyć się na swoich błędach, potrzebuje od kobiety nie porad, lecz akceptacji. Kiedy mężczyzna nie czuje się kontrolowany, ma znacznie większą ochotę zwrócić się do partnerki po pomoc i radę.

Jeśli partner odrzuca naszą pomoc,
to najprawdopodobniej dlatego, że źle
wybraliśmy czas i okazję do jej okazania.

Dzięki zrozumieniu odmienności można łatwiej uszanować wrażliwość partnera i być bardziej pomocnym. W dodatku okazuje się, że kiedy partner odrzuca pomoc, to najprawdopodobniej dlatego, że źle wybraliśmy czas i okazję do jej okazania. Przyjrzyjmy się bliżej tej kwestii.

KIEDY KOBIETA WZBRANIA SIĘ PRZED ROZWIĄZANIAMI PROPONOWANYMI PRZEZ MĘŻCZYZNĘ

Kiedy kobieta nie przyjmuje rozwiązań proponowanych przez mężczyznę, wydaje mu się, że jego kompetencje są kwestionowane. Wobec tego przekonany, że się go nie docenia ani nie darzy zaufaniem, przestaje się starać. Jego wola uważnego słuchania słabnie. Pamiętając, że kobiety pochodzą z Wenus, mężczyzna może w takich przypadkach z łatwością pojąć, dlaczego partnerka nie akceptuje jego rozwiązań. Może sobie uświadomić, jak często coś proponował, podczas gdy kobieta oczekiwała od niego współczucia i wsparcia.

Oto kilka przykładów krótkich wypowiedzi, przy użyciu których mężczyzna może niechcący dezawuować uczucia i wrażenia partnerki lub proponować nie chciane rozwiązania.

Sprawdź, czy domyślasz się, dlaczego ona ich nie przyjmuje:

1. „Nie powinnaś się tak martwić".
2. „Ależ mówiłem co innego".
3. „To nie jest aż tak ważne".
4. „No dobrze. Przepraszam. Nie mówmy już o tym".
5. „Czemu ty tego po prostu nie zrobisz?"
6. „No przecież rozmawiamy".
7. „Nie powinno ci być przykro. Nie o to mi chodziło".
8. „Co ty właściwie chcesz powiedzieć?"
9. „Nie powinnaś tego tak odbierać".
10. „Jak możesz tak mówić. W ubiegłym tygodniu spędziłem z tobą cały dzień i było bardzo fajnie".
11. „W porządku. Nie mówmy już o tym".
12. „No dobrze. Posprzątam w domu. Czy to cię uszczęśliwi?"
13. „Już wiem. Tak właśnie powinnaś postąpić".
14. „Zrozum, nic na to nie poradzimy".
15. „Jeżeli masz z tego powodu narzekać, po prostu tego nie rób".
16. „Jak możesz pozwalać ludziom, żeby cię tak traktowali? Nie zadawaj się z nimi".
17. „Jeżeli nie jesteś szczęśliwa, możemy się rozwieść".
18. „No dobrze. Więc możesz zacząć od zaraz".
19. „No, to teraz się tym zajmę".
20. „Naturalnie, że mi na tobie zależy. To po prostu śmieszne".

21. „Czy mogłabyś przejść do meritum".
22. „Powinniśmy zrobić tak..."
23. „Przecież było zupełnie inaczej".

Wszystkie te wypowiedzi albo oznaczają lekceważenie, albo próbują tłumaczyć uczucia niepokoju, albo sugerują rozwiązanie mające w mgnieniu oka poprawić samopoczucie kobiety.

Pierwszym krokiem, jaki mężczyzna powinien uczynić, niech będzie wykreślenie powyższych sformułowań ze swojego słownika. (Bardziej szczegółowo zajmiemy się tą kwestią w rozdziale piątym).

Znaczącym posunięciem będzie jednak ćwiczenie się w słuchaniu, bez jednoczesnego komentowania lub proponowania rozwiązań.

Jeśli mężczyzna zda sobie sprawę, że to moment i sposób wypowiedzi zostały przez kobietę odrzucone, a nie rozwiązanie samo w sobie, będzie mu łatwiej znieść jej reakcję. Nie przyjmie jej tak osobiście. Ucząc się sztuki słuchania, powoli zacznie odczuwać, że jest doceniany przez kobietę, nawet jeśli ona bywa z początku zagniewana.

KIEDY MĘŻCZYZNA STAWIA OPÓR DOMOWEMU KOMITETOWI ULEPSZEŃ

Kobiecie, której rady mężczyzna odrzucił, wydaje się, że partnerowi na niej nie zależy i że nie uszanował jej potrzeb. Jest zrozumiałe, że staje się wówczas nieufna.

Jeśli w takich chwilach będzie pamiętała, że mężczyźni są z Marsa, łatwiej zrozumie opór partnera. Odkryje, że oferowała mu nie chcianą radę i krytykę, sądząc, że dzieli się z nim informacjami lub prosi go o coś.

Oto kilka przykładów krótkich zdań, które mogą zirytować mężczyzn, niosąc w sobie nie chciane rady lub bolesną krytykę.

Zapoznając się z tą listą, pamiętaj, że te malutkie elementy mogą kiedyś zespolić się, tworząc mur oporu i niechęci.

W niektórych wypowiedziach rada i krytyka są ukryte. Zastanów się, dlaczego mężczyzna może się poczuć kontrolowany.

1. „Jak możesz planować kupno tego? Przecież już jedno masz".

2. „Te talerze nie są wytarte. Po wyschnięciu zostaną plamy".

3. „Włosy ci chyba trochę podrosły, prawda?"

4. „Tam jest dobre miejsce. Wycofaj!" (samochód)

5. „Ze swoimi znajomymi to chcesz spędzać czas. A co ze mną?"

6. „Nie powinieneś się tak zapracowywać. Weź dzień wolnego".

7. „Nie kładź tam tego, bo zginie".

8. „Zadzwoń po hydraulika. On będzie wiedział, co z tym zrobić".

9. „Czemu czekamy na wolny stolik? Nie załatwiłeś rezerwacji?"

10. „Powinieneś spędzać więcej czasu z dziećmi. One za tobą tęsknią".

11. „W twoim biurze panuje wieczny bałagan. Jak ty tu w ogóle możesz pracować? Kiedy wreszcie posprzątasz?"

12. „Znowu zapomniałeś przynieść to do domu. Następnym razem połóż to w takim miejscu, na które będziesz patrzył wychodząc".

13. „Jedziesz za szybko. Zwolnij, jeśli nie chcesz dostać mandatu".

14. „Następnym razem powinniśmy najpierw przeczytać recenzje".

15. „Nie wiedziałam, gdzie się podziewasz" (Powinieneś był zadzwonić).

16. „Ktoś pił sok bezpośrednio z butelki".

17. „Nie jedz palcami. Dajesz zły przykład".

18. „Te chipsy są za tłuste. Dla twojego serca to nic dobrego".

19. „Zupełnie nie zostawiasz sobie czasu dla siebie".

20. „Powinieneś był mnie uprzedzić. Nie mogę po prostu rzucić wszystkiego i iść z tobą na lunch".

21. „Ta koszulka nie pasuje do spodni".

22. „Bill dzwonił już trzeci raz. Kiedy zamierzasz oddzwonić?"

23. „W twoich narzędziach jest bałagan. Niczego nie mogę znaleźć. Powinieneś to uporządkować".

Kiedy kobieta nie wie, jak wprost poprosić mężczyznę o pomoc (rozdział dwunasty) lub umiejętnie powiedzieć mu, że się z nim nie zgadza (rozdział dziewiąty), może jej się wydawać, że nie uzyska tego, na czym jej zależy bez doradzania i krytykowania (ten temat także omówimy w dalszych rozdziałach).

Ważnym krokiem, jaki może zrobić kobieta, jest ćwiczenie się w akceptowaniu, a jednocześnie unikanie dawania rad i krytykowania.

Rozumiejąc jasno, że mężczyzna odrzuca nie jej potrzeby, lecz tylko sposób, w jaki są uzewnętrzniane, kobieta może przyjmować reakcję partnera mniej osobiście. Pozwala jej to spokojnie wypracować inne sposoby uzyskiwania tego, na czym jej zależy.

Z wolna kobieta uświadomi sobie, że mężczyzna potraktowany nie jako problem, lecz jako rozwiązanie problemów, bardzo chętnie dokona ulepszeń.

Mężczyzna potraktowany nie jako problem,
lecz jako rozwiązanie problemów, chętnie
dokona ulepszeń.

Jeśli jesteś kobietą, proponuję, żebyś przez najbliższy tydzień powstrzymała się od wypowiadania jakichkolwiek rad lub uwag krytycznych. Mężczyzna nie tylko doceni ten gest, lecz stanie się bardziej uważny i czuły.

Jeśli jesteś mężczyzną, sugeruję, żebyś przez najbliższy tydzień ćwiczył słuchanie za każdym razem, kiedy partnerka będzie mówiła — i to z jedną jedyną intencją: zrozumienia jej uczuć. Pamiętaj o przygryzaniu języka, gdy tylko zechcesz powiedzieć, co ona powinna zrobić. Będziesz zdumiony, jak bardzo zostanie to docenione.

ROZDZIAŁ TRZECI

MĘŻCZYŹNI ZASZYWAJĄ SIĘ W SWOICH JASKINIACH, A KOBIETY MÓWIĄ

Jedna z największych różnic między mężczyznami a kobietami leży w sposobie reagowania na stres. Mężczyźni zamykają się w sobie i „odcinają", natomiast kobiety rozpamiętują i angażują się emocjonalnie.

Aby w takich momentach poczuć się lepiej, każda z płci potrzebuje czegoś innego. Mężczyźnie pomaga rozwiązanie problemu, kobiecie — „wypowiedzenie" go. Niezrozumienie lub nieakceptowanie tych różnic powoduje powstawanie niepotrzebnych tarć w naszych związkach. Rzućmy okiem na typowy przykład.

Kiedy Tom wraca do domu, chce się odprężyć i wyciszyć, spokojnie czytając gazetę. Jest napięty z powodu nie rozwiązanych w tym dniu problemów i to, że może o nich zapomnieć, przynosi mu ulgę.

Jego żona, Mary, także pragnie się odprężyć po pełnym napięć dniu. Jednak ona znajduje ukojenie w „wygadaniu" problemów. Napięcie powstające między partnerami z wolna przeradza się w urazę.

Tom w cichości uważa, że Mary za dużo mówi, podczas gdy ona czuje się ignorowana. Jeśli nie zrozumieją dzielących ich różnic, jeszcze bardziej się od siebie oddalą.

Prawdopodobnie ta sytuacja wyda wam się znajoma. Jest to jeden z dość typowych konfliktów męsko-damskich. Problem ten nie dotyczy wyłącznie Toma i Mary (jest obecny w prawie każdym związku), a rozwiązanie go nie zależy od tego, jak bardzo Tom i Mary się kochają, lecz w jakim stopniu rozumieją płeć przeciwną.

Nie uświadamiając sobie, że kobiety, aby poczuć się lepiej, naprawdę muszą się wygadać, Tom nadal będzie sądził, że Mary za dużo mówi, i przestanie jej słuchać. Nie rozumiejąc, że Tomowi pomoże czytanie gazety, Mary poczuje się ignorowana i zaniedbywana. Będzie próbowała wciągnąć go do rozmowy, podczas gdy on tego nie chce.

Możemy przeanalizować te różnice, obserwując, jak mężczyźni i kobiety reagują na stres. Wróćmy na Marsa i Wenus, by dowiedzieć się czegoś więcej o mężczyznach i kobietach.

JAK RADZĄ SOBIE ZE STRESAMI NA MARSIE, A JAK NA WENUS

Kiedy Marsjanin jest zdenerwowany, nigdy nie mówi, co go trapi. (Nie obciąża innego Marsjanina swoimi kłopotami, chyba że potrzebuje konkretnej pomocy). Zamiast tego udaje się do swojej prywatnej jaskini, aby przetrawić problem i wymyślić rozwiązanie.

Gdy już wpadnie na to, jak sobie poradzić, odczuwa wyraźną ulgę i wychodzi z jaskini.

Jeśli nie może znaleźć rozwiązania, robi coś, co pozwoli mu zapomnieć o kłopocie: czyta gazetę albo bierze udział w jakiejś grze. Oczyszczając umysł z problemów mijającego dnia, stopniowo się odpręża. Jeśli stres jest naprawdę duży, wymaga od Marsjanina zajęcia się czymś naprawdę pasjonującym: wyścigiem samochodowym, udziałem w zawodach, górską wycieczką.

Żeby się odprężyć, Marsjanie udają się do swoich jaskiń, by samotnie rozwiązać swój problem.

Jeśli Wenusjanka jest zdenerwowana lub napięta i pragnie się uspokoić, wyszukuje kogoś, komu ufa, i szczegółowo opowiada mu o kłopotach mijającego dnia. Kiedy Wenusjanki zwierzą się ze swoich niepokojów, natychmiast czują się lepiej. Taki to już wenusjański zwyczaj.

Aby poczuć się lepiej, Wenusjanki spotykają się ze sobą i otwarcie rozmawiają o swoich problemach.

Na Wenus zwierzanie się komuś ze swych problemów jest uważane za dowód miłości i zaufania — nie za uciążliwość. Wenusjanki nie wstydzą się swoich problemów. Ich samopoczucie nie zależy od tego, jak dalece wydają się „kompetentne", ale raczej od tego, w jakich pozostają związkach. Wenusjanki otwarcie mówią o swoich uczuciach niepokoju, niepewności, beznadziei czy wyczerpania.

Wenusjanka odczuwa zadowolenie, mając kochających przyjaciół, którym może zwierzyć się z przeżywanych emocji i problemów. Marsjanin czuje się dobrze, kiedy może rozwiązać swoje problemy samodzielnie, we własnej jaskini. Ten sekret dobrego samopoczucia obowiązuje także na Ziemi.

ZNAJDUJĄC UKOJENIE W JASKINI

Kiedy mężczyzna jest napięty, zaszywa się w jaskini swojego umysłu i skupia się na rozwiązaniu problemu. Zazwyczaj wybiera ten najbardziej palący lub najtrudniejszy i tak bardzo poświęca się temu jedynemu zadaniu, że chwilowo traci świadomość istnienia wszystkich innych. Pozostałe kłopoty i obowiązki schodzą na dalszy plan.

W takich warunkach mężczyzna staje się „nieobecny", nieuważny, niekomunikatywny i zaabsorbowany. Jeśli partnerka wdaje się z nim wówczas w rozmowę, odnosi wrażenie, że zaledwie 5 procent jego umysłu „jest obecne", podczas gdy pozostałe 95 procent pochłonięte jest zupełnie czymś innym.

Pełnej i świadomej obecności mężczyzny nie da się wówczas uzyskać, ponieważ „trawi" on właśnie swój problem, szukając właściwego rozwiązania. Im głębszy stres go trapi, tym bardziej pochłania go poszukiwanie wyjścia z opresji. W takich momentach mężczyzna nie jest zdolny do ofiarowania kobiecie odpowiedniej uwagi i tyle uczucia, ile ona zwykle otrzymuje i na ile zapewne zasługuje. Umysł mężczyzny jest całkowicie zajęty, a on sam nie do końca to sobie uświadamia. Jeśli jednak uda mu się znaleźć rozwiązanie, w jednej chwili odpręża się i wychodzi z jaskini, gotowy poświęcić partnerce swoją uwagę.

Może się jednak zdarzyć, że mężczyzna nie zdoła znaleźć rozwiązania. Wówczas nadal tkwi w jaskini, lecz żeby się z niej wydostać, zajmuje się mało istotnymi problemami: czyta gazety, ogląda telewizję, prowadzi samochód, gimnastykuje się, śledzi rozgrywki piłki nożnej czy gra w koszykówkę. Poświęcenie się jakiemukolwiek zajęciu, które nie skupia więcej niż 5 procent uwagi, pozwala mężczyźnie zapomnieć o zasadniczym problemie i odprężyć się. Następnego dnia może się znów na nim skoncentrować — być może z lepszym rezultatem.

Przyjrzyjmy się uważniej kilku przykładom.

Jim zwykle czyta gazetę, żeby zapomnieć o kłopotach. Czynność ta znakomicie odrywa go od całodziennego zajmowania się rozwiązywaniem problemów i angażuje tylko pięć „wolnych" procent jego umysłu. Może ich użyć do kształtowania opinii i znajdowania rozstrzygnięć dotyczących zagadnień ogólnoświatowych. Stopniowo umysł Jima całkowicie angażuje się w te sprawy, pozwalając mu zapomnieć o tym, co go dotąd nurtowało. Dzięki temu przechodzi od całkowitego skupienia się na kłopotach w pracy do stanu, w którym pochłonięty jest w pełni problemami świata, za które nie jest przecież bezpośrednio odpowiedzialny. Ten proces uwalnia umysł Jima od nękających go spraw i pozwala na „powrót" do żony i rodziny.

Tom, aby uwolnić się od stresu i odprężyć, ogląda mecze

piłki nożnej. Odrywa swój umysł od rozwiązywania własnych kłopotów i zajmuje go problemami ulubionej drużyny. Kiedy „jego" drużyna zdobywa punkty albo wygrywa, odczuwa radość zwycięzcy, jeżeli przegrywa — przeżywa jej porażkę. W każdym jednak przypadku wyzwala się spod nacisku prawdziwych kłopotów.

Toma (i wielu innych mężczyzn) odprężenie, związane ze śledzeniem wydarzeń sportowych czy politycznych albo z oglądaniem filmu, wyzwala spod presji, którą odczuwa w codziennym życiu.

Jak kobiety reagują na jaskinię

Kiedy mężczyzna tkwi w jaskini, nie jest w stanie poświęcić swojej partnerce uwagi, na którą ona oczekuje. W takich chwilach kobiecie jest bardzo trudno zaakceptować jego zachowanie, ponieważ nie wie, jak bardzo mężczyzna jest spięty. Współczułaby mu, gdyby on wróciwszy do domu, opowiedział jej o swoich problemach. Tymczasem on milczy, a ona czuje się ignorowana. Kobieta zdaje sobie sprawę ze zdenerwowania partnera, lecz błędnie uważa, że skoro z nią nie rozmawia, to mu na niej nie zależy.

Kobiety na ogół nie rozumieją sposobu, w jaki Marsjanie reagują na stres. Chciałyby, aby „otworzyli się" i opowiedzieli o swoich problemach, tak jak to czynią Wenusjanki. Kiedy mężczyzna chowa się do jaskini, kobieta czuje się urażona jego chęcią odizolowania się. Jest dotknięta, gdy on ogląda dziennik, wychodzi, żeby pograć w koszykówkę i nie zwraca na nią uwagi.

Równie nieracjonalne jak oczekiwanie od mężczyzny tkwiącego w jaskini, że w mgnieniu oka „otworzy się" i będzie komunikatywny i kochający, jest wymaganie od zdenerwowanej kobiety, żeby w jednej chwili uspokoiła się i zachowywała rozsądnie. Takim samym błędem jest spodziewanie się po mężczyźnie, że zawsze będzie pochłonięty swoją miłością, jak i po kobiecie, że będzie zachowywała się racjonalnie i logicznie.

Gdy Marsjanie chowają się w swoich jaskiniach, zapominają zwykle, że ich przyjaciele także mogą mieć problemy. Instynkt mówi im, że zanim zatroszczą się o kogokolwiek innego, najpierw muszą zająć się sobą.

Kobieta, obserwując takie zachowanie mężczyzny, na ogół czuje gniew i urazę. Zwykle w takiej sytuacji zwraca się do niego o pomoc tonem żądania — tak jakby walczyła o swoje prawa.

Dzięki uświadomieniu sobie, że mężczyźni pochodzą z Marsa, nauczy się prawidłowo interpretować zachowanie partnera — jako jego reakcję na stres, a nie wyraz jego stosunku do niej samej. Kobieta stanie się wtedy zdolna do podjęcia z partnerem współpracy, dzięki której uzyska to, na czym jej zależy.

Z drugiej strony, mężczyźni zazwyczaj słabo sobie zdają sprawę z tego, jak dalece się izolują, odchodząc do swych jaskiń. Jeśli mężczyzna uzmysłowi sobie, w jaki sposób jego wycofanie się do jaskini wpływa na kobietę, zrozumie, że może się ona poczuć zaniedbywana i lekceważona.

Pamięć o tym, że kobiety pochodzą z Wenus, pozwoli mu stać się bardziej wyrozumiałym i okazywać więcej szacunku dla reakcji i uczuć partnerki.

Nie uświadamiając sobie, że jej reakcje są uzasadnione, mężczyzna zaczyna się bronić i dochodzi do kłótni. Oto pięć przykładów nieporozumień:

1. Kiedy ona mówi: „Ty mnie nie słuchasz", on odpowiada: „Jak to nie słucham. Mogę ci powtórzyć wszystko, co mówiłaś".

Zaszyty w jaskini mężczyzna potrafi, używając w tym celu 5 procent swojego umysłu, odnotować to, co mówi partnerka. Sądzi przy tym, że poświęcając jej 5 procent uwagi, faktycznie słucha. Tymczasem kobieta potrzebuje pełnej, nie rozproszonej uwagi partnera.

2. Kiedy ona żali się: „Mam wrażenie, że jesteś gdzie indziej", on odpowiada: „Jak to gdzie indziej? Oczywiście że jestem tutaj. Czy to się nie rzuca w oczy?"

Mężczyzna sądzi, że jeśli jest przy niej, kobieta nie powinna zarzucać mu „nieobecności". Jednak, chociaż ciałem rzeczywiście jest obecny, partnerka nie odczuwa **pełnej** obecności partnera — i o tym właśnie mówi.

3. Gdy ona stwierdza: „Zupełnie się o mnie nie troszczysz", jego odpowiedź brzmi: „Nie troszczę się? To jak sądzisz, dlaczego próbuję rozwikłać ten problem?"

Zdaniem mężczyzny, który zajmuje się znalezieniem rozwiązania korzystnego także i dla niej, kobieta powinna rozumieć, że mu na niej zależy. Jednak ona potrzebuje doznawania bezpośredniej uwagi i troski — i o to właśnie prosi.

4. Na uwagę kobiety: „Czuję, że niewiele dla ciebie znaczę", mężczyzna odpowiada: „To naprawdę śmieszne. Oczywiście, że znaczysz bardzo dużo".

Uważa, że jej odczucia są nieuzasadnione, ponieważ jest właśnie zajęty znajdywaniem rozwiązania, z którego i ona będzie coś miała. Mężczyzna nie uświadamia sobie, że skupiając się na jednym problemie, ignoruje inne, nurtujące partnerkę, i że prawie każda kobieta zareagowałaby na takie zachowanie podobnie, biorąc to do siebie i czując się „nieważna".

5. Kiedy kobieta mówi: „Jesteś wyprany z uczuć. Zupełnie się wyłączyłeś", mężczyzna odpowiada: „I co w tym złego? Jak inaczej miałbym rozwiązać ten problem?"

Mężczyzna uważa, że to, co robi dla jego rozwikłania, jest sprawą o najwyższym znaczeniu; partnerka okazuje się nazbyt krytyczna i wymagająca. Czuje się nie doceniony. W dodatku nie wie, jak dalece jej uczucia są uzasadnione. Na ogół bowiem mężczyźni nie zdają sobie sprawy, jak błyskawicznie potrafią się przeobrażać z partnerów ciepłych i kochających w niekomunikatywnych i nieobecnych.

Mężczyzna w swojej jaskini nie jest świadomy, jak jego obojętność może być odbierana przez innych.

Aby rozpocząć współpracę, przedstawiciele obojga płci potrzebują lepszego wzajemnego zrozumienia. Kiedy mężczyzna zaczyna ignorować swoją żonę, ta zwykle bierze to do siebie. Świadomość tego, że w ten sposób on sam zmaga się ze swym stresem, jest wielce pomocna, ale nie zawsze pozwala wyeliminować ból.

W takich chwilach kobieta potrzebuje kogoś, z kim mogłaby porozmawiać o własnych uczuciach. I w tym właśnie momencie mężczyzna musi te uczucia docenić. Powinien zrozumieć, że partnerka ma prawo mówić o tym, iż czuje się ignorowana i osamotniona, podobnie jak on ma prawo zaszyć się w swojej jaskini i niczego nie mówić. Jeśli kobieta nie czuje się rozumiana, trudno jej stłumić poczucie krzywdy.

„GADANIE", KTÓRE PRZYNOSI ULGĘ

Gdy kobieta pozostaje pod wpływem stresu, czuje instynktowną potrzebę rozmowy o swoich uczuciach i wszystkich problemach, jakie się z nimi wiążą. A gdy już zacznie mówić, żadnej z kwestii nie oddaje pierwszeństwa. Kobietę wyprowadzoną z równowagi niepokoją w równym stopniu sprawy wielkie, jak i małe. Odruchowo nie zabiera się wcale do rozwiązywania problemów, lecz szuka uspokojenia w opowiadaniu o tym, co czuje, komuś, kto ją zrozumie. I rzeczywiście, swobodne „gadanie" o kłopotach przynosi jej ulgę.

Kobieta w pierwszym odruchu nie zajmuje się wcale rozwiązywaniem problemów, lecz szuka ukojenia w wypowiadaniu tego, co ją trapi, wobec kogoś bliskiego i współczującego.

Podczas gdy zaniepokojony mężczyzna, zająwszy się jedną konkretną sprawą, ma tendencję do zapominania o wszystkich innych, kobieta w tej samej sytuacji rozciąga swoje zainteresowania na dosłownie wszystkie problemy i może poczuć się lepiej, nie zajmując się wcale rozwiązywaniem któregokolwiek z nich. Mówiąc o swoich kłopotach, zdobywa pełniejszą świadomość tego, co rzeczywiście ją nęka, i nagle odkrywa, że nie jest już tak napięta.

Żeby znaleźć ukojenie, kobiety opowiadają o problemach przeszłych, przyszłych, potencjalnych, a nawet o takich, które po prostu są nie do rozwiązania, a im więcej mówią, tym lepiej się czują. Jeśli kobieta w dodatku ma świadomość, że jest słuchana, jej napięcie stopniowo znika.

Po omówieniu jednej sprawy robi krótką przerwę i przechodzi do następnej. Przywołuje swoje kłopoty, rozczarowania i frustracje, przy czym kolejne poruszane przez nią kwestie nie zawsze pozostawają w logicznym następstwie.

Jeśli kobieta mówiąc, nie spotka się ze zrozumieniem, zacznie zajmować się coraz szerszym kręgiem spraw.

Tak jak ukryty w jaskini mężczyzna potrzebuje do odprężenia się kilku mało istotnych „problemików", tak kobieta mówiąca w próżnię odczuwa potrzebę wypowiadania się na tematy nie bardzo naglące. Żeby zapomnieć o swoich bolesnych uczuciach, może się zaangażować emocjonalnie w problemy innych i znaleźć pewną ulgę, omawiając kłopoty znajomych, krewnych czy współpracowników.

Niezależnie jednak od tego, czy mówi o sprawach swoich czy cudzych — „gadanie" jest naturalną i zdrową reakcją Wenusjanki na stres.

Aby zapomnieć o własnych bolesnych uczuciach, kobieta może się zaangażować emocjonalnie w problemy innych.

Jak mężczyźni reagują na kobiecą potrzebę mówienia

Kiedy kobiety mówią o jakichś problemach, mężczyźni zwykle im przerywają. Mężczyzna sądzi, że kobieta mówi o kłopotach, bo uważa, iż on jest za nie odpowiedzialny. Im więcej tematów partnerka wówczas porusza, tym bardziej mężczyzna czuje się obwiniany. Nie zdaje sobie sprawy, że kobieta poczuje się lepiej, jeśli tylko zostanie wysłuchana.

Marsjanie wypowiadają swoje problemy, wyłącznie obwiniając kogoś lub szukając rady. W chwilach gdy kobieta jest bardzo zdenerwowana, mężczyzna uważa, że właśnie go obwinia, a gdy tylko trochę zaniepokojona — sądzi, że szuka u niego rady.

Opierając się na takim przekonaniu, mężczyzna albo wkłada czapkę Pana Załatwiacza i „rozwiązuje" problem, albo „odpiera atak". Jednak zarówno w jednym, jak i drugim przypadku nie słucha.

Jeżeli partner zaproponował wyjście z sytuacji, kobieta po prostu mówi dalej. Po zaoferowaniu dwóch czy trzech rozwiązań mężczyzna sądzi, że powinna się poczuć lepiej. Jeśli tak się nie dzieje, a jego rady są ignorowane, czuje się nie doceniony.

W przypadku gdy czuje się atakowany, zaczyna się bronić. Uważa, że jeśli się wytłumaczy, kobieta przestanie go obwiniać. Tymczasem im bardziej się broni, tym bardziej ona wydaje się zdenerwowana. Mężczyzna nie pojmuje, że partnerka nie oczekuje od niego żadnych wyjaśnień i potrzebuje tylko, by zrozumiał jej uczucia i pozwolił dalej mówić. Jeśli zachowa się mądrze i nie będzie jej przerywał, kobieta w chwilę po tym, jak go krytykowała, z pewnością przejdzie do omawiania innych spraw.

Rzeczą, która szczególnie frustruje mężczyzn, jest poruszanie przez kobiety kwestii, w których niczego nie da się zrobić. Zdenerwowana kobieta wyrzuca z siebie takie na przykład skargi:

- „Wcale mi dobrze nie płacą”.
- „Ciocia Luiza coraz częściej choruje. Z roku na rok czuje się gorzej”.
- „Powinniśmy mieć większy dom”.
- „Co za susza! Kiedy wreszcie spadnie deszcz?”
- „Niedługo chyba całkiem wyczerpiemy nasze konto”.

Dla kobiety wypowiedzi tego typu są po prostu metodą wyrażania niepokojów, rozczarowań i frustracji. Na ogół zdaje sobie sprawę, że nie można tu nic poradzić, jednak, żeby znaleźć ukojenie, musi o tym mówić. Czuje się podtrzymana na duchu, jeśli słuchający nawiąże do jej frustracji i rozczarowań. Jednak mówiąc o sprawach nie do rozwiązania, może wpływać frustrująco na partnera — chyba że ten rozumie, iż „wygadanie się” jest jej potrzebne do dobrego samopoczucia.

Mężczyźni tracą cierpliwość także wtedy, gdy kobiety omawiają swoje sprawy w najdrobniejszych szczegółach, niesłusznie sądząc, że znajomość wszystkich tych detali będzie istotna dla rozwiązania problemu. Mężczyzna niecierpliwie upatruje istoty sprawy i znów nie uświadamia sobie, że partnerka nie oczekuje od niego rozwiązania, lecz tylko zainteresowania i zrozumienia.

Słuchanie jest dla mężczyzny trudne także dlatego, że w nieokiełznanym potoku kobiecej wymowy stara się on znaleźć jakiś logiczny porządek. Po poruszeniu przez partnerkę trzech czy czterech kwestii czuje się okropnie sfrustrowany poszukiwaniem między nimi jakiegokolwiek związku.

Innym powodem, dla którego mężczyzna może zrezygnować z dalszego słuchania, jest odgadnięcie myśli przewodniej. Nie może przecież szukać rozwiązania, dopóki nie wie, o co właściwie chodzi. Im większą liczbą szczegółów będzie zasypywany, tym bardziej słuchanie będzie go denerwowało. Czułby się lepiej, gdyby pamiętał, że partnerce takie mówienie o drobnostkach przynosi ulgę. Tak jak mężczyzna spełnia się, odrzucając zawiłe detale rozpatrywanej sprawy, tak kobieta czuje się usatysfakcjonowana, jeśli omówi swój problem w najdrobniejszych szczegółach.

Tak jak mężczyzna spełnia się, odrzucając zawiłe detale i poświęcając się rozpatrywaniu sprawy zasadniczej, tak kobieta czuje się usatysfakcjonowana, jeśli omówi swój problem w najdrobniejszych szczegółach.

Kobieta może uczynić słuchanie bardziej znośnym dla partnera poprzez uporządkowanie wypowiedzi. Powinna rozpoczynać od przedstawienia istoty sprawy, a dopiero potem zagłębić się w szczegóły. Nie należy też zmuszać mężczyzny do domyślania się czegokolwiek. Kobiety na ogół z przyjemnością zostawiają w swych opowieściach margines dla domysłów, ponieważ dodaje to całej historii „uczucia". Słuchacz-kobieta radośnie odbiera taką formę wypowiedzi, mężczyzna natomiast na ogół się denerwuje.

Łatwo rozpoznać stopień niezrozumienia kobiety przez mężczyznę. Wystarczy w tym celu obserwować, jak często przerywa partnerce, gdy ta opowiada o swoich problemach.

Mężczyzna, ucząc się, jak zadowolić kobietę, odkryje, że słuchanie nie jest wcale tak trudne. Co więcej — kobieta może przypominać partnerowi, że po prostu tylko mówi o swoich sprawach i nie oczekuje od niego żadnych rozwiązań. To z pewnością pomoże mu się odprężyć i jej wysłuchać.

POKÓJ MIĘDZY MARSJANAMI I WENUSJANKAMI

Marsjanie i Wenusjanki żyli razem w pokoju, ponieważ potrafili szanować swoją odmienność. Marsjanie wiedzieli, że Wenusjankom do dobrego samopoczucia potrzebne jest „wygadanie" wszystkich problemów, że nawet partner nie mający zbyt wiele do powiedzenia może być bardzo pomocny po prostu przez to, że słucha. Wenusjanki nauczyły się respektować marsjańską potrzebę odcięcia się od otoczenia w obliczu stresu. Jaskinia przestała być dla nich tajemnicą i źródłem niepokoju.

Czego dowiedzieli się Marsjanie

Marsjanie uzmysłowili sobie, że Wenusjanki atakują ich, obwiniają i krytykują tylko czasowo. Kobiety, odnalazłszy spokój, czują bowiem wiele wdzięczności. Marsjanie dzięki temu, że nauczyli się słuchać, mogli zauważyć, jak Wenusjanki rozkwitają, gdy tylko mogą sobie pogadać.

Każdy mężczyzna znalazł ukojenie, przekonując się, że partnerka nie mówiła o problemach dlatego, że to on ją w jakiś sposób zawiódł. Dowiedział się też, że Wenusjanka, jeżeli tylko poczuje, iż jest uważnie słuchana, przestaje się rozwodzić na temat kłopotów i zaczyna myśleć pozytywnie. Dzięki tej świadomości Marsjanin zdobył umiejętność słuchania opowieści o problemach partnerki bez poczucia odpowiedzialności za ich rozwiązanie.

Wielu mężczyzn, a także wiele kobiet ma bardzo krytyczne nastawienie do potrzeby mówienia o kłopotach. Wynika to stąd, że nigdy nie doświadczyli, jak kojąco może działać zwykłe wygadanie się. Nie widzieli, jak kobieta, która czuje, że jest słuchana, może się w mgnieniu oka przeobrazić: odprężyć się i wytworzyć w sobie pozytywny stosunek do otoczenia. Najczęściej są to ci, którzy pamiętają, że kobieta (zwykle ich matka), która nie czuła się słuchana, drążyła temat swoich kłopotów w nieskończoność. (Takie zachowanie jest właściwe kobietom, które przez dłuższy czas nie czują się kochane i słuchane).

Prawdziwym problemem jest to, że kobieta nie doświadcza miłości, a nie to, że mówi o tym, co ją trapi.

Nauczywszy się słuchać, Marsjanie dokonali zdumiewającego odkrycia. Zdali sobie sprawę, że wysłuchiwanie gadającej Wenusjanki może im pomóc w wydostaniu się ze swej jaskini równie dobrze jak oglądanie telewizyjnych wiadomości czy czytanie gazety.

Słuchanie staje się łatwe, gdy mężczyzna nie czuje się obwiniany lub odpowiedzialny za coś. Kiedy partner nabierze wprawy w słuchaniu, odnajdzie wspaniały sposób na pozbycie się własnych napięć i na jednoczesne zadowolenie partnerki. Tylko wtedy, gdy mężczyzna jest pod wpływem bardzo silnego stresu, może potrzebować swojej jaskini: telewizyjnych dzienników i rywalizacji sportowej.

Czego nauczyły się Wenusjanki

Wenusjanki także odnalazły spokój, kiedy w końcu odkryły, że zaszywanie się Marsjan w jaskiniach nie jest oznaką braku miłości. Nauczyły się być bardziej wyrozumiałe w chwilach, gdy partnerzy przeżywają głęboki stres.

Wenusjanki nie obrażały się już, kiedy Marsjanie się „wyłączali". Wtedy gdy partner przestawał słuchać, Wenusjanka taktownie milkła i czekała spokojnie, aż ją znów zauważy. Wówczas mogła ponownie zacząć mówić. Zrozumiała, że są chwile, w których partnerowi trudno jest poświęcić jej całą uwagę.

Wenusjanka odkryła, że jeśli poprosi Marsjanina, aby zwrócił na nią uwagę, czyniąc to grzecznie i bez nacisku, ten z pewnością nie będzie się opierać.

Kiedy mężczyznom zdarza się, że są zupełnie niekomunikatywni i znikają w swoich jaskiniach, Wenusjanki nie biorą tego do siebie. Nauczyły się, że nie jest to czas na konwersacje z partnerem, lecz na wyjście do przyjaciół lub na zakupy. Dzięki temu Marsjanie poczują się kochani i akceptowani i wyjdą ze swoich jaskiń.

ROZDZIAŁ CZWARTY

JAK WPŁYWAĆ NA PŁEĆ PRZECIWNĄ

Marsjanie i Wenusjanki nim się spotkali, przez długie wieki byli całkiem szczęśliwi, żyjąc w swoich osobnych światach. Aż pewnego dnia wszystko się zmieniło. Marsjanie i Wenusjanki nagle popadli w depresję. Był to jednak ten rodzaj depresji, który ostatecznie zadecydował o ich spotkaniu.

Zrozumienie tajemnicy ich przeobrażenia pomaga nam dziś pojąć, co popycha do działania mężczyzn, a co kobiety. Mając tę świadomość, będziecie lepiej przygotowani, by wspierać partnera i uzyskiwać jego wsparcie w trudnych chwilach.

Cofnijmy się więc w czasie i spróbujmy przyjrzeć się temu, co dawno temu zaszło.

Kiedy Marsjanie popadli w depresję, wszyscy jak jeden mąż opuścili miasta i udali się na długi czas do swoich jaskiń. Zaszyli się w nich głęboko i nie byli w stanie wyjść. Na szczęście pewnego dnia jeden z nich dostrzegł przez teleskop piękne Wenusjanki, o czym powiadomił innych. Tak oto czarowne istoty z odległej planety sprawiły, że nastrój Marsjan gwałtownie się polepszył. **Nagle poczuli się potrzebni.** Wyszli z jaskiń i zabrali się do budowy flotylli statków kosmicznych, niezbędnych, by polecieć na Wenus.

Tymczasem Wenusjanki pogrążone w depresji, szukając ukojenia, formowały kółka dyskusyjne, gdzie omawiały swoje problemy. To jednak nie wpłynęło na poprawę ich nastroju. Bardzo długo dławiło je przygnębienie. Wreszcie któregoś dnia intuicja podsunęła im pewną wizję: silne i fascynujące stworzenia (Marsjanie) przybywały gdzieś z kosmosu, by im służyć, kochać je i wspierać. **Natychmiast poczuły się otoczone opieką.**

Ta wizja sprawiła, że przygnębienie znikło i Wenusjanki zaczęły się radośnie przygotowywać na nadejście Marsjan.

Moc i chęć działania mężczyzn płynie
z przekonania, że **są potrzebni**.
Kobiety znajdują motywację i siłę do działania,
kiedy są **otoczone czułą opieką**.

Tajemnica mechanizmu budzącego w mężczyznach i kobietach chęć działania daje się zastosować także i dzisiaj.

Mężczyzn pobudza przekonanie, że są potrzebni. Jeżeli mężczyzna nie znajduje w swoim związku takiej motywacji, stopniowo traci energię i staje się bierny. Z każdym mijającym dniem ma coraz mniej do zaofiarowania.

Podobnie jak Wenusjanki, kobiety zachęca do działania i pobudza poczucie, że są otoczone opieką. Jeśli kobieta nie znajduje w swoim związku tej opieki, czuje się wyczerpana ciągłym dawaniem. I odwrotnie, jeśli jest traktowana z uwagą i szacunkiem — łatwiej się realizuje i ma więcej do ofiarowania.

KIEDY MĘŻCZYZNA KOCHA KOBIETĘ

Kiedy mężczyzna zakochuje się w kobiecie, zachodzi coś, co przydarzyło się pierwszemu Marsjaninowi, gdy odkrył Wenusjankę. Zagrzebany we własnej jaskini i niezdolny do określenia źródła swojej depresji, obserwował przez teleskop niebo. Nagle, jak eksplozja jasności, jeden cudowny moment przeobraził jego życie już na zawsze. Gdzieś daleko ujrzał uosobienie porażającego piękna i wdzięku.

Odkrył Wenusjankę. Jego ciało zapłonęło. Patrząc na obiekt swego odkrycia, po raz pierwszy poczuł, że jest ktoś, kto obchodzi go bardziej niż on sam. Jedno spojrzenie — i jego życie zyskało nowy sens. Koniec depresji!

Dotąd Marsjanie uprawiali filozofię: „wygrywam/przegrywasz". Mieli specyficzny pogląd na sprawę zwycięstwa i porażki: „Chcę wygrać i nie obchodzi mnie twoja przegrana". Taki sposób myślenia zadowalał ich przez całe wieki. Teraz wymagał zmiany. Ciągłe przyznawanie sobie pierwszeństwa przestało im odpowiadać. Kochając, pragnęli tak samo zwycięstwa Wenusjanek, jak i swojego.

Dziś, by zrozumieć marsjański pogląd na sprawę rywalizacji, najlepiej poobserwować pewne dyscypliny sportu. W tenisie, na przykład, walcząc o zwycięstwo, robimy wszystko, co w naszej mocy, by przeciwnik przegrał, i w tym celu posyłamy mu najtrudniejsze do odebrania piłki. Fakt, iż nasz partner poniósł klęskę, wcale nam nie odbiera radości zwycięstwa.

Wiele naszych czysto marsjańskich zachowań można odnaleźć w codziennym życiu, ale naprawdę bolesne stają się one w związkach ludzi dorosłych. Jeśli szukamy spełnienia własnych pragnień kosztem partnera, z pewnością oboje doświadczymy urazy, smutku i popadniemy w konflikt. Tajemnica tworzenia szczęśliwego związku leży w „wygranej" obojga partnerów.

Przeciwieństwa przyciągają się

Pierwszy zakochany Marsjanin zaczął wytwarzać teleskopy dla wszystkich swoich marsjańskich braci. Bardzo szybko wyszli oni z depresji, zakochali się w Wenusjankach i zaczęli myśleć o nich więcej niż o sobie.

Nieznane i piękne Wenusjanki fascynowały Marsjan swą tajemniczością. Szczególnie pociągała Marsjan ich inność. Tam, gdzie Marsjanie byli twardzi, Wenusjanki były miękkie. Tam, gdzie oni byli kanciaści, one były krągłe. Oni chłodni, one ciepłe. W cudowny sposób wszystkie dzielące ich różnice idealnie się dopełniały.

Mową bez słów Wenusjanki oznajmiały: „Potrzebujemy was. Wasza moc i siła przyniesie nam wspaniałe spełnienie. Jest w nas pustka, którą tylko wy jesteście zdolni wypełnić. Razem możemy być bardzo szczęśliwi". To zaproszenie zelektryzowało Marsjan i pchnęło ich do działania.

Wiele kobiet instynktownie potrafi nadać taki sygnał. Na początku znajomości kobieta posyła mężczyźnie uważne spojrzenie, mówiące: „Tylko ty jeden potrafisz mnie uszczęśliwić", i w ten sposób subtelnie inicjuje związek. To wymowne spojrzenie zachęca mężczyznę, by się zbliżył, i daje mu siłę do przezwyciężenia naturalnej u Marsjan obawy przed zawieraniem związków.

Niestety, kiedy związek już zaistnieje i zaczynają pojawiać się problemy, kobieta nie zdaje sobie sprawy, iż sygnały zachęty są dla partnera wciąż ważne i przestaje je wysyłać.

Marsjanie byli bardzo podnieceni myślą o możliwości odkrywania na Wenus coraz to nowych „inności". Ich wyprawa na obcą planetę była w istocie wyścigiem ku nowym etapom ewolucji. Nie satysfakcjonowało ich już udowadnianie i rozwijanie własnych umiejętności i siły. Zapragnęli wykorzystać je w służbie innych, w szczególności — Wenusjanek. Zaczęli budować nową filozofię „wygrywam/wygrywasz". Pragnęli świata, w którym każdy będzie się w równym stopniu troszczył o siebie, jak i o innych.

Miłość pobudza Marsjan do działania

Marsjanie zaczęli budować flotyllę statków kosmicznych, które miały ich przenieść na Wenus. Nigdy nie czuli się równie ożywieni. Dzięki temu, że ujrzeli Wenusjanki, po raz pierwszy w swej historii doświadczyli uczuć innych niż egoistyczne.

Podobnie mężczyzna pod wpływem miłości stara się najlepiej, jak to tylko możliwe, służyć innym. Kiedy jego serce się otworzy, czuje się tak pewny siebie, że może wówczas wiele zmienić. Obdarowany szansą udowodnienia swoich możliwości, ujawnia to, co w nim najlepsze. I tylko wówczas, gdy czuje, że może mu się nie udać, cofa się na swe dawne, egoistyczne pozycje.

Kiedy mężczyzna jest zakochany, troszczy się o innych tak samo jak o siebie. Wolny od przymusu zabiegania wyłącznie o własne dobro, może się zająć kimś innym i to nie po to, by odnieść zwycięstwo, lecz z czystej troski.

Mężczyzna obdarowany szansą udowodnienia swoich możliwości ujawnia to, co w nim najlepsze. Na swe dawne, egoistyczne pozycje cofa się tylko wtedy, gdy czuje, że może mu się nie udać.

Mężczyzna odczuwa zadowolenie partnerki tak, jakby było jego własnym. Jest gotów przezwyciężyć wiele trudności w walce o jej szczęście — bo jest ono także i jego szczęściem. Codzienne zmagania przychodzą mu z łatwością. Wyższy cel jest dla niego zastrzykiem energii.

W młodości mężczyzna może znajdować zadowolenie, służąc wyłącznie sobie, lecz gdy dojrzeje, skupianie się jedynie na własnej korzyści przestaje go satysfakcjonować. Aby zaznać spełnienia, musi zacząć żyć życiem „napędzanym" miłością. Mężczyzna inspirowany — lecz nie zmuszany — do tego, by dawać, wyzwala się z postawy polegającej na szukaniu własnego zadowolenia bez dbałości o innych. Chociaż wciąż chce otrzymywać miłość, jego najgorętszym pragnieniem jest dawanie.

Większość mężczyzn nie tylko odczuwa potrzebę dawania miłości, ale wręcz „umiera z pragnienia" ofiarowania jej. Problem jednak w tym, że nie wiedzą oni, czego właściwie potrzebują. Nieczęsto się bowiem zdarza, by ich ojcowie mogli w tej dziedzinie być dla nich wzorem do naśladowania. Skąd więc mają się dowiedzieć, że źródłem największej satysfakcji mężczyzny jest dawanie? Kiedy kolejne związki rozpadają się, mężczyzna wpada w przygnębienie i zaszywa się w swojej jaskini. Przestaje dbać o innych i nie bardzo wie, skąd bierze się jego depresja.

W takich chwilach wycofuje się całkowicie z zażyłych kontaktów, by schować się głęboko w jaskini. Pyta sam siebie, po co to wszystko i dlaczego ma sobie zawracać głowę. Nie zdaje sobie sprawy, że przestał się starać, bo nie czuł się potrzebny. Nie rozumie, że jeśli tylko znajdzie kogoś, kto będzie go potrzebował, otrząśnie się z przygnębienia i znowu poczuje wolę działania.

Brak poczucia, że jest komuś potrzebny, oznacza dla mężczyzny powolną śmierć.

Jeżeli mężczyzna nie czuje, że wnosi w życie partnerki coś pozytywnego, przestaje dalej troszczyć się o taki związek. Kiedy nie jest potrzebny, nic go nie mobilizuje. Ożywi się znowu tylko wtedy, gdy poczuje się doceniony, akceptowany i obdarzony zaufaniem. Brak przekonania, że jest komuś potrzebny, oznacza dla mężczyzny powolną śmierć.

KIEDY KOBIETA KOCHA MĘŻCZYZNĘ

Kiedy kobieta się zakochuje, dzieje się coś podobnego jak wtedy, gdy pierwsza Wenusjanka uzmysłowiła sobie, że zbliżają się Marsjanie. A było to tak: Wenusjanka marzyła, że statki kosmiczne wylądują wprost z nieba i wyjdą z nich silni i troskliwi Marsjanie — istoty, które nie potrzebują opieki, lecz przeciwnie, pragną wspierać i wspomagać Wenusjanki.

Marsjanie mieli być pełni oddania i do głębi poruszeni urodą i kulturą Wenusjanek. Wiedzieli, że ich siła i kompetencje nic nie znaczą, jeśli nie ma kogoś, komu mogliby służyć. Te zdumiewające i zachwycające stworzenia znajdowały motywację i zadowolenie w pragnieniu służenia, zadowalania i zaspokajania Wenusjanek. Cóż za cud!

Pozostałe Wenusjanki miały podobne sny. Marzenia te pomogły im wydostać się z depresji. W jednej chwili przeobraziła je nadzieja, że pomoc jest tuż-tuż — oto przybywają Marsjanie. Przygnębienie Wenusjanek miało swe źródło w ich poczuciu izolacji, osamotnienia, więc aby się z niego otrząsnąć, potrzebowały wiary, że nadchodzi pomoc.

Większość mężczyzn ma niewielką świadomość tego, jak ważne dla kobiety jest wrażenie, że może się oprzeć na kochającej osobie. Kobiety czują się szczęśliwe, jeśli wiedzą, że ktoś wyjdzie naprzeciw ich potrzebom. Jeśli kobieta jest zdenerwowana, zmartwiona, niepewna lub bezradna — jedynym, czego naprawdę potrzebuje, jest obecność bliskiej osoby. Musi wtedy czuć, że nie jest sama, że ktoś ją kocha i troszczy się o nią.

Współczujące zrozumienie i dowartościowanie pozwalają jej uzyskać stopniowo większą umiejętność przyjmowania i doceniania wsparcia ofiarowanego przez mężczyznę. Mężczyźni tego nie rozumieją, ponieważ ich marsjański instynkt podpowiada, że w chwilach zdenerwowania każdemu potrzebna jest samotność. Kiedy kobieta jest zdenerwowana, partner w dowód szacunku zostawia ją samą albo — jeśli zostaje — jeszcze pogarsza sprawę, próbując narzucić jej rozwiązanie problemu. Instynkt nie pomoże mu w zrozumieniu, jak istotna dla kobiety jest jedynie czyjaś bliskość i współczucie, że najbardziej na świecie potrzebuje osoby, która uważnie jej wysłucha.

Jeżeli kobieta może się podzielić z kimś swymi uczuciami, czuje się godna miłości i wierzy, że jej oczekiwania zostaną spełnione. Jej nieufność i brak pewności rozpływają się. Właściwa kobiecie skłonność do brania wszystkiego na siebie ustępuje miejsca poczuciu, że jest osobą wartą miłości. Kobieta uświadamia sobie, że nie musi na to uczucie specjalnie zasłużyć, może się odprężyć, ofiarować mniej, a więcej przyjąć. Jest tego godna.

> Jeśli kobieta czuje, że jest warta miłości, słabnie jej naturalna skłonność do brania wszystkiego na siebie. Pamiętając, że nie musi na to uczucie w żaden specjalny sposób „zasłużyć", może się odprężyć, ofiarować mniej, a więcej przyjąć. Jest tego godna.

Ciągłe dawanie jest męczące

Wenusjanki, aby poradzić sobie z depresją, szczegółowo przedyskutowały kwestie swych uczuć i kłopotów i odkryły wreszcie, co jest przyczyną ich przygnębienia: zmęczyły się ciągłym dawaniem. Znużyło je stałe dźwiganie odpowiedzialności za siebie nawzajem. Pragnęły odpocząć i poczuć, że ktoś się o nie troszczy. Znudziły się też tą wieczną wspólnotą. Każda chciała być kimś wyjątkowym i mieć coś tylko dla siebie. Nie cieszyło ich już poświęcanie się i życie dla innych.

Jak dotąd na Wenus kierowano się filozofią „przegrywam/wygrywasz", czyli takim poglądem na istotę zwycięstwa i porażki, który mówił: „Ja tracę, abyś ty mógł zyskać". Tak długo, jak wszystkie mieszkanki planety poświęcały się dla innych, każda była otoczona czułą opieką. W końcu po owych zabiegach o pielęgnowanie tej postawy Wenusjanki poczuły się zmęczone ciągłym troszczeniem się o kogoś i dzieleniem wszystkim. Dojrzały do filozofii „wygrywam/wygrywasz". Podobnie kobiety bywają zmęczone dawaniem. Chcą wakacji: czasu, by zastanowić się nad sobą i zatroszczyć przede wszystkim o siebie. Pragną, by ktoś wsparł je emocjonalnie — ktoś nie wymagający opieki. Marsjanie idealnie pasowali do tej roli.

Na tym etapie mężczyźni uczyli się właśnie dawać, podczas gdy kobiety gotowe były odbyć lekcję brania. Po całych wiekach zarówno Wenusjanki, jak i Marsjanie osiągnęli nowy etap swojej ewolucji. One miały nauczyć się przyjmować, oni — ofiarowywać.

Takie samo przeobrażenie zachodzi zwykle w kobiecie i mężczyźnie, gdy dojrzewają. We wczesnej młodości kobieta jest w większym stopniu skłonna do poświęceń, aby spełniać potrzeby partnera, młody mężczyzna natomiast skupiony jest na sobie i zupełnie niewrażliwy na potrzeby innych. Kobieta, rozwijając się, zaczyna pojmować, jak dalece się dotąd poświęcała, by zadowolić mężczyznę, a ten z kolei uświadamia sobie, że mógłby szanować innych i im służyć.

Gdy mężczyzna dojrzewa, przeżywa także oczywiste obawy, czy nie będzie się musiał poświęcać, lecz zwycięża w nim przekonanie, że dając, może sam wiele uzyskać. Podobnie kobieta, choć zyskuje nowe umiejętności dawania, odczuwa też potrzebę odmiany — chce otrzymywać to, czego pragnie.

Koniec z obwinianiem

Kobieta, gdy tylko zrozumie, że zbyt wiele z siebie daje, zaczyna obwiniać partnera za niepowodzenie związku. Sytuację, gdy sama daje więcej niż otrzymuje, uważa za „niesprawiedliwą".

Choć otrzymywała mniej niż zasłużyła, to jeśli chce polepszenia wzajemnych relacji, musi się teraz zastanowić, w jakim stopniu sama przyczyniła się do takiego stanu rzeczy. Kobieta dająca zbyt wiele nie powinna obciążać winą partnera, a mężczyzna, który daje mniej — znajdować usprawiedliwienie w niechęci partnerki do przyjmowania. W obu przypadkach szukanie winnego niczego nie zmieni.

Rozwiązanie leży w zrozumieniu, zaufaniu, współczuciu, akceptacji i wspieraniu partnera, nie w oskarżaniu go. Jeśli zachodzi taka sytuacja, mężczyzna, zamiast — jak czynił to dotychczas — zrzucać winę na wciąż „obrażoną" partnerkę, może dzięki świadomemu współczuciu ofiarować jej wsparcie, nawet jeśli kobieta o nie nie prosi, słuchać jej nawet wtedy, gdy ona zdaje się go krytykować, pomagać jej odbudować utracone zaufanie i otworzyć się, dając dowody swojej o nią troski.

Rozczarowana kobieta zamiast oskarżać partnera o niechęć do dawania, powinna się starać go zaakceptować i wybaczyć mu wszelkie niedoskonałości, uwierzyć, że pragnie ofiarować więcej, choć wcale tego nie okazuje, i wreszcie zachęcić go do większego wysiłku, doceniając to, co od niego otrzymuje, i wciąż prosząc o więcej.

USTANOWIENIE I SZANOWANIE GRANIC

Najważniejsze dla kobiety jest jednak określenie takich granic dawania, w których nie odczuwa jeszcze urazy do partnera. Zamiast spodziewać się, że partner wynagrodzi ją za przekraczanie ich, powinna ograniczyć dawanie do wyznaczonego przez siebie limitu.

Odwołajmy się do przykładu. Jim miał trzydzieści dziewięć lat, a jego żona Susan czterdzieści jeden, kiedy przyszli po poradę. Susan była zdecydowana na rozwód. Uważała, że przez ostatnie dwanaście lat daje wciąż więcej niż jej partner i nie może tego dłużej znieść. Określając charakter męża, nazwała go ospałym, egoistycznym, władczym i pozbawionym romantyzmu. Susan twierdziła, że nie ma już nic do ofiarowania i że gotowa jest odejść. Jim namówił ją na terapię, ale ona nie była do tego przekonana. Przez kolejne sześć miesięcy Jim i Susan potrafili przejść przez trzy etapy uzdrawiania swojego związku. Dziś są szczęśliwym małżeństwem z trójką dzieci.

Krok pierwszy — zachęta

Wytłumaczyłem Jimowi, że jego żona przez dwanaście lat odczuwała kumulującą się urazę. Powiedziałem, że jeśli zależy mu na uratowaniu swego małżeństwa, będzie musiał spędzić mnóstwo czasu, słuchając jej, co, moim zdaniem, nakłoni go do dalszej pracy nad tym związkiem.

W ciągu pierwszych sześciu spotkań zachęcałem Susan do tego, by dzieliła się z nami swoimi odczuciami i cierpliwie pomagałem Jimowi odnosić się ze zrozumieniem do jej negatywnych uczuć. To była najtrudniejsza część procesu ich „uzdrawiania". Jednak kiedy Jim rzeczywiście usłyszał, ile jego partnerka przeżywa bólu i nie zaspokojonych pragnień, przekonał się, że chce i potrafi wnieść zmiany niezbędne do tego, by ich związek wypełnił się miłością.

Zanim Susan poczuła się zdolna do pracy nad swym małżeństwem, musiała usłyszeć i poczuć, że Jim przykłada wagę do jej uczuć — to był pierwszy krok. Kiedy już odczuła, że jest rozumiana, mogli przejść do następnego etapu.

Krok drugi — podjęcie odpowiedzialności

Drugim krokiem było wzajemne uznanie swojej odpowiedzialności. Jim powinien był wziąć odpowiedzialność za to, że nie był dla żony oparciem, a Susan, że nie ustanowiła granic poświęcenia. Jim przeprosił żonę za to, że ją ranił. Ona z kolei uświadomiła sobie, że nie wyznaczyła granic — zwłaszcza gdy była traktowana bez szacunku (Jim wrzeszczał, gderał, odmawiał prośbom, deprecjonował jej uczucia). I chociaż nie miała powodu, by przepraszać, uświadomiła sobie swoją współodpowiedzialność za wynikły stan rzeczy.

Susan — dzięki temu, że dopuściła do siebie myśl, iż jej nieumiejętność wyznaczania granic i tendencja do „dawania więcej" przyczyniła się również do powstałych problemów — zaczęła wybaczać. Wzięcie na siebie swojej części odpowiedzialności miało kluczowe znaczenie dla złagodzenia jej urazy.

W ten sposób oboje odkryli, że pragną uczyć się nowych metod wzajemnego wspierania się — czyniąc to w wyznaczonych granicach.

Krok trzeci — praktyka

Jim musiał się zająć przede wszystkim szanowaniem granic Susan, a ona — ich określaniem. Oboje zaś musieli nauczyć się, jak wyrażać prawdziwe uczucia w uprzejmy sposób. Uzgodniliśmy, że na trzecim etapie będą nabierać praktycznych umiejętności wyznaczania i respektowania granic, przy czym, zarówno Susan, jak i Jim zdawali sobie sprawę, że czasami mogą im się przydarzać błędy. Możność popełniania pomyłek dawała im poczucie „bezpieczeństwa" w czasie ćwiczeń.

Oto kilka przykładów:

- Susan ćwiczyła taką oto wypowiedź: „Nie lubię, kiedy tak się do mnie zwracasz. Proszę, przestań krzyczeć, bo jeśli nie, będę musiała wyjść". Po kilkakrotnym opuszczeniu pokoju nie musiała tego już więcej robić.
- W przypadku gdy Jim prosił ją o zrobienie czegoś, co ją drażniło, nauczyła się mówić: „Nie, teraz muszę odpocząć" albo: „Nie, jestem dziś zbyt zajęta". Susan odkryła przy tym, że Jim stał się bardziej troskliwy, gdy odkrył, jak bywa ona zapracowana i zmęczona.
- Susan powiedziała Jimowi, że chce wyjechać na wakacje, a kiedy on odparł, że jest zajęty, zaproponowała, że wobec tego pojedzie sama. Jim zmienił plany i już chciał także jechać.
- Kiedy w rozmowie Jim jej przerywał, Susan nauczyła się mówić: „Jeszcze nie skończyłam. Wysłuchaj mnie". Jim zaczął bardziej słuchać, a mniej się wtrącać.
- Najtrudniejszą dla Susan była nauka proszenia o cokolwiek. Zapytała mnie: „Dlaczego po wszystkim, co sama zrobiłam dla niego, muszę go jeszcze prosić?" Wyjaśniłem jej, że zapoznawanie partnera ze swymi potrzebami nie tylko nie jest pozbawione sensu, lecz stanowi ważny składnik jej problemu. Susan musi się stać współodpowiedzialna za spełnianie własnych pragnień.

- Dla Jima najtrudniejszym wyzwaniem było uszanowanie tych zmian i rezygnacja z oczekiwań, że Susan będzie wciąż tą samą, usłużną osobą, jaką poślubił. Odkrył, że tak samo jak Susan miała kłopoty z określeniem granic, tak i jemu sprawia trudność dostosowanie się do nich. Zrozumiał też, że ćwicząc więcej, mogą nabyć w tym wprawę.

Dla mężczyzny bariery, które napotyka, stanowią czynnik mobilizujący do większej aktywności. Jeżeli szanuje stawiane mu ograniczenia, automatycznie zaczyna wątpić w efektywność dotychczasowych sposobów zachowania i decyduje się na wprowadzenie zmian. Z kolei kobieta, która uzmysłowiła sobie, że aby otrzymywać, musi najpierw ustanowić granice, zaczyna wybaczać partnerowi i wypróbowywać nowe sposoby zwracania się do niego z prośbą i uzyskiwania oparcia.

NAUKA PRZYJMOWANIA

Dla kobiety wyznaczanie granic i przyjmowanie jest bardzo bolesne. Zazwyczaj boi się, że wymagając zbyt wiele, narazi się na sprzeciw, krytykę i porzucenie. Taka przewidywana reakcja staje się dla kobiety źródłem głębokiego cierpienia, ponieważ gdzieś w głębi jej świadomości tkwi przekonanie, że nie jest godna, by dostać więcej. Pogląd ten zrodził się u niej w dzieciństwie i utrwalał za każdym razem, kiedy musiała tłumić swoje uczucia, potrzeby i oczekiwania.

Kobieta jest oczywiście podatna na takie negatywne, a niewłaściwe myślenie, że nie zasługuje na to, by być kochaną. Jeśli w dzieciństwie była świadkiem lub bezpośrednią ofiarą wykorzystywania, później tym głębsze jest jej przekonanie, że jest niegodna miłości i trudniej przychodzi jej uznać swoją wartość.

Przeświadczenie, że jest niewiele warta, choć stale skrywane w podświadomości, powoduje u niej obawę przed zdaniem się na innych. Jakąś cząstką siebie zawsze czuje, że nie uzyska pomocy. I paradoksalnie — z obawy przed tym, że w nikim nie znajdzie oparcia — sama niechcący odrzuca próby udzielenia go jej.

Mężczyzna, który otrzyma „wiadomość”, że partnerka nie wierzy, by udało mu się zaspokoić jej potrzeby, natychmiast czuje się odrzucony i „wyłącza się”. Kobiecy brak nadziei i ufności przemienia jej uzasadnione potrzeby w desperackie wołanie kogoś nie zaspokojonego i przekazuje mężczyźnie sygnał, że kobieta nie wierzy, by był zdolny tę pustkę wypełnić.

Jak na ironię — mężczyzn, których uskrzydlało poczucie, że są potrzebni, całkowicie zniechęca zetknięcie z „beznadziejnym” niezaspokojeniem.

W takich chwilach kobieta sądzi, że partnera zraziło odkrycie, iż ma ona własne potrzeby, chociaż w istocie powodem tego było zdesperowanie, brak nadziei i nieufność. Kobietom, które nie uświadamiają sobie, czym dla mężczyzn staje się poczucie, że się im nie ufa, bardzo trudno jest zrozumieć różnicę między potrzebą a niezaspokojeniem.

„Potrzebując” mężczyzny, kobieta otwarcie prosi i sięga po pomoc z ufnością, która mobilizuje partnera, by uczynił wszystko, na co go stać.

Z kolei „niezaspokojenie” kobiety to jej dominujące pragnienie oparcia, w którego uzyskanie nie wierzy. To zraża mężczyzn, którzy czują się odrzuceni i niedocenieni.

Dla kobiet poczucie, że potrzebują innych, jest niepokojące, ale naprawdę bolesne staje się dla nich przeżycie rozczarowania, odrzucenia — nawet w najdrobniejszych sprawach. Przykro jest zawierzyć komuś, a potem doświadczyć, że się jest ignorowaną, zapomnianą, odtrąconą. Potrzebując innych, kobiety stają się szczególnie bezbronne. Jeśli są nie dostrzegane i rozczarowane, ból jest tym większy, że potwierdza ich niskie poczucie własnej wartości.

Jak Wenusjanki odzyskują poczucie własnej wartości

Poczucie, że nie przedstawiają sobą zbyt dużej wartości, przez całe wieki Wenusjanki rekompensowały sobie przekonaniem o swej przydatności dla innych. Wciąż dawały i dawały, lecz mimo to gdzieś w głębi duszy wiedziały, że są godne, by także otrzymywać. Miały nadzieję, że dając, staną się więcej warte. Minęły stulecia i Wenusjanki ostatecznie uświadomiły sobie, że zasługują na miłość i wsparcie, a patrząc wstecz, zrozumiały, że zawsze tak było.

Długotrwały proces dawania pozwolił im uzyskać coś wspaniałego i mądrego — szacunek dla siebie. Ofiarowując coś innym, odkryły, że wszyscy zasługują na to, by otrzymywać, każdy jest godny miłości. Tak rozumując, doszły wreszcie do przekonania, że same także podlegają tej zasadzie. Na Ziemi droga do tego odkrycia przebiega trochę inaczej. Jeśli dziewczynka obserwuje, że jej matka obdarowywana jest miłością, automatycznie i ona czuje się więcej warta. W przyszłości łatwo jej przyjdzie przezwyciężyć w sobie tendencję do nadmiernego dawania. Identyfikując się ze szczęśliwą matką, nie musi przeżywać obawy przed braniem. Jeśli matka jest otwarta na to, by otrzymywać — córka także nabiera tej umiejętności.

Jednak Wenusjanki pozbawione były jakiegokolwiek w tym względzie przykładu. Dlatego też tysiące lat zabrało im dojście do fazy, w której zarzuciły „nie kontrolowane" dawanie. Stopniowo, obserwując jak inni zasługują na to, by otrzymywać, uzyskały poczucie, iż im także się to należy. W tej cudownej chwili również Marsjanie ulegli przeobrażeniu i właśnie wówczas zaczęli budować swoje statki kosmiczne.

Marsjanin pojawia się wtedy, gdy Wenusjanka jest gotowa go przyjąć

Kiedy kobieta jest przekonana, że zasługuje na miłość, „otwiera się" na mężczyznę, by przyjąć jego uczucie. Bywają jednak sytuacje bardziej skomplikowane. Zdarza się na przykład, że kobieta, która przez dziesięć lat przyzwyczajała męża, że jej rolą jest dawanie, dochodzi wreszcie do wniosku, że ona sama zasługuje na więcej. Jak na ironię, kobieta ma wówczas ochotę zamknąć wszystkie drogi do siebie. Jeśli miałaby to wyrazić słowami, brzmiałyby one następująco: „Wciąż dawałam, a ty mnie ignorowałeś. Miałeś swoją szansę. Ja zasługuję na coś więcej. Nie ufam ci, jestem zmęczona, nie mam już nic do ofiarowania. Nie pozwolę, byś dalej mnie krzywdził".

No i znów: jeśli spotykam się z podobną sprawą, staram się przekonać kobietę, że aby jej związek był lepszy, wcale nie musi więcej dawać. Odwrotnie, to właśnie dając mniej, otrzyma więcej od partnera. Jeśli mężczyzna rzeczywiście lekceważył jej oczekiwania, to jest trochę tak, jakby oboje pozostawali w uśpieniu. Kiedy kobieta się zbudzi i przypomni o swoich potrzebach, partner również się ocknie i zapragnie ofiarować jej więcej.

Kiedy kobieta się zbudzi i przypomni o swoich potrzebach, partner również się ocknie i zapragnie ofiarować jej więcej.

Jest prawdopodobne, że jej partner wyjdzie ze stanu uśpienia i rzeczywiście dokona wielu zmian, na których kobiecie zależy. Jeśli tylko partnerka nie daje zbyt dużo, mężczyzna wychodzi ze swej jaskini i zaczyna budować statek kosmiczny, który go do niej dowiezie i pozwoli ją uszczęśliwić. Być może upłynie trochę czasu, zanim partner rzeczywiście zacznie zaspokajać potrzeby kobiety, jednak najistotniejszy krok został uczyniony — mężczyzna uświadomił sobie, że ją zaniedbywał, i postanowił się zmienić.

Działa to w obie strony. Zazwyczaj kiedy mężczyzna poczuje się nieszczęśliwy i zapragnie miłości, jego żona nagle otwiera się i zaczyna go znowu kochać. Rozpadają się mury i urazy, miłość ożywa. Jeżeli nazbierało się wiele zaniedbań, może upłynąć sporo czasu, zanim uda się zadośćuczynić całemu nagromadzonemu cierpieniu i puścić je w niepamięć. A jednak jest to możliwe. W rozdziale jedenastym omówię łatwe i praktyczne sposoby leczenia bolesnych urazów.

Dość często, jeśli jedno z partnerów wprowadza ulepszenia, drugie także się zmienia. Ta realna współzależność jest jednym z cudów, jakie napotykamy w swym życiu. Kiedy uczeń jest gotów, zjawia się nauczyciel. Gdy pada pytanie, znajdujemy odpowiedź. A kiedy jesteśmy przygotowani na to, by otrzymywać, nasze życzenia się spełniają.

Kiedy Wenusjanki stały się gotowe przyjmować, Marsjanie zapragnęli dawać.

SZTUKA DAWANIA

Mężczyzna najbardziej obawia się, że okaże się niekompetentny i nie dość dobry w tym, co robi. Strach ten równoważy, rozwijając swoją siłę i umiejętności. Sukcesy, osiągnięcia i efektywność są w jego życiu sprawami pierwszoplanowymi. Podobnie Marsjanie. Zanim odkryli Wenusjanki, byli do tego stopnia zaangażowani w walkę o sukces, że nie troszczyli się o nic i o nikogo innego. Mężczyzna staje się nieczuły na cudze problemy wtedy, gdy odczuwa strach.

Mężczyzna najbardziej obawia się tego, że okaże się niekompetentny i nie dość dobry w tym, co robi.

Kobiety odczuwają obawę przed braniem, a mężczyźni boją się dawać. Przenosząc swoje starania na innych, narażają się wszak na ryzyko niepowodzenia, krytykę i dezaprobatę. To bywa dla mężczyzny szczególnie bolesne, ponieważ głęboko tkwi w nim przekonanie, że jest nie dość dobry w tym, co robi. Taki pogląd mógł sobie wyrobić w dzieciństwie i utrwalać za każdym razem, kiedy poczuł, że nie sprostał oczekiwaniom. Jeśli jego starania były nie zauważone lub nie zostały docenione, głęboko w podświadomości mężczyzny zrodziło się niesłuszne przekonanie, że nie jest dość dobry.

Kobiety odczuwają obawę przed braniem,
a mężczyźni boją się dawać.

Mężczyzna jest w tej kwestii wyjątkowo wrażliwy. Rośnie w nim strach przed niepowodzeniem. Pragnie dawać, ale bojąc się porażki, nawet nie próbuje. Skoro jego najgroźniejszym upiorem jest lęk, że „nie sprosta", będzie oczywiście unikać każdego niepotrzebnego ryzyka.

Jak na ironię: kiedy mężczyźnie naprawdę bardzo na kimś zależy, strach przed porażką wzrasta i Marsjanin daje mniej. Żeby nie narazić się na niepowodzenie, przestaje cokolwiek ofiarowywać. Dotyczy to głównie tych osób, którym chciałby dać najwięcej.

Jeśli mężczyzna nie czuje się bezpieczny, może to sobie rekompensować, nie zajmując się nikim poza samym sobą. Jego automatyczną reakcją obronną jest powiedzenie: „Nie zależy mi". To z tej przyczyny Marsjanie nigdy nie pozwalali sobie na nadmierną troskę o innych. Kiedy jednak zaczęli odnosić sukcesy i stawali się coraz silniejsi, uświadomili sobie wreszcie, że są całkiem dobrzy w tym, co robią, i że mogłoby im się udać także na polu dawania. Właśnie wtedy odkryli Wenusjanki.

I chociaż dobrzy byli zawsze, to jednak potrzebowali długotrwałego udowadniania swej siły, by osiągnąć stan szacunku do samych siebie.

Analizując kolejne z odniesionych sukcesów, zrozumieli, że do każdego z nich przyczyniły się w pewien sposób wcześniejsze niepowodzenia. Każda pomyłka była ważną lekcją, która pomagała potem „wbijać gole".

Mężczyźni zrozumieli, że zawsze byli dobrzy w tym, co robili.

Można popełniać błędy

Jeśli mężczyzna pragnie nauczyć się więcej dawać, jego pierwszym posunięciem powinno być utrwalenie przekonania, że pomyłki, porażki, a także to, że nie na wszystkie pytania zna odpowiedzi, nie jest naprawdę niczym złym.

Pamiętam opowieść pewnej kobiety, która skarżyła się, że jej partner nigdy nie zaproponował jej, by się pobrali. Miała wrażenie, że nie był zaangażowany w ów związek tak bardzo jak ona. Mimo to kiedyś wyznała mu, że jest z nim bardzo szczęśliwa. Następnego dnia partner się oświadczył. Potrzebował po prostu akceptacji i zachęty — dowodu, że jest w jej oczach wartościowym człowiekiem. Wtedy dopiero mógł zdać sobie sprawę z faktu, że bardzo mu na niej zależy.

Marsjanie także potrzebują miłości

Tak jak kobiety łatwo mogą poczuć się odrzucone, jeśli nie są traktowane z potrzebną im troskliwą uwagą, tak samo mężczyźni ulegają przekonaniu, że zawiedli, kiedy kobiety mówią o istniejących problemach. Ten właśnie mechanizm jest przyczyną wielkich trudności mężczyzny w dziedzinie słuchania. Przecież chce być bohaterem! Kiedy partnerka jest rozczarowana albo nieszczęśliwa, to bez względu na przyczynę on czuje, że w jakiś sposób „nie podołał". Jej niezadowolenie potwierdza jego najgłębszą obawę: „Nie jestem dość dobry". Wiele kobiet nie zdaje sobie sprawy z tego, jak bardzo mężczyźni są wrażliwi i do jakiego stopnia potrzebują miłości. Miłość pomaga im uświadomić sobie, że są dostatecznie dobrzy, by zadowolić innych.

Mężczyzna niechętnie słucha kobiety nieszczęśliwej i rozczarowanej, ponieważ odnosi wówczas wrażenie, że to on zawiódł.

Młody chłopak, który miał szczęście, że jego ojciec umiał sprostać oczekiwaniom matki, wchodzi w dorosłe związki z ugruntowanym przekonaniem, że i on potrafi zadowolić swą partnerkę. Nie boi się zaangażować, bo wie, że umie „sprostać". Wie także, że jeśli mu się nie uda, nadal będzie zasługiwał na miłość i wdzięczność za to, że się tak starał. Nie potępia się, ponieważ wie, że choć nie jest ideałem, robi, co w jego mocy, a to już wystarczająco dużo. Potrafi przepraszać za swoje błędy, gdyż spodziewa się wybaczenia, miłości i tego, że jego starania zostaną docenione.

Taki mężczyzna rozumie, że przecież każdemu zdarza się błądzić. Widział, jak jego ojciec popełniał błędy, a jednak nadal był z siebie całkiem zadowolony. Pamiętał, że matka zawsze kochała ojca i wybaczała mu wszystkie niedociągnięcia. Czuł jej ufność i poparcie nawet wtedy, gdy ojciec czasem ją rozczarowywał.

Wielu mężczyzn nie ma, niestety, szczęśliwych wzorców z dzieciństwa. Dla nich trwanie w miłości, małżeństwo, rodzina jest czymś równie trudnym jak pilotowanie odrzutowca bez jakiegokolwiek przygotowania. Może są zdolni, by wystartować, ale z całą pewnością rozbiją się po drodze. Łatwo można zrozumieć, że bez dobrego podręcznika wiele kobiet i mężczyzn skazanych jest na przegraną.

ROZDZIAŁ PIĄTY

MÓWIMY RÓŻNYMI JĘZYKAMI

Kiedy Marsjanie i Wenusjanki po raz pierwszy się połączyli, napotkali wiele spośród tych trudności, z jakimi my borykamy się obecnie w swoich związkach. Oni jednak szybko rozwiązywali swoje problemy, ponieważ byli świadomi tego, że się kochają. Jednym z sekretów ich powodzenia w miłości była łatwość porozumiewania się.

Może to śmieszne, ale komunikowali się tak dobrze, ponieważ mówili różnymi językami. Jeśli przydarzył im się jakiś problem, szli po pomoc do tłumacza. Wszyscy doskonale wiedzieli, że mieszkańcy Marsa i mieszkanki Wenus mówią odmiennymi językami, więc jeśli rozpoczynał się konflikt, nie krytykowali się ani nie walczyli, lecz wyciągali swoje słowniki frazeologiczne, żeby się nawzajem lepiej zrozumieć. Jeśli i to nie dawało rezultatu, udawali się do tłumacza.

Języki marsjański i wenusjański składają się z tych samych słów, ale sposób, w jaki ich używano, nadał im różne znaczenia.

Było bowiem tak, że języki marsjański i wenusjański składały się z tych samych słów, ale sposób, w jaki się nimi posługiwano, nadał im różne znaczenia. Wyrażenia były, co prawda, w obu językach podobne, lecz wywoływały inne skojarzenia i budziły odmienne uczucia. Bardzo łatwo można się było pomylić. Kiedy więc zaistniały kłopoty z porozumiewaniem się, Marsjanie i Wenusjanki od razu pojęli, że były to przewidziane „przekłamania" i że z niewielką pomocą znowu się dogadają. Doszli do takiego zaufania i akceptacji, o jakie dziś nam bardzo trudno.

WYRAŻANIE UCZUĆ PRZECIW WYPOWIADANIU INFORMACJI

Nawet dzisiaj ciągle potrzebujemy tłumaczy. Mężczyźni i kobiety rzadko mają to samo na myśli, nawet jeśli wypowiadają te same słowa. Jeśli, na przykład, kobieta mówi: „Mam wrażenie, że ty mnie nigdy nie słuchasz", to nie spodziewa się, że wyraz „nigdy" będzie traktowany dosłownie. Używa tego słowa, by wyrazić frustrację, jaką właśnie przeżywa. Nie ma to być informowanie o fakcie.

Aby w pełni wyrazić swoje uczucia, kobiety stosują *licentia poetica* i używają licznych wyolbrzymień, metafor i uogólnień.

Aby jak najpełniej wyrazić swoje uczucia, kobiety stosują *licentia poetica* i używają licznych wyolbrzymień, metafor i uogólnień. Mężczyźni opacznie biorą te wyrażenia dosłownie. Ponieważ nie rozumieją przypisywanego im przez kobiety znaczenia, na ogół reagują na nie negatywnie. Poniżej zestawiłem dziesięć kobiecych skarg, które są często źle interpretowane, i tyleż „nieodpowiednich" wypowiedzi mężczyzny.

Dziesięć popularnych i często mylnie interpretowanych skarg

Kobiety mówią:	**Mężczyźni odpowiadają im:**
Nigdy nie wychodzimy z domu.	Nieprawda. Przecież wychodziliśmy w ubiegłym tygodniu.

Nikt na mnie nie zwraca uwagi.	Jestem przekonany, że ludzie cię zauważają.
Jestem taka zmęczona. Niczego już nie jestem w stanie zrobić.	Nie bądź śmieszna. Nie jest z tobą aż tak źle.
Chciałabym rzucić to wszystko.	Jeżeli ta praca ci nie odpowiada, złóż wymówienie.
W domu jest zawsze bałagan.	Wcale nie zawsze.
Nikt mnie nie słucha.	Przecież ja cię właśnie słucham.
Nic mi się nie udaje.	Chcesz powiedzieć, że to moja wina?
Już mnie nie kochasz.	Naturalnie, że cię kocham. Dlatego tu jestem.
Wiecznie się spieszymy.	Nieprawda, w piątek odpoczywaliśmy.
Potrzebuję odrobiny romantyzmu.	A więc ja nie jestem romantyczny?

Na przytoczonych przykładach widać, jak literalne tłumaczenie wypowiedzi kobiety może wyprowadzić w pole człowieka nawykłego do przekazywania słowem tylko faktów i informacji. Nietrudno też spostrzec, że odpowiedzi mężczyzny prowadzą najprostszą drogą do kłótni.

Największym problemem wielu związków jest nieumiejętność życzliwego i w pełni czytelnego dla obu stron porozumiewania się. Najczęściej kobiety żalą się swojemu partnerowi: „Nie słuchasz mnie". Zabawne — nawet ta skarga bywa mylnie rozumiana i interpretowana.

„Nie słuchasz mnie". Nawet ta skarga bywa przez mężczyzn mylnie rozumiana i interpretowana.

Dosłowne tłumaczenie zwrotu: „Nie słuchasz mnie" wiedzie mężczyznę do zaprzeczenia uczuciom partnerki. Mężczyzna uważa, że słucha, jeśli potrafi powtórzyć to, co kobieta powiedziała. Tymczasem, aby umożliwić prawidłowe odczytanie zdania: „Nie słuchasz mnie", trzeba by je przetłumaczyć następująco: „Mam wrażenie, że nie w pełni rozumiesz, o co mi chodzi, albo nie przejmujesz się tym, co czuję". Jeśli partner tak je zrozumiał, zareaguje pozytywnie i będzie mniej się spierał.

Mężczyzna i kobieta odczuwają napięcie i kłócą się zwykle z prostego powodu — wzajemnego niezrozumienia. W takich momentach pomocne może być przemyślenie i wręcz „przetłumaczenie" wypowiedzi, które doprowadziły partnerów do takiego stanu.

Wielu mężczyzn mylnie ocenia lub wręcz zaprzecza uczuciom partnerki tylko dlatego, że nie nauczono ich rozumienia sposobu, w jaki kobieta wyraża swoje emocje. Prowadzi to do kłótni. Marsjanie umieli unikać sporów, „stosując" prawidłowe rozumienie. Kiedy tylko poczuli, że to, czego słuchają, wywołuje w nich sprzeciw, sięgali po *Marsjańsko-wenusjański słownik frazeologiczny* i w nim znajdowali prawidłowe tłumaczenie.

KIEDY WENUSJANKI MÓWIĄ

Następna część naszej książki będzie zawierać najróżniejsze wyjątki z *Marsjańsko-wenusjańskiego słownika frazeologicznego*. Każda z przytoczonych poprzednio dziesięciu kobiecych skarg zostanie przetłumaczona tak, aby mężczyzna mógł zrozumieć jej zamierzone znaczenie. Zwróćcie uwagę, że wyjaśnienia zawierają także sygnał dla partnera, iż oczekuje się od niego odpowiedzi.

Powinniście to wiedzieć: kiedy Wenusjanka jest zdenerwowana, nie tylko nadużywa uogólnień i tym podobnych sformułowań, ale przede wszystkim oczekuje pewnego określonego wsparcia. Nie prosi o nie wprost, bo na Wenus dla każdego jest rzeczą oczywistą, że emocjonalna wypowiedź jest w swej istocie wołaniem o współczucie.

W naszych wyjaśnieniach ta ukryta próba zostaje wydobyta na światło dzienne. Daje to mężczyźnie szansę zauważenia jej i właściwego zareagowania. Jeśli mu się to uda, partnerka poczuje nie tylko, że ktoś jej słucha, ale także poczuje się kochana.

Marsjańsko-wenusjański słownik frazeologiczny

„Nigdy nie wychodzimy z domu" — przetłumaczone na marsjański brzmiałoby: „Mam ochotę na wspólne wyjście. Tak dobrze się zawsze bawimy, kiedy jesteśmy gdzieś razem. Uwielbiam być z tobą. I co ty na to? Może zabierzesz mnie na kolację? Już od kilku dni nie wychodziliśmy".

Bez tego tłumaczenia mężczyzna rozumie zwrot: „Nigdy nie wychodzimy z domu" następująco: „Nie robisz tego, co do ciebie należy. Jesteś jednym wielkim rozczarowaniem. Niczego już razem nie robimy, bo jesteś leniwy, mało romantyczny, po prostu nudny".

„Nikt na mnie nie zwraca uwagi" — przetłumaczone na marsjański oznacza: „Dziś mam uczucie, że nie jestem zauważana i doceniana. Wydaje mi się, że nikt mnie nie dostrzega. Wiem, oczywiście, że niektórzy mnie widzą, jednak robią wrażenie, jakbym była im obojętna. Zdaje się, że jestem trochę rozczarowana, bo ostatnio byłeś taki zajęty. Zaczyna mi się wydawać, że nie jestem dla ciebie ważna. Boję się, że praca jest dla ciebie ważniejsza. Przytul mnie i powiedz, że jestem niezwykła".

Jeśli jednak zdanie: „Nikt na mnie nie zwraca uwagi" pozostanie bez tłumaczenia, mężczyzna usłyszy: „Jestem taka nieszczęśliwa. Nie poświęcasz mi tyle uwagi, ile potrzebuję. Wszystko jest beznadziejne. Nie zauważasz mnie nawet ty, mimo że podobno mnie kochasz. Powinieneś się wstydzić, że jesteś taki nieczuły. Ja bym cię nigdy tak nie ignorowała".

„Jestem taka zmęczona. Niczego już nie jestem w stanie zrobić" — w języku marsjańskim znaczy: „Tak dużo pracuję. Naprawdę muszę odpocząć, zanim zabiorę się do czegoś jeszcze. Na szczęście, mam w tobie oparcie. Przytul mnie, pochwal moją pracę i powiedz, że zasłużyłam na chwilę odpoczynku, dobrze?"

Kiedy jednak mężczyzna nie dysponuje tym tłumaczeniem, wypowiedź: „Jestem taka zmęczona. Niczego nie jestem już w stanie zrobić" zrozumie następująco: „Ja robię wszystko, a ty nic. Powinieneś więcej mi pomagać. Nie jestem w stanie tyle pracować. Czuję się beznadziejnie. Chciałabym mieszkać z prawdziwym mężczyzną. To, że wybrałam ciebie, było wielką pomyłką".

„Chciałabym rzucić to wszystko" — w języku marsjańskim brzmi: „Chcę, żebyś wiedział, że jestem zadowolona ze swojej pracy i z życia w ogóle, ale dziś jestem przepracowana. Chciałabym zrobić coś dla siebie, zanim znowu zacznę robić coś dla innych. Zapytaj mnie, proszę, o co mi dokładnie chodzi i posłuchaj życzliwie. Nie proponuj żadnych rozwiązań. Chcę po prostu poczuć, że rozumiesz, jakie napięcie przeżywam. To mi z pewnością pomoże. Poczuję się lepiej i odpocznę, a jutro znów będę odpowiedzialna i samodzielna".

Bez odpowiedniego tłumaczenia zdanie: „Chciałabym rzucić to wszystko" mężczyzna zrozumie jako: „Muszę robić wiele rzeczy, których nie chcę robić. Związek z tobą jest nieszczęściem. Potrzebuję lepszego partnera, który umiałby wypełnić mi życie. Ty nic w tym kierunku nie robisz".

„W domu jest zawsze bałagan" — przetłumaczone na marsjański brzmiałoby: „Mam dziś wielką ochotę na odrobinę relaksu, ale w domu jest nieporządek. Czuję się sfrustrowana. Muszę odpocząć. Mam nadzieję, że nie oczekujesz ode mnie, że sama to wszystko posprzątam. Przyznaj, że jest bałagan i pomóż w porządkach!"

Jeśli mężczyzna nie zajrzy do słownika, słysząc: „W domu jest ciągły bałagan”, odczyta to następująco: „Przez ciebie w domu jest bałagan. Robię, co mogę, żeby utrzymać wszystko w czystości, ale zanim skończę sprzątać, ty już od nowa bałaganisz. Jesteś obrzydliwym leniem, jeśli się nie zmienisz, nie chcę już z tobą mieszkać. Sprzątaj albo się wynoś”.

„Nikt mnie nie słucha” — po marsjańsku można by wypowiedzieć jako: „Boję się, że cię nudzę i że się już mną nie interesujesz. Jestem dziś chyba trochę przewrażliwiona. Bardzo bym się ucieszyła, gdybyś zwrócił na mnie szczególną uwagę. Miałam ciężki dzień i wydaje mi się, że nikt nie chce słuchać, co mam do powiedzenia. Chciałabym, żebyś mnie wysłuchał i zadał kilka zachęcających pytań: «Jak ci minął dzień? Co się wydarzyło? Jak się czułaś? Czego chciałaś? Co jeszcze czujesz?» Gdy będę mówiła, wtrącaj pomocne oraz świadczące o twoim zainteresowaniu i uwadze zdania: «Powiedz coś więcej» albo «Słusznie», albo «Wiem, o co ci chodzi», albo «Rozumiem». Możesz też po prostu słuchać i zachęcać mnie tylko «upewniającymi» pomrukami: „och, mhm”. (Uwaga: Marsjanie nigdy nie słyszeli o istnieniu tych pomruków, zanim nie wylądowali na Wenus).

Bez tego tłumaczenia wypowiedź: „Nikt mnie już w ogóle nie słucha” mężczyzna zrozumie jako: „Ja ci poświęcam uwagę, ale ty mnie nie słuchasz. Tak już się przyzwyczaiłeś. Stałeś się bardzo nudnym partnerem. Potrzebuję kogoś podniecającego i interesującego, a ty z pewnością taką osobą nie jesteś. Rozczarowałeś mnie. Jesteś samolubny, nieczuły i zły”.

„Nic mi się nie udaje” — przetłumaczone na marsjański oznacza: „Bardzo się cieszę, że mogę ci się zwierzyć, bo mam dziś tyle kłopotów. Poczuję się lepiej, jeśli ci wszystko opowiem. Mam wrażenie, że nic mi dzisiaj nie wychodzi. Wiem, że tak nie jest, ale naprawdę tak czuję, kiedy tak się staram, a zostaje mi jeszcze tyle do zrobienia. Przytul mnie i pochwal. To mi na pewno pomoże”.

To samo zdanie: „Nic mi się nie udaje", w uszach mężczyzny, nie znającego tego tłumaczenia, zabrzmi: „Nigdy niczego dobrze nie robisz. Nie mogę ci zawierzyć. Jeślibym cię nie słuchała, nie byłoby tego całego zamieszania. Inny mężczyzna jakoś by to zorganizował, ale ty tylko pogarszasz sytuację".

„Już mnie nie kochasz" — w tłumaczeniu na marsjański oznacza: „Dziś mam wrażenie, że mnie nie lubisz. Boję się, że może cię czymś uraziłam. Wiem, że tak naprawdę mnie kochasz — tyle przecież dla mnie robisz. Po prostu dzisiaj czuję się jakoś niepewnie. Chciałabym, żebyś zapewnił mnie o swojej miłości. Kiedy mówisz «Kocham cię», czuję się zdecydowanie lepiej".

Jeśli zabraknie tłumaczenia, zwrot: „Już mnie nie kochasz", mężczyzna zrozumie jako: „Dałam ci najlepsze lata swojego życia, a ty nie dałeś mi nic. Wykorzystałeś mnie. Jesteś zimnym egoistą. Wszystko, co robisz, robisz wyłącznie dla siebie. Nikim się nie przejmujesz. Byłam idiotką, zakochując się w tobie".

„Wiecznie się spieszymy" — w języku marsjańskim oznacza: „Wciąż się dzisiaj spieszę. Nie lubię tego. Chciałabym, żeby nasze życie było spokojniejsze. Zdaję sobie sprawę, że nie ma w tym niczyjej winy, a już z pewnością twojej. Wiem, że bardzo starasz się zrobić wszystko na czas i doceniam to, że bardzo się o wszystko troszczysz. Chciałabym tylko, żebyś mi okazał współczucie i przyznał, że rzeczywiście musi być ciężko, tak ciągle się spiesząc, i że sam też tego nie lubisz".

Bez powyższego tłumaczenia stwierdzenie: „Wiecznie się spieszymy" zostanie przez mężczyznę odebrane następująco: „Jesteś nieodpowiedzialny. Ze wszystkim czekasz do ostatniej chwili. Nigdy nie jestem przy tobie spokojna. Ciągle musimy się spieszyć, inaczej wciąż byśmy się spóźniali. Zawsze wszystko popsujesz. Jestem znacznie szczęśliwsza, kiedy nie ma cię w pobliżu".

„Potrzebuję odrobiny romantyzmu" — ma marsjański odpowiednik w sformułowaniu: „Kochanie, tak dużo pracujesz. Może wygospodarowalibyśmy trochę czasu tylko dla siebie? Uwielbiam chwile, kiedy jesteśmy sami, odprężeni, bez dzieci i pracy. Jesteś taki romantyczny. Chciałabym, żebyś mnie zaskoczył któregoś dnia, przynosząc kwiaty. Czuję, że już niedługo zaprosisz mnie na randkę. Uwielbiam, jak mnie uwodzisz".

Bez tego tłumaczenia kobiece: „Potrzebuję odrobiny romantyzmu" może być przez partnera odebrane jako: „Już mnie nie zadowalasz. Nie działasz na mnie. Twoja zdolność uwodzenia jakoś do mnie nie trafia. Nigdy nie czuję się przy tobie naprawdę usatysfakcjonowana. Żałuję, że nie jesteś choć trochę podobny do innych mężczyzn, których znałam".

Jeżeli mężczyzna będzie używał naszego słownika przez kilka lat, nie będzie już musiał po niego sięgać za każdym razem, kiedy poczuje się obwiniany lub krytykowany. Zrozumie, jak kobiety czują i którędy wędrują ich myśli. Dojdzie do wniosku, że wszystkich tych dramatycznych wykrzykników nie należy brać zbyt dosłownie, bo są one po prostu sposobem pozwalającym kobiecie pełniej się wypowiedzieć. Takie metody stosowały Wenusjanki, o czym mężczyźni powinni pamiętać.

KIEDY MARSJANIE MILCZĄ

Zdobycie umiejętności odpowiedniej interpretacji i właściwej odpowiedzi na wypowiadanie uczuć przez kobietę jest jednym z wielkich wyzwań, jakim muszą sprostać mężczyźni. Dla kobiet natomiast jest interpretacja i odpowiedź na milczenie partnera. Kobiety najczęściej mylnie tłumaczą sobie ciszę.

Największym wyzwaniem dla kobiet jest odpowiednia interpretacja i właściwa reakcja na milczenie mężczyzny.

Dość często mężczyzna wyłącza się i milknie. O takim zachowaniu na Wenus nie słyszano. Pierwsze, co w podobnej chwili pomyśli kobieta, to to, że „jej mężczyzna" ogłuchł. Sądzi, że być może partner po prostu nie słyszy i dlatego nie reaguje.

Trzeba nam wiedzieć, że mężczyźni i kobiety myślą i przekazują informacje w sposób całkowicie różny. Kobiety głośno myślą, dzieląc się z uważnym słuchaczem całym „wywodem" wewnętrznym. Nawet obecnie kobieta często odkrywa, o co jej chodzi, właśnie dopiero w trakcie mówienia. Ten proces, pozwalający myślom płynąć swobodnie, a słowom padać bez ograniczeń, pozwala kobiecie uwierzyć w swoją intuicję. Jest to zjawisko całkowicie normalne, a czasem ogromnie potrzebne.

Mężczyźni „postępują" z informacją zupełnie odmiennie. Zanim zaczną mówić lub reagować, najpierw milcząco przeżywają to, co usłyszeli lub czego doświadczyli. W ciszy kształtują najwłaściwszą odpowiedź przynoszącą najwięcej pożytku. Najpierw formułują ją „w środku", a potem dopiero wypowiadają. Proces ten może trwać całe minuty, a nawet godziny. Ażeby wszystko stało się dla partnerki jeszcze mniej zrozumiałe, w przypadku gdy mężczyzna nie dysponuje wystarczającą ilością danych, by odpowiedzieć — może się zdarzyć, że wcale nie odpowie.

Kobiety powinny zrozumieć, że jeśli partner trwa w milczeniu, to tak, jakby mówił: „Jeszcze nie wiem, co powiedzieć, ale próbuję to przemyśleć". Tymczasem brak widocznej reakcji ze strony mężczyzny interpretują następująco: „Nie odpowiadam ci, bo mi na tobie nie zależy i nie zwracam na ciebie uwagi. To, co masz mi do powiedzenia, jest nieważne i dlatego nie licz na odpowiedź".

Jak ona reaguje na jego milczenie

Kobiety błędnie interpretują milczenie mężczyzny. Zależnie od tego, w jakim owego dnia są nastroju, mogą zacząć wyobrażać sobie wszystko, co najgorsze: „On mnie nie znosi, nie kocha, na pewno opuści mnie na zawsze". Takie myśli mogą wydobyć najgłębszą obawę kobiety: „Boję się, że jeśli on mnie odrzuci, to już nikt mnie nie pokocha. Nie zasługuję na miłość".

W chwilach gdy mężczyzna nic nie mówi, kobiecie przychodzą do głowy najczarniejsze myśli, ponieważ ona sama milknie tylko wtedy, gdy miałaby powiedzieć coś bolesnego lub jeśli nie chce rozmawiać z partnerem (to zdarza się tylko wtedy, gdy już mu nie ufa lub nie chce z nim mieć więcej do czynienia). Jakkolwiek na to spojrzeć, kiedy mężczyzna milknie, kobieta traci grunt pod nogami.

Kiedy mężczyzna milknie, kobieta
myśli o najgorszym.

Kobieta, kiedy słucha, wciąż zapewnia osobę mówiącą o tym, że słucha i że obchodzi ją to, co słyszy. Jeśli mówiący przerywa, słuchaczka zachęca go, by kontynuował, wydając różne wspomagające pomruki: och, mhm, oj, aha.

Milczenie mężczyzny jest tych pomruków pozbawione i tym samym jest dla partnerki bardziej przykre. Kobiety jednak mogą się nauczyć interpretować i właściwie reagować na milczenie partnera, jeśli zrozumieją, czym jest męska jaskinia.

Jaskinia

Kobiety muszą się wiele nauczyć o mężczyznach, aby ich związki stały się naprawdę satysfakcjonujące. Przede wszystkim powinny zdać sobie sprawę, że kiedy partner jest zdenerwowany albo napięty, automatycznie przestaje mówić i udaje się do swojej jaskini, żeby wszystko przemyśleć. Trzeba, by zrozumiały, że do tej jaskini nikt nie ma wstępu — nawet najbliższy przyjaciel. Tak było na Marsie. Kobiety nie powinny niepokoić się, że, być może, popełniły jakiś niewybaczalny błąd. Stopniowo przekonują się, że jeśli pozwolą mężczyźnie spokojnie zaszyć się w jaskini, to po jakimś czasie sam z niej wyjdzie i wszystko będzie w porządku.

Przyswojenie sobie tej prawidłowości jest dla kobiet szczególnie trudne, ponieważ na Wenus jedna ze świętych zasad mówi, aby nie zostawiać zmartwionego przyjaciela samego. Jakże więc pozbawiona uczuć musiałaby być Wenusjanka, by odwrócić się od swojego ukochanego Marsjanina, gdy ten przeżywa rozterki. Także kochająca kobieta koniecznie chce wejść do jaskini i jakoś mu pomóc.

Na domiar złego, kobieta mylnie sądzi, że jeśli zada partnerowi mnóstwo dodatkowych pytań na temat stanu jego uczuć i uważnie go wysłucha, mężczyzna poczuje się lepiej. A jest dokładnie odwrotnie: Marsjanin denerwuje się wówczas jeszcze bardziej. Wenusjanka instynktownie próbuje mu pomóc metodami, którymi chciałaby, aby jej pomagano, tymczasem jedyne, co mimo najlepszych intencji w ten sposób osiąga — to sprzeciw.

Zarówno mężczyźni, jak i kobiety powinni porzucić dotychczasowe metody okazywania uczuć — były one przecież tylko odzwierciedleniem ich własnych oczekiwań — i nauczyć się, jak myślą, czują i reagują ich partnerzy.

Dlaczego mężczyźni zaszywają się w jaskiniach

Mężczyzna udaje się do jaskini albo nagle milknie z wielu różnych przyczyn:

- Jeśli musi przemyśleć określone zagadnienie i znaleźć jego praktyczne rozwiązanie.
- Jeśli nie zna odpowiedzi na pytanie lub nie zna rozwiązania problemu. Mężczyzny nigdy nie uczono mówić: „Och, nie znam odpowiedzi. Przepraszam, wpadnę tylko

do jaskini i zaraz jakąś znajdę". (Inny mężczyzna w ten właśnie sposób tłumaczy jego zachowanie).

- Jeśli jest zdenerwowany lub napięty. W takich chwilach odwiedza jaskinię, by ochłonąć i odnaleźć wewnętrzną równowagę. Nie chce zrobić czy powiedzieć czegoś, czego mógłby potem żałować.
- Jeśli musi się odnaleźć. Ta przyczyna odgrywa główną rolę w chwilach, kiedy mężczyzna jest zakochany. Zdarza się wówczas, że zapomina o sobie, gubi się, ma wrażenie, że zbytnia zażyłość niszczy go i osłabia. Musi wtedy upewnić się, że kontroluje sytuację i za każdym razem, gdy zaalarmuje go za daleko posunięte zbliżenie, wycofuje się do jaskini. Odradza to jego siłę i ciepłe uczucie.

Dlaczego kobiety mówią

Kobieta mówi z wielu powodów. (Czasami są to te same powody, dla których mężczyzna milczy). Oto kilka z nich:

- Aby przekazać lub uzyskać informację. (Jest to jedyny powód, dla którego mówią mężczyźni).
- Aby przebadać i odkryć, co właściwie chce powiedzieć. (Mężczyźni wówczas milkną, by przemyśleć sprawę. Kobiety myślą głośno).
- Aby poczuć się pewniej w chwilach zdenerwowania. (Zdenerwowany mężczyzna chowa się w jaskini, by ochłonąć).
- Aby zbudować zażyłość. Kobieta odnajduje w sobie miłość, kiedy zwierza się ze swych uczuć. (Tymczasem Marsjanin przestaje mówić, aby się odnaleźć oraz w obawie przed zbytnią bliskością).

Łatwo teraz pojąć, dlaczego partnerzy nie zdający sobie sprawy z powyższych odmienności tak często ze sobą walczą.

Uwaga: smok!

Sprawą bardzo istotną jest, by kobieta zrozumiała, że nie powinna podejmować prób wciągnięcia mężczyzny do rozmowy, zanim ten nie będzie gotów.

Kiedy poruszyłem ten temat na jednym z seminariów, pewna Indianka opowiedziała, że w jej plemieniu matka poucza pannę młodą, iż mężczyzna w chwilach troski chowa się do jaskini. Radzi też młodej żonie, by nie brała sobie tego do serca, nie jest to bowiem oznaka braku miłości. Mężczyzna przecież powraca. Najważniejsze jednak zalecenie brzmi: kobiecie pod żadnym pozorem nie wolno iść za mężczyzną do jaskini. Tę, która tam wejdzie, pochłonie zionący ogniem smok.

Nigdy nie wchodź do jaskini, bo jeśli to zrobisz, pochłonie cię zionący ogniem smok.

Mnóstwo niepotrzebnych konfliktów bierze się stąd, że kobiety chcą wejść za partnerem do jaskini. Wenusjanki nie pojmują, że w momentach zdenerwowania pragnie on samotności i ciszy. Kiedy mężczyzna wycofuje się do jaskini, kobieta po prostu nie rozumie, o co chodzi, i zgodnie ze swoją naturą próbuje go skłonić do rozmowy. Jeśli w grę wchodzi jakiś problem, stara się za wszelką cenę wesprzeć partnera szczegółowym „obgadaniem" sprawy.

Kobieta pyta: „Czy coś się stało?" i choć odpowiedź brzmi: „Nie", czuje, że partner jest zdenerwowany. Nie wie, dlaczego stara się ukryć przed nią swe uczucia. Zamiast pozwolić mu przemyśleć sprawę wewnątrz jaskini, zakłóca mu wewnętrzny proces, zadając kolejne pytanie: „Wiem, że coś cię martwi. Powiedz, o co chodzi?" Mężczyzna odpowiada: „O nic". Kobieta nie rezygnuje: „Jak to o nic, skoro widzę, że się martwisz. No powiedz, co się z tobą dzieje?" Partner odpowiada: „Ze mną wszystko w porządku. Daj mi spokój". Kobieta na to: „Jak możesz mnie tak traktować? Ty zupełnie już ze mną nie rozmawiasz. Skąd mam wiedzieć, co czujesz?

Już mnie nie kochasz. Ciągle mnie odtrącasz". W tym momencie mężczyzna traci cierpliwość i zaczyna mówić rzeczy, których potem będzie żałował. Wyłania się smok i pali wszystko, co napotyka. Ją również.

KIEDY MARSJANIE MÓWIĄ

Kobiety mogą cierpieć nie tylko wtedy, kiedy zakłócają męską introspekcję, lecz również w przypadkach, gdy źle zinterpretują takie wypowiedzi mężczyzny, które sygnalizują, że on już jest w jaskini albo znajduje się w drodze do niej. Zapytany: „O co chodzi?", Marsjanin odpowie bardzo zwięźle: „O nic" albo: „Wszystko w porządku". Takie krótkie sygnały wskazują Wenusjankom, że powinny partnerowi pozwolić, by przez jakiś czas popracował w samotności nad tym, co go zajmuje. Mężczyzna milknie, zamiast powiedzieć: „Jestem zdenerwowany, teraz chcę być sam".

Prześledźmy sześć skrótowych sygnałów ostrzegawczych, na które kobieta może niechcący odpowiedzieć w sposób natarczywy i niewłaściwy.

Sześć popularnych sygnałów ostrzegawczych, kiedy kobieta pyta: „Czy coś się stało?"

Wypowiedź mężczyzny:	**Kobieta niewłaściwie odpowiada:**
„Wszystko dobrze" albo „U mnie wszystko dobrze".	„Wiem, że coś jest nie w porządku. Powiedz mi tylko co".
„Wszystko fajnie" albo „Jest fajnie".	„Ale wyglądasz na zaniepokojonego. Porozmawiajmy".

„Nic się nie stało”.	„Chcę ci pomóc. Wiem, że coś cię trapi, no powiedz co”.
„Wszystko w porządku” albo „U mnie wszystko w porządku”.	„Na pewno? Przecież wiesz, że z radością ci pomogę”.
„To nic wielkiego”.	„Ależ widzę, że czymś się martwisz. Musimy pogadać”.
„Nie ma problemu”.	„Jest problem, a ja mogłabym ci pomóc”.

Mężczyzna, wypowiadając którąś z powyższych uwag, oczekuje zwykle milczącej akceptacji lub po prostu świętego spokoju. W podobnych przypadkach Wenusjanki — by uniknąć nieporozumień i niepotrzebnego wpadania w panikę — sięgały po *Marsjańsko-wenusjański słownik frazeologiczny*. Pozbawione tej pomocy kobiety tłumaczyły sobie przytoczone wyżej wypowiedzi całkiem opacznie.

Trzeba, by kobiety zdały sobie sprawę, że męskie: „Czuję się dobrze” jest skróconą wersją: „Czuję się dobrze, bo umiem sobie sam poradzić z problemami. Pomoc nie jest mi potrzebna. Jeśli chcesz mnie koniecznie jakoś wesprzeć — po prostu przestań się o mnie martwić. Zaufaj mi. Jestem zdolny sprostać wszystkiemu o własnych siłach”.

Bez tego tłumaczenia jego: „Czuję się dobrze”, wypowiadane w chwilach widocznego zdenerwowania, napełnia ją obawą, że partner ukrywa przed nią swoje uczucia i problemy. Wobec tego kobieta podejmuje dalsze próby udzielenia mu pomocy, zadając kolejne pytania albo mówiąc wszystko, co myśli o danej sprawie. Nie pojmuje, że mężczyzna użył języka skrótowego. Poniżej podajemy wyjątki ze słownika frazeologicznego.

Marsjańsko-wenusjański słownik frazeologiczny

„Wszystko dobrze” — przetłumaczone na wenusjański brzmi: „Wszystko dobrze, bo sam mogę sobie z tym poradzić. Nie potrzebuję pomocy. Dziękuję ci”.

Bez tego tłumaczenia kobieta zrozumie „Wszystko dobrze” jako: „Wszystko dobrze, ponieważ ta sprawa nie jest dla mnie istotna” albo jako: „Nie zamierzam dzielić się z tobą swoimi uczuciami. Jestem zdenerwowany, a nie sądzę, żebyś mogła mi pomóc”.

„Wszystko fajnie” — w języku wenusjańskim ma odpowiednik w zwrocie: „Wszystko fajnie, bo skutecznie radzę sobie ze zmartwieniem lub problemem. Nie oczekuję pomocy. Jeśli będzie potrzebna, sam poproszę”.

Bez tłumaczenia zdanie: „Wszystko fajnie”, jest dla Wenusjanki odpowiednikiem stwierdzenia: „Nie przejmuję się tym, co się stało. Ta sprawa nie jest dla mnie istotna, nawet jeśli ciebie niepokoi. Mam to gdzieś”.

„Nic się nie stało” — w języku wenusjańskim oznacza: „Nie wydarzyło się nic, z czym nie potrafiłbym sobie sam poradzić. Proszę, nie zadawaj mi więcej pytań na ten temat”.

Jeżeli kobieta jest pozbawiona takiego tłumaczenia, może kwestię: „Nic się nie stało”, przełożyć błędnie na: „Nie wiem, co się dzieje. Musisz zadać mi trochę pytań, żebyśmy mogli razem odkryć, co mnie właściwie gnębi”. W tej chwili kobieta natychmiast zaczyna złościć partnera, zadając mu pytanie za pytaniem, choć on pragnie, aby go zostawiono w spokoju.

„Wszystko w porządku” — w języku wenusjańskim oznacza: „Mamy problem, ale niech on ciebie nie obciąża. Mogę tę sprawę rozwiązać sam, tylko proszę, nie zakłócaj mi spokoju, pytając albo sugerując, co mam robić. Zachowuj się tak, jakby się nic nie stało, a ja tymczasem wszystko sobie przemyślę”.

Bez tego tłumaczenia kobieta może zdanie: „Wszystko w porządku” przełożyć na: „Tak właśnie powinno być i niczego nie trzeba zmieniać. Ty możesz wykorzystać mnie, a ja ciebie", albo na: „Tym razem nie zrobię afery, ale zawiniłaś. Możesz coś takiego zrobić raz, ale nie próbuj tego powtarzać".

„To nic wielkiego" — po wenusjańsku brzmi: „To nic wielkiego, bo mogę to sam naprawić. Proszę, nie zaprzątaj sobie głowy tą sprawą i nie mów już o tym. To mnie tylko dodatkowo drażni. Mogę przecież wziąć to na siebie. Bardzo lubię sam dawać sobie radę z problemami".

Kobieta nie znająca takiej interpretacji uzna, że zwrot „To nic wielkiego" oznacza: „Robisz z igły widły. To, co cię tak niepokoi, nie ma żadnego znaczenia. Nie bądź przewrażliwiona".

„Nie ma problemu" — przetłumaczyć można na wenusjański jako: „Nie będę miał żadnych trudności z załatwieniem tej sprawy. Z wielką przyjemnością zrobię to dla ciebie".

Bez tego tłumaczenia słysząc wypowiedź: „Nie ma problemu", kobieta zrozumie ją błędnie jako: „To nie jest problem. To ty robisz z tego problem, rozdmuchując sprawę i szukając pomocy". Zazwyczaj kobieta zaczyna tłumaczyć mężczyźnie, na czym polega kłopot.

Korzystanie z *Marsjańsko-wenusjańskiego słownika frazeologicznego* może pomóc kobietom w prawidłowym rozumieniu skrótowych wyrażeń stosowanych przez mężczyzn.

Czasem zdarza się, że mężczyzna mówił coś dokładnie przeciwnego, niż usłyszała jego partnerka.

CO ROBIĆ, KIEDY ON UDAJE SIĘ DO JASKINI

Kiedy na moich seminariach mówię, czym jest jaskinia, i opowiadam o smoku, kobiety zwykle chcą wiedzieć, jak skrócić czas, który mężczyźni spędzają w jaskiniach. Kiedy zasięgam opinii mężczyzn na ten temat, odpowiadają po prostu, że im bardziej kobiety wyciągają ich na rozmowę albo nakłaniają do wyjścia, tym dłużej wszystko trwa.

Innym popularnym wśród mężczyzn stwierdzeniem jest: „Trudno mi wyjść z jaskini, kiedy widzę, że żona nie pochwala faktu, że tam «przesiaduję»". Jeśli udowodni się mężczyźnie, że pobyt w jaskini nie jest niczym dobrym, to nawet jeśli zamierzał z niej wyjść, zostaje „zepchnięty" z powrotem do środka.

Jeśli mężczyzna zagłębił się w jaskini, to albo jest urażony, albo napięty i próbuje sam rozgryźć jakiś problem. Wspieranie go „kobiecym" sposobem daje efekt przeciwny do zamierzonego. Istnieje jednak sześć świetnych metod niesienia pomocy mężczyźnie ukrytemu w jaskini. Postępując według poniższych rad, skrócicie czas, jaki wasi partnerzy tam spędzają.

Jak wspierać mężczyznę ukrytego w jaskini

- Nie krytykuj jego potrzeby „wyłączenia się".
- Nie próbuj mu „pomagać" w rozwikłaniu problemu, sugerując własne rozwiązania.
- Nie męcz go pytaniami dotyczącymi jego uczuć.
- Nie siedź pod drzwiami jaskini, oczekując na jego wyjście.
- Nie niepokój się o niego i nie żałuj go.
- Zrób coś, co cię cieszy.

Jeżeli koniecznie musisz się wypowiedzieć, napisz do partnera list, który będzie mógł przeczytać po wyjściu z jaskini. Jeśli musisz się komuś zwierzyć, porozmawiaj z przyjaciółką. Niech mężczyzna nie będzie jedynym źródłem twojego zadowolenia.

Marsjanin pragnie, by jego ukochana Wenusjanka ufała, że on poradzi sobie ze wszystkimi kłopotami. To, że mu się ufa, jest niezwykle ważne dla jego poczucia godności, dumy i zadowolenia z siebie.

„Nie niepokojenie się" o mężczyznę jest dla kobiety rzeczą bardzo trudną. Troska o innych jest bowiem kobiecym sposobem okazywania miłości i zainteresowania. Jest wyrazem uczucia. Kobieta nie rozumie, jak można odczuwać radość, jeśli ukochany ma kłopoty. Mężczyzna, oczywiście, nie oczekuje, że partnerka będzie się cieszyła z powodu jego zdenerwowania. Pragnie jednak, by czuła się szczęśliwa, że ma o jeden problem (którym mogłaby się martwić) mniej. W dodatku mężczyzna, widząc partnerkę w dobrym nastroju, wierzy, że jest prawdziwie kochany. Pogoda i odprężenie kobiety prowokują go do wyjścia z jaskini.

Paradoks polega na tym, że mężczyźni okazują miłość w taki sam sposób: „nie niepokoją się".

Zgodne z naturą mężczyzny byłoby pytanie: „Jak możesz martwić się o kogoś, kogo podziwiasz i darzysz zaufaniem?" Panowie zwykle pokrzepiają się nawzajem powiedzonkami w typie: „Nie martw się, dasz sobie radę"; „To już ich sprawa, nie twoja" lub: „Jestem pewny, że to się także uda". Wspierają się nie okazując niepokoju, ale wręcz minimalizując trudności.

Lata trwało, zanim pojąłem, że mojej żonie zależy na tym, żebym się nie denerwował razem z nią. Nie mając pojęcia, jak różnią się w tym względzie nasze potrzeby, uparcie obniżałem wartość tego, co ją trapiło. No i przez to denerwowała się jeszcze bardziej.

Mężczyzna zwykle udaje się do jaskini po to, żeby rozwiązać jakiś problem. Jeżeli wówczas jego żona wygląda na zadowoloną i zdaje się go nie potrzebować, ma on o jedną sprawę do przemyślenia mniej, zanim opuści kryjówkę. Pewność, że partnerka jest z nim szczęśliwa, dodaje mu sił.

Pomocne dla mężczyny bywa w takich chwilach wszystko, co może ją rozerwać lub rozweselić. Oto czym może zająć się kobieta, której partner utknął w jaskini:

- Czytać książkę
- Zadzwonić do koleżanki i sobie poplotkować
- Słuchać muzyki
- Pisać dziennik
- Pracować w ogrodzie
- Iść po zakupy
- Gimnastykować się
- Modlić się lub medytować
- Iść na masaż
- Iść na spacer
- Dokształcać się
- Wziąć „kąpiel z pianką"
- Zjeść coś pysznego
- Spotkać się z terapeutą
- Pooglądać telewizję lub wideo

Marsjanie, którzy się na ten temat wypowiadali, również polecali Wenusjankom, by oddały się jakimś przyjemnym zajęciom. Prawdę mówiąc, Wenusjankom było trudno okazywać, że są szczęśliwe, kiedy przyjaciel był w biedzie, ale znalazły na to sposób: za każdym razem, kiedy ukochany Marsjanin zagłębiał się w jaskini, udawały się po zakupy albo organizowały jakieś inne miłe wyjście. Wenusjanki uwielbiają kupować. Moja żona też czasem wykorzystuje tę technikę: kiedy tylko zauważy, że jestem w jaskini, wychodzi po zakupy. Nigdy nie muszę się tłumaczyć z mojego marsjańskiego zachowania. Nie czuję się winny, bo skoro ona zajęła się swoimi sprawami, ja mogę zająć się swoimi — czyli siedzieć w jaskini. Moja żona mi ufa i potrafi to okazać. Wie doskonale, że obecna pora nie jest odpowiednim czasem na rozmowę. Kiedy zaczynam znów przejawiać zainteresowanie jej osobą, orientuje się, że wyszedłem z jaskini i wszczyna pogawędkę. Zdarza się też czasem, że rzuci coś w rodzaju: „Jeśli będziesz miał ochotę porozmawiać, to ja bardzo chętnie poświęcę ci trochę czasu. Powiesz kiedy, dobrze?" Bada w ten sposób grunt w nienatrętny, nieagresywny sposób.

Marsjanin nawet wówczas, gdy znajdzie się poza jaskinią, chce, żeby mu ufano. Nie znosi, gdy mu się radzi albo okazuje współczucie. Musi przecież udowadniać swoją samodzielność i wobec tego wysoko ceni świadomość, że dokonał czegoś bez czyjejkolwiek pomocy. (Kobieta przeciwnie: szuka w związkach oparcia i czyjejś krzepiącej obecności u swego boku). Mężczyzna czuje się pokrzepiony, gdy partnerka przekaże mu sygnał mówiący coś w rodzaju: „Dopóki sam nie poprosisz mnie o pomoc, ufam, że dajesz sobie radę".

Nauka takiego sposobu wspierania mężczyzny może z początku wydać się bardzo trudna. Wiele kobiet uważa, że jedynymi metodami uzyskania tego, na czym im w związku zależy, jest krytykowanie partnera, jeśli popełni błąd, i zasypywanie go nieproszonymi radami.

Jeśli matka — będąca dla każdej kobiety modelem zachowania — nie umiała od mężczyzny uzyskać wsparcia, córka może nie zdawać sobie zupełnie sprawy z tego, że partnera można prosić o pomoc wprost — bez równoczesnego wyrażania krytyki i powstrzymując się od nachalnego doradzania. Co więcej, jeśli w zachowaniu mężczyzny coś jej się nie podoba, może jasno i bezpośrednio mu to oznajmić, nie wypowiadając przy tym sądów typu: „Źle robisz".

Jak dotrzeć do mężczyzny z krytyką i radą

Kobiety, nie zdając sobie sprawy z tego, jak dalece zniechęcają mężczyzn swoim wobec nich krytycyzmem i nadmiarem rad, często czują się bezsilne, próbując tą właśnie metodą uzyskać od partnera to, czego pragną.

Sfrustrowana własnym związkiem Nancy następująco opisywała swoją sytuację: „Ciągle jeszcze nie wiem, jak mam dotrzeć do mężczyzny z krytyką i radą. Co zrobić, jeśli jego zachowanie przy stole jest obrzydliwe albo ubierze się naprawdę beznadziejnie? Co zrobić, jeśli widzę, że choć jest naprawdę fajny, zachowuje się wobec ludzi w taki sposób, że przysparza sobie tylko kłopotów. Co powinnam zrobić? Jakkolwiek mu to mówię czy daję do zrozumienia, wścieka się i zaciekle broni albo mnie ignoruje".

Odpowiedź jest prosta: Nancy, zamiast częstować go wykładami, musi mu po prostu okazać miłość i akceptację, bo tego właśnie mężczyzna potrzebuje. Kiedy tylko partner poczuje się akceptowany, sam zacznie ją pytać o zdanie. Jeżeli jednak wyczuje, że kobieta pragnie, by się zmienił, przestanie zwracać się do niej o sugestie czy rady. Szczególnie w swoich związkach miłosnych mężczyźni muszą się czuć bardzo bezpieczni, zanim otworzą się i poproszą o wsparcie.

Kobieta, która nie otrzymuje w związku tego, czego potrzebuje, powinna (poza okazywaniem zaufania i akceptacji) zwierzać się ze swych uczuć i wypowiadać pragnienia (znów jednak pamiętając, by nie krytykować ani pouczać). Prawdę mówiąc, jest to prawdziwa sztuka i wymaga wielkiej uwagi i prawdziwie twórczego podejścia. Oto cztery przykłady:

1. Kobieta może powiedzieć mężczyźnie, że nie lubi sposobu, w jaki on się ubiera, nie tłumacząc mu jednocześnie, jak się to powinno robić. Może np. czasem, kiedy partner coś na siebie wkłada, powiedzieć: „Nie lubię cię w tej koszuli. Włóż, proszę, inną". Jeśli jednak taka uwaga go rozdrażni, musi uszanować jego wrażliwość na tym punkcie i przeprosić, mówiąc coś w rodzaju: „Wybacz, nie chciałam cię pouczać, w co się masz ubrać".

2. Jeśli partner jest szczególnie drażliwy — a niektórzy mężczyźni rzeczywiście tacy są — kobieta może ten temat poruszyć przy innej okazji: „Pamiętasz tę niebieską koszulę, którą nosisz do zielonej kamizelki? To połączenie mi się nie podoba. Może następnym razem włożysz ją do szarej kamizelki?"

3. Kobieta może zaproponować wprost: „Pozwolisz, że wezmę cię któregoś dnia na zakupy? Bardzo bym chciała znaleźć ci jakieś ubranie". Jeżeli mężczyzna odpowie: „Nie" — znaczy to, że ma dość matkowania. Nawet jednak jeśli odpowie: „Tak" — kobieta powinna ograniczyć swoje „doradztwo" do minimum, pamiętając o wrażliwości partnera.

4. Kobieta może powiedzieć: „Jest coś, o czym chciałabym z tobą porozmawiać, ale nie wiem, jak to sformułować". (W tym miejscu przerwa). „Nie chcę cię dotknąć, ale z drugiej strony, bardzo chcę ci to powiedzieć. Najpierw mnie wysłuchaj, a potem oceń, czy można to wyrazić jakoś inaczej". Taki wstęp prawdopodobnie przygotuje go na szok, a dowiedziawszy się, że chodzi o rzecz właściwie błahą, odetchnie z ulgą.

Rozważmy inny przykład. Jeśli drażni cię zachowanie partnera przy stole, a jesteście sami, możesz powiedzieć (bez karcącego spojrzenia): „Proszę, używaj sztućców" albo: „Pij ze swojej szklanki". Jeśli jednak dzieje się to przy osobach trzecich, to lepiej, żebyś nic na ten temat nie mówiła — zupełnie jakbyś niczego nie zauważała. Następnego dnia możesz powiedzieć: „Proszę, używajmy sztućców, jedząc przy dzieciach" albo: „Nie cierpię, kiedy jesz palcami. Stałam się bardzo wrażliwa na punkcie takich drobnostek. Proszę, używaj sztućców, kiedy jesz w mojej obecności".

Jeżeli partner zachowuje się w sposób, który wydaje ci się żenujący, czekaj z wypowiedzeniem uwag na ten temat do chwili, kiedy będziecie sami. Nie mów mu także, jak „powinien się zachowywać" albo że źle robi. Zamiast tego podziel się z nim swoimi odczuciami w miłej, możliwie krótkiej formie. Możesz powiedzieć: „ Tamtego wieczoru na przyjęciu nie podobało mi się, że zachowywałeś się tak głośno. Chciałabym, żebyś wyciszył swoje postępowanie, kiedy jestem w pobliżu". Jeżeli zdenerwujesz tym partnera, zwyczajnie przeproś go, że byłaś krytyczna.

Sztuka wypowiadania krytyki i wyrażania potrzeb zostanie szczegółowo zaprezentowana w rozdziałach dziewiątym i dwunastym. Inną istotną sprawę — kiedy te kwestie poruszać — omówimy w następnym rozdziale.

Kiedy mężczyzna nie potrzebuje pomocy

Mężczyznę przytłacza to, że kobieta nadmiernie o niego dba lub stara się mu pomóc w rozwiązywaniu problemów. Sądzi, że źródłem tej troski jest brak wiary w jego samodzielność. Może mu się wydawać, że jest kontrolowany jak dziecko albo że partnerka pragnie, by się zmienił.

Nie znaczy to oczywiście, że mężczyzna nie potrzebuje miłości i opieki. Kobieta musi jednak zrozumieć, że pomaga mu właśnie, nie wypowiadając swoich „zbawiennych" rad. Partner, owszem, pragnie tej pomocy, tyle że nie tak ma ona wyglądać. Wsparciem dla niego będzie fakt, że kobieta powstrzyma się od poprawiania go i „pomagania" mu. Radzić mężczyźnie należy tylko wówczas, gdy wprost o to poprosi.

Marsjanin szuka porady tylko wtedy, gdy sam uczynił już wszystko, co potrafi. Jeśli za wiele lub za prędko mu się pomaga, traci wiarę we własne siły i staje się albo leniwy, albo niepewny. Mężczyźni instynktownie pokrzepiają się w ten sposób, że nie udzielają sobie rady i nie proponują pomocy, chyba że zostaną o to wprost poproszeni.

Kiedy mężczyzna staje wobec jakiegoś problemu, wie, że przede wszystkim musi się na jakiś czas skoncentrować na sobie, a dopiero potem, jeśli potrzebuje pomocy, może o nią poprosić. Nie narazi wówczas na uszczerbek swej siły i godności. Jeżeli zaproponujesz mu pomoc w niewłaściwym momencie, możesz go zranić.

Mężczyzna odnosi wrażenie, że mu się nie ufa, na przykład w momencie, gdy przy dzieleniu indyka podczas Święta Dziękczynienia jego partnerka nieprzerwanie instruuje go, jak to robić. Mężczyzna wówczas z pewnością będzie „stawiał opór" i starał się kroić po swojemu. Z kolei kobieta w podobnej sytuacji bardzo ucieszyłaby się, gdyby partner okazał jej chęć niesienia pomocy. Czułaby się wtedy kochana i otoczona opieką.

Mężczyzna może się obrazić, jeśli zaproponuje mu się, by skorzystał z porady eksperta. Pamiętam przypadek pewnej pani, która prosiła mnie, bym wyjaśnił, czym tak bardzo rozzłościła męża. Kobieta ta opowiedziała, że zaraz po wejściu do łóżka zapytała go, czy przesłuchał taśmy z nagraniem mojego wykładu dotyczącego sekretów wspaniałego seksu. Nie zrozumiała, że go tym rani. Chociaż taśmy bardzo mu odpowiadały, nie chciał, by pouczała go, co ma robić, przypominając o nich. Chciał, żeby ufała, że on doskonale wie, co do niego należy.

Mężczyźni pragną, by im ufano, a kobiety — by się o nie troszczono. Kiedy mężczyzna pyta kobietę: „Kochanie, co się dzieje?" i posyła jej przy tym uważne spojrzenie — partnerka czuje się podbudowana takim dowodem troski. Jeżeli jednak role odwrócą się i w ten sam sposób zwróci się kobieta do partnera — on z pewnością będzie urażony. Mężczyzna odniesie wrażenie, że partnerka nie wierzy w jego zaradność.

Mężczyzna ma ogromne trudności w odróżnieniu życzliwej troskliwości od współczucia. Nie znosi litości. Jeśli kobieta powie: „Bardzo mi przykro, że cię zraniłam", z pewnością usłyszy w odpowiedzi coś w rodzaju: „To naprawdę nic wielkiego". Z drugiej strony ona sama bardzo pragnęłaby, żeby komuś „było przykro, że ją zranił". Słysząc takie zdanie, czuje się kochana. Innymi słowy: mężczyźni muszą znaleźć sposoby, by wyrazić troskę o swoje wybranki, a kobiety — że ufają partnerowi.

Mężczyzna ma wielkie trudności
w odróżnieniu życzliwej troski od współczucia.
Nie znosi litości.

Nadmiar troski jest drażniący

Niedługo po tym, jak ożeniłem się z Bonnie, któregoś wieczoru przed moim wyjazdem na sobotnio-niedzielne seminarium zapytała mnie, o której zamierzam wstać. Potem spytała, o której odlatuje mój samolot, i po chwili zastanowienia ostrzegła mnie, że nie zostawiłem sobie dość czasu na dojazd i że pewnie nie zdążę na lotnisko. Bonnie sądziła oczywiście, że mnie „wspiera", ale ja tego tak nie odebrałem. Byłem urażony: od czternastu lat jeździłem po całym świecie z odczytami i nigdy jeszcze nie spóźniłem się na żaden.

Następnego ranka, zanim wyszedłem z domu, zostałem zasypany pytaniami: „Czy masz bilet?", „A portfel?", „Czy wziąłeś dość pieniędzy?", „Spakowałeś skarpetki?", „Pamiętasz adres, gdzie się masz zatrzymać?" Bonnie uważała pewnie, że okazuje mi miłość, ale ja byłem dotknięty jej brakiem zaufania. W końcu wytłumaczyłem jej, że chociaż doceniam jej najlepsze intencje, to jednak nie cierpię, kiedy mi w taki sposób matkuje. Powiedziałem szczerze, że jeśli już chce mi matkować, to niech robi to „po matczynemu" — bezwarunkowo mnie kochając i ufając mi. Poradziłem Bonnie: „Jeżeli nie zdążę na samolot, nie mów: «a mówiłam». Uwierz, że sam wyciągnę z tego odpowiednie wnioski i następnym razem nie powtórzę już błędu. Jeżeli zapomnę szczoteczki do zębów lub golarki, pozwól mi samemu sobie z tym poradzić i nie poruszaj tego tematu, kiedy zadzwonię z podróży". Wiedząc, czego od niej oczekuję (a nie czego ona sama oczekiwałaby na moim miejscu), z łatwością dodawała mi potem otuchy.

Opowieść o tym, że czasem się udaje

Któregoś razu w czasie podróży do Szwecji, gdzie miałem prowadzić seminarium, już w Nowym Jorku zorientowałem się, że zostawiłem w domu paszport. Zadzwoniłem do Kalifornii, do Bonnie, by ją o tym zawiadomić. Zareagowała w miły i wdzięczny sposób: nie poczęstowała mnie wykładem na temat tego, że powinienem być bardziej odpowiedzialny, lecz roześmiała się i powiedziała: „Mój Boże, John, ależ przygoda! No i co zamierzasz zrobić?" Poprosiłem, żeby przesłała paszport faksem do szwedzkiego konsulatu i problem był rozwiązany. Bonnie tak ślicznie znalazła się w tej sytuacji — nie tylko nie pouczała mnie, że powinienem być lepiej zorganizowany, ale nawet była dumna, że sam znalazłem wyjście z opresji.

MAŁE ZMIANY

Pewnego dnia uzmysłowiłem sobie, że kiedy dzieci mnie o coś proszą, zazwyczaj odpowiadam: „Nie ma sprawy". To był mój sposób na wyrażenie radości, że mogę coś dla nich zrobić. Moja pasierbica, Julie, zapytała mnie pewnego dnia: „Dlaczego zawsze mówisz: «Nie ma sprawy»?" Właściwie tak od razu nie wiedziałem, co jej odpowiedzieć. Po chwili dotarło do mnie, że był to jeden z głęboko zakorzenionych marsjańskich nawyków. Uświadomiwszy to sobie, zacząłem mówić: „Zrobię to przyjemnością". Ten zwrot wyrażał wprost to, co tamten zawierał w podtekście, i był znacznie milszy dla wenusjańskich uszu mojej córki.

W tym przykładzie tkwi tajemnica wzbogacania związków: możemy do nich wprowadzać małe zmiany, nie wyrzekając się własnej tożsamości. To właśnie dzięki znajomości tego sekretu Marsjanie i Wenusjanki tak fantastycznie zgadzali się. Zarówno oni, jak i one byli zdecydowani postępować zgodnie ze swoją naturą, lecz jednocześnie gotowi byli wprowadzać drobne zmiany we wzajemnych relacjach. Marsjanie i Wenusjanki wiedzieli, że związki można ulepszać, na przykład tworząc i przyswajając kilka nowych zwrotów.

Istotną prawdą, która powinna nam w tym miejscu zapaść głęboko w pamięć, jest to, że związek dwojga ludzi można udoskonalić, wprowadzając naprawdę drobne korekty. Jeśli pokusimy się o dokonanie zmian zasadniczych, może to posiać w nas wątpliwość, kim właściwie jesteśmy, a to nie wróży nic dobrego.

Mężczyzna, wybierając się do jaskini, może „po drodze" ofiarować partnerce trochę czułości, bez uszczerbku dla swej natury. Żeby zdecydować się na tę zmianę, musi zrozumieć, że kobietom takie słowo otuchy jest ogromnie potrzebne, zwłaszcza, jeśli nie mają się martwić. Okazując odrobinę pociechy, mężczyzna może całkowicie odmienić sytuację.

Jednakże jeśli mężczyzna próbując usatysfakcjonować partnerkę, którą denerwuje jego „jaskiniowy" obyczaj, zdecyduje się całkowicie zrezygnować z jaskini, popełni wielki błąd. Zaprzeczy swej naturze i nieuchronnie stanie się poirytowany, przewrażliwiony, ustępliwy, słaby, bierny albo... Co najgorsze, nie będzie wcale wiedział, dlaczego zrobił się tak nieprzyjemny.

Jeżeli kobieta jest zaniepokojona z powodu wycieczek swojego partnera do jaskini, ten, zamiast całkowicie rezygnować z tego zwyczaju, powinien wprowadzić kilka drobnych zmian i problem zniknie. Mężczyzna wcale przy tym nie musi zaprzeczać swoim prawdziwym potrzebom i wyrzekać się męskiej natury.

JAK OKAZAĆ WENUSJANCE CHĘĆ NIESIENIA POMOCY

Jak wspomnieliśmy, kiedy mężczyzna udaje się do jaskini albo po prostu milknie, sygnalizuje coś, co można by przełożyć na: „Potrzebuję trochę czasu, by to przemyśleć. Proszę, nic teraz nie mów. Niedługo wrócę". W takiej chwili, oczywiście, nie zdaje sobie sprawy z tego, że kobieta słyszy wówczas coś w rodzaju: „Nie kocham cię. Nie mogę już dłużej tego słuchać. Odchodzę i nie zamierzam wracać". Aby uniknąć takiego nieporozumienia, mężczyzna powinien użyć dwóch magicznych słów: „Niedługo wrócę". W chwilach gdy partner się odsuwa, kobieta bywa bardzo wdzięczna za głośno wypowiedziane wyjaśnienie: „Potrzebuję trochę czasu, by to przemyśleć. Niedługo wrócę" albo: „Potrzebuję trochę samotności. Niedługo wrócę". Te dwa proste słowa: „Niedługo wrócę" potrafią dużo zmienić.

Kobiety niezmiernie cenią takie pocieszenie, a mężczyzna — jeśli tylko zdaje sobie sprawę z tego, jak wiele może ono znaczyć — powinien częściej je wyrażać.

Jeżeli kobieta doświadczyła odrzucenia przez ojca albo jest dzieckiem matki odrzuconej przez męża, to stała się szczególnie podatna na poczucie opuszczenia. Jest to dodatkowy powód, dla którego nie powinno się jej zarzucać tego, że potrzebuje pociechy. Podobnie mężczyzna — nie powinien być potępiany za to, że potrzebuje swojej jaskini.

Kobiety nie powinno się ganić za to,
że potrzebuje pociechy, a mężczyzny za to,
że potrzebuje jaskini.

Jeśli kobietę mniej niepokoi własna przeszłość lub dobrze rozumie męską potrzebę odosobnienia, jej oczekiwanie pocieszenia jest mniejsze.

Pamiętam, jak podczas pewnego seminarium, w tym właśnie punkcie rozważań, jedna ze słuchaczek zwróciła się do mnie ze słowami: „Bardzo źle znoszę nagłe milczenie mojego męża, choć jako dziecko nigdy nie doznałam uczucia odrzucenia czy opuszczenia. Moja mama także nie czuła się odtrącona przez męża. Nawet kiedy się rozwodzili, zachowywali się w stosunku do siebie przyjacielsko". Tu nagle się zaśmiała, uświadomiwszy sobie, jak bardzo się myliła. I wtedy zaczęła płakać. Przecież jej matka została odrzucona. Ona sama również. Jej rodzice się rozwiedli! Podobnie jak niegdyś oni, teraz owa pani zaprzeczała swym negatywnym uczuciom.

W czasach gdy rozwód jest zjawiskiem tak powszechnym, mężczyźni muszą bardziej niż kiedykolwiek starać się nieść kobietom pociechę. Jednak zmiany na lepsze, jakie oni wprowadzą do swych związków, powinny być odwzajemnione przez partnerki.

JAK OPOWIADAĆ, UNIKAJĄC OBWINIANIA

Bardzo często mężczyzna czuje się obwiniany i atakowany przez kobietę, szczególnie kiedy jest ona podenerwowana i mówi o kłopotach. Nie rozumiejąc, jak bardzo się w tej dziedzinie różnią, nie potrafi zaakceptować jej potrzeby mówienia o uczuciach.

Mężczyzna błędnie sądzi, że partnerka opowiada mu o swoich doznaniach, bo uważa, że jest on za nie odpowiedzialny lub ponosi za nie winę. Ponieważ jest niezadowolona i mówi mu o tym, mężczyzna jest przekonany, że to niezadowolenie odnosi się właśnie do niego. Kiedy partnerka skarży się, on czuje się oskarżany. Wielu mężczyzn nie rozumie wenusjańskiej potrzeby zwierzania się ze swoich uczuć komuś kochanemu.

Kobiety, mając świadomość „inności" mężczyzn, mogą stopniowo nauczyć się takiego wyrażania swych niepokojów, by nie brzmiało to jak obwinianie partnera. Aby upewnić go, że nie jest oskarżany, partnerka powinna przerwać na chwilę zwierzenia i powiedzieć mu, że jest wdzięczna, iż on tego wszystkiego wysłuchuje. Najlepiej użyć któregoś z następujących zwrotów:

- Tak się cieszę, że mogę o tym porozmawiać.
- O, jak dobrze, że mogę ci o tym opowiedzieć.
- To wielka ulga, że mogę o tym pogadać.
- Tak się cieszę, że mogę się z tego zwierzyć. To mi bardzo pomaga.
- No, teraz, kiedy już powiedziałam, czuję się znacznie lepiej. Dziękuję ci.

Ta mała zmiana może spowodować niewyobrażalną wprost poprawę stosunków. Jednocześnie, opowiadając partnerowi o własnych problemach, kobieta może go dowartościować, wyrażając wdzięczność za to, że czynił jej życie łatwiejszym i dającym więcej zadowolenia. Jeśli, na przykład, skarży się na warunki pracy, może przy okazji dodać, że dobrze jest mieć kogoś takiego jak on, do kogo wraca się po ciężkim dniu. Jeżeli mówi o usterkach w domu, może wspomnieć, że to dobrze, iż ostatnio naprawił ogrodzenie; w monolog na temat kłopotów finansowych wpleść kilka słów o tym, że docenia, jak on ciężko pracuje, a kiedy opowiada o problemach wychowawczych, może powiedzieć, że cieszy się z jego pomocy w tej dziedzinie.

Dzielenie odpowiedzialności

Pełne porozumienie wymaga wysiłku obu stron. Mężczyzna winien pamiętać, że snucie opowieści o kłopotach nie jest u kobiety równoznaczne z obwinianiem go, lecz stanowi tylko kobiecy sposób na uwolnienie się od nagromadzonych frustracji. Z kolei kobieta powinna nauczyć się uzmysławiać partnerowi, iż to, że się skarży, wcale nie oznacza, że go nie docenia.

Przykład sam się narzuca: właśnie weszła moja żona, by dowiedzieć się, jak mi idzie pisanie. Powiedziałem: „Prawie skończyłem. A co u ciebie?", na co ona odparła: „Mam tyle do zrobienia. Zupełnie nie mamy dla siebie czasu". Jeszcze niedawno w takiej sytuacji zacząłbym się bronić, przypominając jej wszystkie chwile, które w ostatnich dniach spędziliśmy razem, albo nadmieniłbym, jak ważne jest dla mnie zakończenie rozdziału. Jedno i drugie z pewnością wytworzyłoby napięcie.

Teraz, świadomy dzielących nas różnic, zrozumiałem, że Bonnie szuka u mnie pocieszenia i współczucia, a nie wyjaśnień. Powiedziałem: „Masz rację. Tacy jesteśmy zajęci.

Chodź do mnie. Daj się przytulić. Mieliśmy oboje ciężki dzień". Bonnie odparła: „Tak mi z tobą dobrze" i była to pochwała, która mnie samemu pozwoliła bardziej się na nią otworzyć. Potem opowiadała dalej o swym wyczerpującym dniu. Po kilku minutach przerwała i wtedy zaproponowałem, że wynajmę opiekunkę do dziecka, żeby mogła się odprężyć. Zareagowała entuzjastycznie: „Naprawdę? To świetny pomysł, dziękuję ci". Znów wyraźnie potwierdziła, że mnie docenia i akceptuje, nawet gdy jest zmęczona i wyczerpana, co pozwoliło mi poczuć się znakomitym partnerem.

Kobiety na ogół nie wypowiadają takich kwestii, wychodząc z błędnego założenia, że mężczyźni są świadomi, iż one wdzięczne im są za to, że zostają wysłuchane. Prawda jest inna. Mężczyźni o tym nie wiedzą: gdy kobiety mówią o własnych problemach, oni bardzo potrzebują zapewnienia, że wciąż są doceniani i kochani.

Problemy wciąż frustrują mężczyzn, chyba że mogą zrobić coś, by je rozwiązać. Wyrażając wdzięczność, kobieta uświadamia partnerowi, jak bardzo może się okazać pomocny, po prostu słuchając.

Kobieta nie musi zmieniać ani tłumić swych uczuć ze względu na partnera, powinna jednak starać się wyrażać je w taki sposób, by mężczyzna nie czuł się atakowany czy oskarżany. Kilka drobnych zmian może spowodować dużą poprawę.

Cztery tajemne słowa

Cztery słowa, które w tajemniczy sposób podbudowują mężczyznę, brzmią: „To nie twoja wina". Kiedy kobieta głośno wyraża swe niepokoje, dobrze, by czasem wtrąciła zdanie poprawiające męskie samopoczucie: „To takie miłe, że cierpliwie mnie słuchasz. Nawet jeżeli to wszystko brzmi trochę tak, jakbym oskarżała, to zapewniam cię, że wcale tak nie jest. To oczywiście nie twoja wina".

Jeśli kobieta zrozumie, jak „nieudany” wydaje się sobie jej partner w momentach, gdy ona opowiada o problemach, z pewnością weźmie pod uwagę jego uczucia.

Któregoś dnia zadzwoniła do mnie moja siostra, żeby podzielić się ze mną przykrymi przeżyciami, których ostatnio doznała. Słuchając jej, wciąż powtarzałem sobie, by nie podsuwać żadnych rozwiązań, lecz tylko cierpliwie słuchać. Przez kilka minut zupełnie się nie odzywałem, jeśli nie liczyć paru: „och”, „naprawdę?” czy „ach tak?”, aż w końcu usłyszałem: „Uff! Dziękuję ci. Czuję się znacznie lepiej”.

Nie było mi trudno jej wysłuchać, bo wiedziałem, że wszystko to nie jest wymierzone we mnie. Prawdę mówiąc, oskarżała kogoś innego. Bywa mi trudniej, kiedy narzeka moja żona, wtedy bowiem czuję się obwiniany. Na szczęście, Bonnie zachęca mnie do słuchania i chwali, co pozwala mi być całkiem dobrym odbiorcą.

Co robić, gdy ma się ochotę oskarżać partnera

Zapewnianie partnera, że to nie jego się obwinia, działa tylko wtedy, gdy jest szczere, czyli wówczas, gdy kobieta rzeczywiście nie oskarża go i nie krytykuje. Jeśli zaś ma do niego pretensje, lepiej, by podzieliła się nimi z osobą postronną, a zaczekała z rozmową do chwili, gdy będzie bardziej przyjaźnie do partnera nastawiona. Z bolesnych uczuć najlepiej zwierzyć się osobie serdecznej, która będzie chciała i umiała ją pocieszyć. Potem dopiero, gdy stanie się bardziej skłonna do wybaczenia, będzie umiała skuteczniej dotrzeć do partnera ze swoją skargą. W rozdziale jedenastym rozważymy szczegółowo, w jaki sposób mówić o „trudnych” uczuciach.

Jak słuchać, nie obwiniając

Mężczyzna często niesłusznie oskarża kobietę, że ta, opowiadając o swoich problemach, „ma do niego pretensje". Wywołuje to fatalne skutki, ponieważ całkowicie uniemożliwia stronom porozumienie.

Wyobraźmy sobie, że kobieta mówi: „Ciągle tylko pracujemy i pracujemy. Nie mamy już żadnych rozrywek". Mężczyzna ma oczywiście wrażenie, że partnerka go oskarża. Ja jednak, mimo wszystko, zalecam w takiej sytuacji partnerowi, by powstrzymał się przed stwierdzeniem: „Wydaje mi się, że znów mnie obwiniasz".

Proponuję, żeby zamiast tego powiedział: „Przykro mi, że tak sądzisz. Czy chcesz przez to powiedzieć, że to moja wina, iż tak mało korzystamy z rozrywek?"

Sugerując jej pewne wyjście z impasu we wzajemnym porozumieniu może także dodać: „Mam wrażenie, że jesteś przekonana, iż to z mojej winy mamy oboje tyle pracy. Czy rzeczywiście tak sądzisz?"

Można to sformułować jeszcze inaczej: „Kiedy mówisz, że mamy tak mało przyjemności, wydaje mi się, że dopatrujesz się w tym mojej winy. Co o tym myślisz?"

Każda z powyższych odpowiedzi jest pełna szacunku i daje partnerce szansę sprostowania wypowiedzi tak, by mężczyzna nie czuł się już oskarżany. Kiedy kobieta powie: „Ależ nie, wcale nie uważam, że to twoja wina", partner poczuje ulgę.

Z pewnością też łatwiej będzie się mężczyźnie żyło, jeśli zapamięta, że partnerka ma prawo do zdenerwowania, a dając temu wyraz, czuje się lepiej. Ta świadomość pozwoli mu się odprężyć i słuchać, nie przyjmując wszystkiego do siebie. Tym samym ułatwi kobiecie swobodne zwracanie się do niego, gdy będzie się chciała „wygadać". Nawet jeżeli ma do niego trochę pretensji, nie będzie się przy nich upierać.

Sztuka słuchania

Kiedy mężczyzna uczy się słuchać i prawidłowo interpretować uczucia kobiety, porozumienie staje się coraz łatwiejsze. Tak jak każda dziedzina sztuki słuchanie wymaga ćwiczenia. Codziennie, wracając do domu, pytam Bonnie, jak jej minął dzień, i w ten sposób doskonalę swoją umiejętność słuchania.

Jeżeli Bonnie jest zdenerwowana i ma za sobą ciężki dzień, w pierwszej chwili wydaje mi się, że odpowiedzialnością za to obarcza mnie. Największym wyzwaniem jest dla mnie to, by nie zrozumieć jej opacznie i nie brać wszystkiego do siebie. Daję sobie z tym radę, bo wciąż sobie powtarzam, że mówimy różnymi językami. Kiedy zadaję jej kolejne pytania w rodzaju: „No i co jeszcze się stało?", odkrywam, że niepokoi ją wiele różnych rzeczy, za które z pewnością nie ponoszę odpowiedzialności. Po jakimś czasie, kiedy Bonnie wyraża wdzięczność, że tak cierpliwie jej słucham, czuję, że jeśli nawet częściowo mnie obwiniała, teraz mnie akceptuje i staje się miła i kochająca.

Chociaż słuchanie jest umiejętnością wymagającą stałego ćwiczenia, bywają dni, kiedy mężczyzna jest zbyt napięty i drażliwy, by „tłumaczyć" każdą wypowiedź partnerki, doszukując się zamierzonego przez kobietę znaczenia. W takich chwilach powinien po prostu uprzejmie powiedzieć: „Jest mi dziś trudno rozmawiać. Przełóżmy to, proszę, na później".

Czasami zdarza się, że mężczyzna nie wie, iż nie jest w stanie słuchać, aż do chwili, gdy partnerka zaczyna mówić. Jeśli wówczas, gdy kobieta „przemawia", on staje się coraz bardziej rozdrażniony, nie ma sensu, by kontynuował „zmagania". To niczemu dobremu nie służy. Znacznie lepiej dla obojga będzie, jeśli uprzejmie powie: „Naprawdę chcę cię wysłuchać, ale w tej chwili słuchanie przychodzi mi z wielką trudnością. Wydaje mi się, że teraz potrzebuję trochę czasu, żeby przemyśleć to, co dotąd powiedziałaś".

Odkąd Bonnie i ja nauczyliśmy się porozumiewać w sposób uwzględniający dzielące nas różnice i wzajemne oczekiwania, nasze małżeństwo stało się o wiele „łatwiejsze". Byłem świadkiem, jak taka sama przemiana dokonywała się wśród tysięcy par. Związek uczuciowy rozkwita, kiedy porozumienie odzwierciedla prawdziwą gotowość akceptowania różnic dzielących partnerów.

Kiedy tylko poczujecie, że grozi wam brak porozumienia, przypomnijcie sobie, że mówicie różnymi językami, i poświęćcie trochę czasu, by zrozumieć to, co partner rzeczywiście chciał powiedzieć. Oczywiście wymaga to ciągłego ćwiczenia, ale z pewnością się opłaci.

ROZDZIAŁ SZÓSTY

MĘŻCZYŹNI SĄ JAK SPRĘŻYNKI

Mężczyzna w pewnej dziedzinie żywo przypomina sprężynkę. Oddala się od partnerki na pewną odległość, a potem jednym sprężystym krokiem znów się przybliża. Porównanie z rozciągającą się i kurczącą sprężynką znakomicie oddaje charakter cyklu uczuciowego mężczyzny. Cykl ten bowiem obejmuje występujące na przemian fazy zbliżenia do partnerki i oddalenia się od niej.

Wiele kobiet przeżyło zaskoczenie faktem, że nawet bardzo zakochani mężczyźni potrzebują czasem krótkiego okresu „oddalenia", by móc się na powrót przybliżyć. Mężczyźni odczuwają instynktowny przymus odsunięcia się. Nie jest to ich decyzja ani wybór. To się po prostu zdarza. Nie jest to wina ich samych ani ich partnerek. Jest to naturalny cykl uczuciowy.

Nawet bardzo zakochany mężczyzna czasami musi na krótko odsunąć się od partnerki, nim znów się do niej zbliży.

Kobiety często mylnie interpretują „odsuwanie się" mężczyzn, ponieważ gdy same tak się zachowują, czynią to z zupełnie innych przyczyn. Kobieta oddala się od partnera, jeśli przestaje mu ufać, czuje, że on nie liczy się z jej uczuciami, zranił ją, więc, być może, zrani ją znowu, lub gdy zrobił coś, co naprawdę ją rozczarowało.

Oczywiście, mężczyzna może się odsunąć z tych samych powodów. Bywa jednak i tak, że oddala się, choć partnerka nie uczyniła nic złego. Może ją kochać i darzyć zaufaniem, ale jednak czasami odczuwa potrzebę oderwania, „usamodzielnienia się". Zupełnie jak rozciągnięta sprężynka oddali się na pewną odległość, a potem sam, bez widocznej przyczyny, ponownie się zbliży.

Mężczyzna oddala się, aby zaspokoić swoją potrzebę niezależności. Oddali się jednak tylko do granicy wytrzymałości sprężynki, a potem w jednej chwili znajdzie się znów blisko. Będąc w największym oddaleniu, odczuje nagle potrzebę uczucia i intymności. Niejako automatycznie będzie znów chciał dawać i otrzymywać. Po okresie oddalenia wraca dokładnie w to samo miejsce, z którego poprzednio się wyrwał, i nie potrzebuje czasu, by uczyć się zażyłości.

CO KAŻDA KOBIETA POWINNA WIEDZIEĆ O MĘŻCZYZNACH

Jeżeli kobieta zrozumie prawidłowość męskiego cyklu uczuciowego, z pewnością wzbogaci swój związek, jeśli to jednak nie nastąpi, nieuchronnie pojawią się niepotrzebne kłopoty. Spójrzmy na przykład:

Maggie jest niespokojna, niepewna, rozdarta. Przez sześć miesięcy spotykała się z Jeffem. Wszystko było takie romantyczne...

Nagle, bez żadnej konkretnej przyczyny, chłopak zaczął się od niej emocjonalnie oddalać. Maggie nie mogła zrozumieć, dlaczego tak się dzieje. Powiedziała mi: „W jednej chwili jest dla mnie taki troskliwy, a w następnej nie chce się nawet odezwać. Próbowałam wszystkiego, żeby go zatrzymać, ale mam wrażenie, że to tylko pogarsza sprawę. Jeff jest już bardzo daleko! Nie rozumiem, co ja takiego zrobiłam. Czy jestem aż tak okropna?"

Cóż, kiedy Jeff się odsunął, Maggie, co jest reakcją jak najbardziej typową, wzięła to do siebie. Czuła się winna zaistniałej sytuacji i sądziła, że musiała ją spowodować, robiąc coś bardzo złego. Chciała, by wszystko było znów „jak dawniej", ale im bardziej próbowała do tego doprowadzić, tym bardziej Jeff się od niej odsuwał.

Udział w moim seminarium sprawił, że Maggie poczuła ulgę. Cały jej niepokój i niepewność w jednej chwili się rozwiały. Co jednak jest tu najważniejsze, przestała się obwiniać. Zrozumiała, że nawet jeśli Jeff się oddalił, to nie nastąpiło to z jej winy. Dowiedziała się także, dlaczego Jeff tak się zachowuje i jak sobie z tym radzić. W kilka miesięcy później na innym seminarium Jeff podziękował mi za to, czego nauczyłem Maggie. Powiedział także, że są zaręczeni i wkrótce zamierzają się pobrać.

Maggie odkryła męski sekret, znany niewielu kobietom. Uzmysłowiła sobie, że próbując przyciągnąć do siebie Jeffa wtedy, gdy ten się odsunął, w rzeczywistości uniemożliwiała mu osiągnięcie tego punktu oddalenia, z którego szybko i automatycznie sam by do niej powrócił. „Ścigając go", nie pozwalała mu odczuć, jak bardzo jej pragnie i potrzebuje. Zrozumiała, że czyniła tak we wszystkich dotychczasowych związkach. Nieświadomie zakłócała pewien naturalny cykl. Próbując osiągnąć bliskość — uniemożliwiała ją.

Mężczyzna przeobraża się nagle

Jeżeli mężczyzna nie ma możliwości odsunięcia się na pewną odległość, nie będzie w stanie odczuć, jak silna jest w nim potrzeba bliskości.

Sprawą podstawowej wagi musi stać się dla kobiet zrozumienie prostego faktu: jeżeli będą się upierały przy tym, by partner ciągle był blisko, narzucały mu się, gdy stara się odsunąć, to on ciągle będzie uciekał i unikał ich, i nigdy nie odczuje prawdziwej tęsknoty ani głębokiej potrzeby miłości.

Na moich seminariach tłumaczyłem to, naciągając sporych rozmiarów sprężynę. Rozciągała się do długości około 30 cm i z wielką siłą wracała do pierwotnej, „skurczonej" postaci.

Podobnie dzieje się z mężczyzną. Jeżeli osiągnie swój „punkt maksymalnego oddalenia", nagle przechodzi błyskawiczną przemianę. Zmienia się całe jego zachowanie. On, który w momencie oddalenia wydawał się zupełnie nie zainteresowany swoją partnerką, nagle nie może bez niej żyć. Znów czuje wielką potrzebę intymności, budzi się w nim prawdziwe, mocne pragnienie kochania i bycia kochanym.

Wówczas kobieta ponownie bywa zaskoczona. Sama, jeśli odsunie się od partnera, będzie potrzebowała czasu na ponowne oswojenie się z tą sytuacją i powrócenie do stanu bliskości. Może się zdarzyć, że odepchnie „nawróconego" mężczyznę, nie rozumiejąc, jak różnie przebiega u niego cykl uczuciowy, i nie ufając, że „tak nagle" może się w nim odrodzić potrzeba intymności.

Mężczyźni także muszą zrozumieć tę różnicę. Kiedy partner „błyskawicznie" powraca, powinien pamiętać, że kobieta potrzebuje czasu i „trochę" rozmowy, by się ponownie otworzyć.

Znacznie łatwiejsze będzie przeobrażenie związku, jeśli mężczyzna weźmie pod uwagę fakt, że partnerce potrzeba więcej czasu, by osiągnąć ów poziom zażyłości, do którego on sam tak błyskawicznie powrócił, szczególnie jeśli niedawno czuła się zraniona i odepchnięta. Jeśli mężczyzna nie zrozumie tej różnicy, może odczuwać zniecierpliwienie.

Dlaczego mężczyźni się odsuwają

Zawsze kiedy mężczyzna przeżyje spełnienie swojej potrzeby intymności, natychmiast odczuwa pragnienie uniezależnienia się. W takiej sytuacji kobieta zwykle wpada w prawdziwy popłoch, nie zdaje sobie bowiem sprawy, że gdy tylko mężczyzna osiągnie pełnię niezależności, znowu zatęskni za bliskością partnerki. Mężczyźni ciągle oscylują pomiędzy pragnieniem głębokiego wejścia w związek i wyrwania się z niego.

Mężczyzna wciąż oscyluje między potrzebą bliskości i tęsknotą do niezależności.

Wracając do naszego przykładu: Jeff na początku znajomości był namiętny i czuły. Marzył, by zachwycić i usatysfakcjonować Maggie. Chciał być blisko niej. Udało mu się: otworzyła przed nim serce i zbliżył się jeszcze bardziej. Osiągnęli razem wspaniałe wyżyny intymności. I wtedy nastąpiła zmiana: zupełnie jak w sprężynce, której zwoje się zwarły: nagle cała siła odpłynęła, ruch zanikł. Tak właśnie dzieje się z potrzebą intymności mężczyzny, wtedy gdy już tę intymność osiągnie. Nawet jeżeli bliskość partnerki przynosi mu pełne zadowolenie, nagle odczuwa ogromną potrzebę uniezależnienia się. Zaspokoiwszy na jakiś czas pragnienie bliskości, zaczyna cierpieć głód samotności. Dość już ciągłego towarzystwa drugiej osoby! Może stał się za bardzo od niej zależny? Bywa i tak, że chce się trochę odsunąć, sam nie wiedząc czemu.

Dlaczego kobiety wpadają w panikę

Kiedy Jeff instynktownie zaczyna się oddalać, nie wyjaśniając niczego Maggie (a nawet i sobie), dziewczyna reaguje strachem. Wpada w panikę. Myśli, że zrobiła coś złego, co go od niej odepchnęło. Wyobraża sobie, że Jeff spodziewa się teraz, iż podejmie działania, które jakoś odbudują związek. Boi się, że Jeff już nigdy nie wróci.

Sprawy się komplikują, a Maggie czuje się zupełnie bezsilna — nie wie, jak ma nakłonić Jeffa do powrotu, nie rozumiejąc, co go do niej „zniechęciło". Maggie nie zdaje sobie sprawy, że jest obserwatorem kolejnych faz naturalnego cyklu uczuciowego. Kiedy próbuje dowiedzieć się czegoś od Jeffa, chłopak, nie znając dokładnie przyczyn takiego stanu rzeczy, wykręca się od rozmowy, co, oczywiście, jeszcze zwiększa dystans ich dzielący.

Dlaczego mężczyźni i kobiety wątpią we wzajemną miłość

Jeśli nie rozumiemy przedstawionego cyklu, zaczynamy oczywiście wątpić, czy rzeczywiście jesteśmy kochani. Maggie nie wiedziała, że swoim postępowaniem uniemożliwia Jeffowi ponowne przeżycie pragnienia miłości, i sądziła, że chłopak przestał ją kochać. Nie mając możliwości oddalenia się na tyle, by poczuć tęsknotę za bliskością oraz pożądanie, mógł dojść do mylnego przekonania, że już nie kocha Maggie.

Kiedy jednak Maggie nauczyła się godzić z oddaleniem Jeffa, zostawiać mu trochę przestrzeni, odkryła, że sam, nie przymuszany, wraca. Przekonała się, że jeśli tylko nie narzuca mu się, Jeff po pewnym czasie zbliża się i wszystko znowu jest dobrze. Za każdym razem sam do niej powracał.

Z czasem, kiedy uwierzyła w tę prawidłowość, przestała też odczuwać strach. W okresach oddalenia nie tylko nie narzucała się Jeffowi, ale nawet nie myślała, że dzieje się coś złego. Zaakceptowała tę jego cechę, a on, czując, że Maggie nie ma do niego pretensji, prędzej do niej wracał.

Sam Jeff miał wreszcie szansę zaobserwować przebiegający w nim proces zmieniających się potrzeb i uczuć, co pozwoliło mu upewnić się co do swojej miłości. Cały sekret uratowania tego związku polegał na tym, że Maggie i Jeff zaakceptowali fakt, że mężczyźni są jak sprężynki.

KOBIETY ZWYKLE ŹLE INTERPRETUJĄ ZACHOWANIE MĘŻCZYZN

Jeśli kobiety nie rozumieją męskiego cyklu uczuciowego, łatwo mogą opacznie interpretować reakcje partnerów. Najczęstsze nieporozumienie zaczyna się w chwili, gdy na jej: „Porozmawiajmy”, on odpowiada instynktownym zwiększeniem dzielącego ich dystansu. Właśnie wtedy, gdy ona jest gotowa, by zbliżyć się i otworzyć, on się odwraca. Niezmiernie często spotykam się ze skargą: „Za każdym razem, kiedy chcę z nim porozmawiać, on ucieka. Wydaje mi się, że już zupełnie mu na mnie nie zależy”. Kobieta dochodzi do niesłusznego przekonania, że partner **nigdy** nie chce z nią rozmawiać.

Tymczasem porównanie ze sprężynką tłumaczy, że nawet bardzo zakochani mężczyźni muszą się czasem usamodzielnić. Partner odsuwa się nie dlatego, że nie chce rozmawiać. Potrzebuje tylko trochę czasu, żeby pobyć sam ze sobą, czasu, kiedy nie będzie się czuł za nikogo odpowiedzialny. Jest to ta faza jego cyklu uczuciowego, w której troszczy się o siebie. Kiedy stamtąd wróci, będzie z nim można porozmawiać.

Do pewnego stopnia mężczyzna „gubi się” w zbliżeniu z partnerką. Odczuwając jej potrzeby, problemy, oczekiwania i emocje, zatraca gdzieś poczucie własnej tożsamości. Odsunięcie się pozwala mu odbudować swoją autonomię.

Będąc przez dłuższy czas blisko partnerki,
mężczyzna do pewnego stopnia zatraca
swoją tożsamość.

Niektórzy mężczyźni inaczej opisują swoje oddalanie się. Dla nich jest to po prostu wrażenie, że „chcą być sami” albo że „potrzebują trochę przestrzeni”.

Niezależnie jednak od tego, jak mężczyzna będzie to określał, chodzi tu przede wszystkim o spełnienie jego potrzeby zatroszczenia się przez jakiś czas o siebie.

Podobnie jak nie podejmujemy decyzji, że będziemy odczuwać głód, tak samo mężczyzna nie postanawia, że się oddali. Ta potrzeba jest instynktowna. Zawsze, kiedy się zbliża, zaczyna się „zatracać”. W tym punkcie odczuwa potrzebę autonomii i rozpoczyna oddalanie. Jeśli kobiety zrozumieją tę męską właściwość, z pewnością nie będą już błędnie interpretowały zachowania partnerów.

MĘŻCZYŹNI ODSUWAJĄ SIĘ WÓWCZAS, KIEDY KOBIETY SZUKAJĄ ZBLIŻENIA

W wielu przypadkach zdarza się, że mężczyzna odsuwa się od kobiety dokładnie w tych chwilach, gdy ta najbardziej dąży do zbliżenia. Dzieje się tak z dwóch powodów:

1. Kobieta instynktownie wyczuwa chęć partnera do czasowego usamodzielnienia się i właśnie w takich momentach wypowiada swoje: „Porozmawiajmy", które ma jej pomóc w odbudowie zanikającej zażyłości. Jeśli wówczas mężczyzna dalej się oddala, kobieta sądzi, że nie chce z nią rozmawiać lub że mu na niej nie zależy.

2. To, że kobieta otwiera się i wchodzi w coraz głębszą zażyłość, może sprowokować obudzenie się w mężczyźnie potrzeby samotności. Dla mężczyzny istnieje pewna granica intymności. Potem słyszy coś w rodzaju dzwonka sygnalizującego, że czas już, by dla równowagi odsunąć się. W najbardziej intymnych momentach mężczyzna może odczuć gwałtowną potrzebę oswobodzenia się.

Kobietę bardzo niepokoi odkrycie, że coś, co robi lub mówi, prowokuje mężczyznę do nagłego oddalenia się. Zwykle ta reakcja następuje wówczas, gdy kobieta zaczyna się zwierzać ze swych uczuć. Dzieje się tak dlatego, że wynurzenia te stwarzają atmosferę intymności, a gdy mężczyzna zbliży się za bardzo, zaraz automatycznie się odsuwa. Nie jest prawdą, że nie chce słuchać o uczuciach partnerki. W innej fazie swojego cyklu uczuciowego, kiedy będzie poszukiwać zbliżenia, te same opowieści będą go pociągały. O takiej, a nie innej reakcji mężczyzny decyduje nie to, co kobieta mówi, lecz **kiedy** mówi.

KIEDY ROZMAWIAĆ Z MĘŻCZYZNĄ

W chwilach gdy mężczyzna się odsuwa, nie należy inicjować rozmowy ani próbować się do niego zbliżać. Trzeba mu pozwolić się oddalić. Po jakimś czasie sam powróci. Będzie kochający, troskliwy i będzie się zachowywał „jak gdyby nigdy nic". I to właśnie będzie idealny czas na rozmowę.

Tymczasem w tych cudownych chwilach, gdy mężczyzna jest osiągalny i naprawdę pragnie zbliżenia, kobiety rzadko rozpoczynają rozmowę. Zdarza się tak najczęściej z jednego z następujących powodów:

1. Kobieta boi się rozmawiać, ponieważ kiedy poprzednio próbowała, partner odsunął się. Jego zachowanie wywołało w niej przekonanie, że mu nie zależy na rozmowie i że nie chce jej słuchać.

2. Kobieta sądzi, że partner o coś się na nią gniewa i czeka, by sam rozpoczął rozmowę o tym, co go gnębi. Wie doskonale, że jeśli sama odsuwa się od partnera, to zanim powróci do stanu poprzedniej bliskości, potrzebuje spokojnej rozmowy o tym, co się stało. Czeka więc, by partner rozpoczął rozmowę o swoich negatywnych uczuciach. Nie doczeka się jednak, bo mężczyzna wcale nie był i nie jest zagniewany.

3. Kobieta ma tak wiele do powiedzenia, że po prostu rozpoczyna rozmowę. Czyni jednak błąd, że zamiast mówić o **swoich** uczuciach, „żeby jakoś rozpocząć", zadaje mężczyźnie pytania dotyczące jego uczuć. Partner zwykle nie ma nic do powiedzenia, więc kobieta wyciąga wniosek, że po prostu nie chce z nią rozmawiać.

Wobec takiego stanu rzeczy trudno się dziwić, że związki z mężczyzną są dla kobiet frustrujące.

JAK ZACHĘCIĆ MĘŻCZYZNĘ DO ROZMOWY

Jeśli kobiecie zależy na zbliżeniu i rozmowie, nie powinna czekać, aż mężczyzna zacznie sam mówić. Najlepiej, żeby odezwała się pierwsza i mówiła nawet wtedy, gdy partner z początku nie będzie miał zbyt wiele do powiedzenia. Jeżeli kobieta głośno doceni go jako słuchacza, partner z wolna zacznie się odzywać.

Z mężczyzną jest tak, że nawet jeśli będzie otwarty na rozmowę, w pierwszej fazie niechętnie zabierze głos. Kobiety nie zdają sobie sprawy z tego, że Marsjanie muszą mieć konkretny powód, by się odezwać, a takim powodem nie jest dla nich wymiana wrażeń. Jeżeli jednak kobieta nie zrażona milczeniem partnera będzie nadal mówiła, po jakimś czasie zacznie on reagować na to, co usłyszał.

I tak na przykład, jeśli ona będzie opowiadała o swoich uczuciach do dzieci, on także powie o własnych rodzicielskich emocjach. Kiedy kobieta otwarcie coś opowiada, „nie naciskając" na partnera, on z pewnością po chwili włączy się do rozmowy.

Kobiety zmuszają mężczyzn do rozmowy

Kobieta zwierzająca się ze swoich myśli w sposób naturalny zachęca mężczyznę do rozmowy. Jeśli jednak partner wyczuje, że ona za wszelką cenę stara się wciągnąć go w rozmowę, zupełnie się zniechęca. Nagle nie ma nic do powiedzenia, a nawet jeśli ma, ukryje to z powodu presji, jaką partnerka na nim wywiera.

Mężczyźni bardzo źle znoszą, jeśli kobieta prosi, by teraz „oni coś powiedzieli". Jest to dla nich jeszcze trudniejsze, jeśli akurat nie odczuwają potrzeby rozmowy.

Kobieta wychodzi z błędnego przekonania, że mężczyźnie jest potrzebna rozmowa i że wobec tego „powinien" rozmawiać. Zapomina, że mężczyzna pochodzi z Marsa, gdzie taka potrzeba wymiany myśli nie jest rozpowszechniona.

Kobiecie wydaje się też, że jeśli partner nie chce z nią rozmawiać, to znaczy, że jej nie kocha. Tymczasem, jeśli mężczyzna poczuje się w pełni akceptowany, powoli się otworzy. Jednak nigdy nie dozna takich uczuć, jeśli partnerka będzie miała do niego pretensję o to, że mało mówi lub że się oddala.

Mężczyzna, który niechętnie się wypowiada i często się oddala, jeżeli tylko będzie chwalony za to, że uważnie słucha, z czasem weźmie udział w rozmowie.

Jak rozpoczynać rozmowę z mężczyzną

Im bardziej kobieta stara się wciągnąć mężczyznę do rozmowy, tym mocniej on się opiera. Także bezpośrednia próba zmuszenia go, by coś powiedział, nie odniesie żadnych skutków, zwłaszcza jeśli przypadnie na jego fazę oddalenia. Zamiast zastanawiać się, jak sprowokować mężczyznę do mówienia, należy zadać sobie pytanie: „Jak mogłabym osiągnąć większą bliskość i głębsze porozumienie z moim partnerem?"

Jeżeli kobieta odczuwa w swoim związku potrzebę rozmowy (a większość kobiet jej pragnie), powinna często inicjować konwersację. O jednym wszakże musi wciąż pamiętać: czasami mężczyzna będzie „osiągalny", a czasem będzie się odsuwał.

Jeśli mężczyzna wydaje się chętny do rozmowy, partnerka zamiast zadawać mu dwadzieścia pytań naraz albo prosić go, by on coś powiedział, powinna przede wszystkim wyrazić wdzięczność za to, że jej słucha. Z początku niech go nawet zniechęca do zabrania głosu.

Nasza Maggie, na przykład, mogłaby powiedzieć: „Jeff, czy możesz posłuchać mnie przez chwilkę? Miałam taki ciężki dzień i chcę ci o nim opowiedzieć. To z pewnością bardzo dobrze mi zrobi". Po kilku minutach opowiadania Maggie powinna przerwać i wtrącić: „Jak to dobrze, że słuchasz, kiedy mówię o swoich uczuciach. To bardzo wiele dla mnie znaczy". Takie zapewnienie zachęca mężczyznę do jeszcze uważniejszego słuchania. Brak tego rodzaju zachęty ze strony kobiety może spowodować, że partner przestanie słuchać, sądząc, że to i tak „niczego nie zmieni". Wiele kobiet rozumie, jak wielkie znaczenie ma uważne słuchanie, jednak mężczyźni zupełnie nie zdają sobie z tego sprawy.

Spodziewać się po mężczyźnie, że doceni wagę słuchania, to spodziewać się po nim, że nie jest mężczyzną. Partner może się jednak nauczyć, jak ważna jest rozmowa, jeśli często będzie od kobiety słyszał słowa wdzięczności i zachęty.

KIEDY MĘŻCZYZNA NIE PRZEMÓWI

Sandra i Larry byli małżeństwem przez dwadzieścia lat. Teraz Sandra chce rozwodu, a Larry pragnie wszystko naprawić.

Sandra powiedziała: „Jak on może mówić, że chce utrzymać to małżeństwo? On mnie nie kocha. Zresztą on zupełnie nic nie czuje. Od dwudziestu lat za każdym razem, kiedy zaczynam rozmowę, on wychodzi. Jest zimny, bez serca. Przez dwadzieścia lat ukrywał swoje uczucia. Nie zamierzam mu przebaczać. Nie zostanę dłużej w tym małżeństwie. Jestem zbyt zmęczona ciągłym nakłanianiem go do otwarcia się".

Sandra nie wiedziała oczywiście, jak bardzo sama przyczyniła się do tych problemów. Myślała, że wszystko jest winą jej męża. Sądziła, że zrobiła dosłownie wszystko, by osiągnąć bliskość i porozumienie, a on przez dwadzieścia lat się opierał.

Po moim seminarium na temat mężczyzn-sprężynek wybuchnęła płaczem i wybaczyła mężowi. Zrozumiała, że to, co uważała za jego wadę, było ich wspólnym mankamentem.

Uświadomiła sobie, w jakim stopniu przyłożyła rękę do swoich problemów.

Powiedziała mi: „Pamiętam, że w ciągu pierwszego roku naszego małżeństwa często zaczynałam rozmowę o swoich uczuciach. Larry zawsze wtedy wychodził. Myślałam, że mnie już nie kocha. Zdarzyło się to kilka razy i wreszcie zrezygnowałam. Nie chciałam, żeby znów mnie ranił. Nie zdawałam sobie sprawy, że w innych okolicznościach byłby gotów mnie wysłuchać. Nie dałam mu szansy. Chciałam, żeby się otworzył, jeszcze zanim sama się otworzyłam".

Rozmowy jednostronne

Rozmowy Sandry z mężem były zwykle jednostronne. Zaczynała niezmiennie od tego, że zadawała mu całą serię pytań. Potem, nie mówiąc mu, o czym właściwie chciała porozmawiać, obrażała się, że odpowiada jej monosylabami. Kiedy wreszcie zdecydowała się powiedzieć o swoich uczuciach, zawsze okazywały się takie same. Była zła, że Larry nie umie być otwarty i kochający.

Jednostronne rozmowy mogą mieć następujący przebieg:

Sandra: Jak minął dzień?

Larry: Dobrze.

Sandra: Coś się działo?

Larry: Nic ciekawego.

Sandra: Co chcesz robić w weekend?

Larry: Wszystko jedno. A ty co chcesz robić?

Sandra: Chcesz, żebyśmy kogoś zaprosili?

Larry: Nie wiem... Gdzie jest program telewizyjny?

Sandra (zdenerwowana): Dlaczego ze mną nie rozmawiasz?

Larry milczy, zakłopotany.

Sandra: Czy ty mnie kochasz?

Larry: Oczywiście. Przecież się z tobą ożeniłem.

Sandra: Jak możesz mówić, że mnie kochasz, skoro zupełnie ze sobą nie rozmawiamy? Jak możesz po prostu siedzieć tak i milczeć? Czy na niczym ci już nie zależy?

W tym momencie Larry podnosił się i wychodził na spacer. Po powrocie zachowywał się tak, jakby nic nie zaszło. Sandra także zachowywała się tak, jakby wszystko było w porządku, ale jej miłość była powoli tłumiona. Nadal robiła wrażenie ciepłej i kochającej, a jednak narastała w niej uraza. Od czasu do czasu zaczynało się w niej gotować i wtedy inicjowała kolejną jednostronną rozmowę, próbując dociec uczuć męża. Po dwudziestu latach gromadzenia dowodów na brak uczucia ze strony Larry'ego miała dość.

Jak nie zmieniając swej natury, pomagać sobie wzajemnie

Na owym seminarium Sandra powiedziała: „Spędziłam dwadzieścia lat, próbując wciągnąć Larry'ego do rozmowy. Chciałam, by się otworzył i stał się czuły. Nie pojmowałam, że tak naprawdę potrzebuję mężczyzny, który spowoduje, że to **ja** się otworzę i będę czuła. Tego właśnie potrzebowałam. W ciągu minionego tygodnia okazaliśmy sobie z mężem więcej uczuć niż przez całe dwadzieścia lat. Czuję się naprawdę kochana. Tak mi tego brakowało. Zawsze myślałam, że to on musi się zmienić. Teraz widzę, że ani w nim, ani we mnie nie było nic, co «nie byłoby w porządku». Po prostu nie potrafiliśmy sobie nawzajem pomóc".

Sandra narzekała zawsze, że Larry nic nie mówi. Utrzymywała, że to właśnie jego milczenie czyni zbliżenie niemożliwym. Na seminarium nauczyła się wypowiadać swoje uczucia i jednocześnie nie oczekiwać ani nie wymagać od męża takiej samej reakcji. Zamiast potępiać jego milczenie, zaczęła je doceniać, co uczyniło z Larry'ego dobrego słuchacza.

Larry nauczył się sztuki słuchania. Ćwiczył słuchanie połączone z powstrzymywaniem się od praktycznych rad. Łatwiej jest nauczyć mężczyznę słuchania niż otwarcia się czy okazywania czułości. Jednak samo słuchanie kogoś, na kim mu zależy i kto jest mu wdzięczny za uwagę, automatycznie pomaga mężczyźnie otworzyć się i uwrażliwić.

Jeśli mężczyzna czuje, że jego wysiłek słuchania został doceniony i że nie potępia się go za to, iż mówi zbyt mało, zaczyna się z wolna otwierać. Kiedy tylko ma pewność, że nie musi więcej mówić, „rozgaduje się". Przedtem jednak musi czuć się akceptowany.

Jeżeli kobieta wciąż jest sfrustrowana jego milczeniem, to znaczy, że zapomniała, iż wybranek pochodzi z Marsa!

KIEDY MĘŻCZYZNA WCALE SIĘ NIE ODSUWA

Lisa i Jim są małżeństwem od dwóch lat. Wszystko robią razem. Są nierozłączni. Jednak ostatnio Jim stał się ogromnie drażliwy, bierny i miewa humory.

Podczas spotkania Lisa powiedziała mi: „Przestało mi być z nim wesoło. Próbowałam wszystkiego, żeby go podnieść na duchu, ale nic nie pomaga. Odczuwam potrzebę wspólnego spędzania wolnego czasu i oddania się takim przyjemnościom, jak obiad w restauracji, zakupy, podróże, branie udziału w rozmaitych grach, przyjęcia, dancingi, a on nie chce **niczego robić**. My dosłownie nic nie robimy. Oglądamy tylko telewizję, jemy, śpimy i pracujemy. Próbuję go kochać, ale jestem na niego zła. Był kiedyś taki uroczy i romantyczny, a teraz czuję się, jakbym żyła z żółwiem. Zupełnie nie wiem, co robić. Nic nie jest w stanie ruszyć go z miejsca".

Kiedy Lisa i Jim poznali teorię męskiego cyklu uczuciowego, zrozumieli, co się stało. Po prostu, zbyt wiele czasu spędzali razem. Powinni nauczyć się, że co pewien czas trzeba się rozdzielać.

Najczęstszymi objawami obserwowanymi u mężczyzn, którzy nie umieją odsunąć się od partnerki, są: zmienne humory, drażliwość, bierność i defensywność. Jim nie nauczył się odsuwać. Spędzając czas samotnie, miał poczucie winy. Uważał, że wszystko powinien dzielić z żoną.

Lisa reprezentowała podobną postawę. Udzielając jej porady, zapytałem, dlaczego spędzała z Jimem tak wiele czasu. Odpowiedziała mi: „Bałam się, że denerwuje go to, że robię coś przyjemnego bez niego. Któregoś razu wyszłam sama po zakupy, a on naprawdę się zezłościł". Wówczas Jim się wtrącił: „Pamiętam ten dzień. To wcale nie na ciebie byłem zły. Straciłem po prostu trochę pieniędzy na pewnym interesie. A tego dnia długo nie mogłem zapomnieć, bo tak wspaniale się czułem, mając nareszcie cały dom dla siebie. Nie powiedziałem ci o tym, bo nie chciałem cię zranić". Lisa odparła: „A ja myślałam, że nie chcesz, żebym bez ciebie wychodziła".

Ucząc się niezależności

Dzięki nowo zdobytej wiedzy Lisa nie musiała się już tak martwić o Jima. Jego odsuwanie się nauczyło ją, jak być bardziej niezależną. Postanowiła więcej troszczyć się o siebie. Kiedy zaczęła robić to, na czym jej zależało, i utrzymywać bliższe kontakty z koleżankami, poczuła się znacznie szczęśliwsza.

Jej pretensje do Jima rozwiały się. Zrozumiała, że oczekiwała od niego zbyt wiele. Kiedy usłyszała o „sprężynie", uświadomiła sobie, że sama przyczyniła się do powstania problemu i że jej partner potrzebuje tylko więcej czasu dla siebie. Jej dotychczasowe poświęcenie dyktowane najlepszymi intencjami uniemożliwiało mu zarówno oddalenie się, jak i radosny powrót. Dławiła go ich ciągła wzajemna zależność.

Lisa zaczęła uczestniczyć w rozrywkach bez Jima. Robiła rzeczy, o których wcześniej mogła tylko marzyć. Pewnego wieczoru wyszła z koleżankami do restauracji, a innym razem na przyjęcie urodzinowe do klubu.

Proste a cudowne

Naprawdę zdumiało Lisę, jak szybko jej związek się odmienił. Jim stał się bardziej czuły i wykazywał większe nią zainteresowanie. Po kilku tygodniach przeobraził się całkowicie w dawnego Jima. Zaczął niecierpliwie planować wspólne rozrywki. Odrodziła się w nim chęć życia.

Na spotkaniu terapeutycznym Jim powiedział: „Czuję ulgę i wiem, że jestem kochany. Kiedy Lisa wraca do domu, widzę, że cieszy się na mój widok. Cudownie jest za nią tęsknić, gdy jej nie ma. Wspaniale jest znowu odczuwać to «coś». Wcześniej wydawało mi się, że wszystko, co robię, nie jest dość dobre. Lisa bez przerwy próbowała mnie mobilizować, mówiąc mi, co mam robić, i zadając masę pytań".

Z kolei Lisa powiedziała: „Zrozumiałam, że dotąd obarczałam go winą za to, że czuję się nieszczęśliwa. Kiedy wzięłam na siebie odpowiedzialność za własne szczęście, zauważyłam, że Jim ożywił się i uaktywnił. To jest cudowne!"

ZAKŁÓCANIE CYKLU UCZUCIOWEGO

Są dwie drogi, którymi może podążać kobieta zakłócająca cykl uczuciowy swojego partnera:

- ścigając go w chwilach, gdy on próbuje się oddalić,
- karząc go za to, że się oddalił.

Omówię najpierw najczęstsze sposoby ścigania mężczyzny i uniemożliwiania mu odsunięcie się.

Ściganie

1. Sfera fizyczna

Kiedy mężczyzna oddala się, partnerka fizycznie podąża za nim. On może na przykład wyjść do sąsiedniego pokoju — ona pójdzie tam za nim. Albo zdarzy się to, co nastąpiło w przypadku Lisy i Jima: kobieta zrezygnuje ze wszystkich przyjemności, na które ma ochotę, byle tylko stale być w pobliżu swojego partnera.

2. Sfera emocjonalna

Kiedy on oddala się, ścigają go jej uczucia. Partnerka niepokoi się o mężczyznę. Stara się polepszyć jego nastrój. Jest jej go żal. Jej troska i zainteresowanie przytłaczają go. Kobieta może także utrudniać mu odsunięcie się, krytykując jego potrzebę samotności.

Często też odgrywa rolę osoby samotnej i zranionej. W każdym przypadku kobieta wkracza w intymny świat mężczyzny, który czuje się kontrolowany.

3. Sfera umysłowa

Kobieta stara się przyciągnąć z powrotem partnera, zadając mu pytania wzbudzające w nim poczucie winy: „Jak możesz mnie w ten sposób traktować?", „Co się z tobą stało?", „Czy zdajesz sobie sprawę z tego, jak bardzo mnie rani to, że tak przede mną uciekasz?"

Innym damskim sposobem w takich przypadkach jest usilne staranie się, by być kobietą idealną i zadowolić partnera, tak „żeby nie miał powodów, by się odsunąć". Kobieta rezygnuje całkowicie z siebie i stara się być taka, jakiej według niej partner potrzebuje. Tak bardzo boi się, że coś nie zyska jego aprobaty, że ukrywa swe uczucia i unika wszystkiego, z czego mógłby być niezadowolony.

Równie dobrze zakłócają cykl uczuciowy mężczyzny te kobiety, które stosują metodę karania partnera, gdy ten wraca z oddalenia.

Karanie

1. Sfera fizyczna

Kiedy mężczyzna znów jej zapragnie, partnerka odrzuca go. Ignoruje jego fizyczne zainteresowanie. Unika współżycia. Nie pozwala mu się zbliżyć i dotknąć. Może nawet go uderzyć lub stłuc kilka szklanek, demonstrując swe niezadowolenie.

Jeśli mężczyzna będzie w ten sposób karany za chwilowe oddalenie, nie zdecyduje się już na nie w przyszłości. Jego naturalny cykl zostanie zakłócony. Może też narastać w nim złość, która po odepchnięciu go przez kobietę uniemożliwi mu powrót do niej.

2. Sfera emocjonalna

Kiedy on wraca, ona jest smutna i obwinia go. Nie wybacza mu, że ją zaniedbywał.

Nie ma nic, co by ją ucieszyło czy sprawiło przyjemność. Partner czuje się niezdolny do spełnienia jej pragnień i poddaje się.

Kobieta wyraża też swoje niezadowolenie słowem, tonem głosu, spojrzeniem.

3. Sfera umysłowa

Mężczyzna po powrocie zastaje partnerkę zimną i niechętną do zwierzeń. Kobieta wypomina mu, że był zamknięty i milczący. Przestaje ufać, że naprawdę mu na niej zależy, i uniemożliwia mu wszelkie próby udowodnienia, że umie cierpliwie jej słuchać i być „dobrym" partnerem. Mężczyzna gotów do radosnego powrotu odkrywa nagle, że jest napiętnowany.

Jeśli mężczyzna bywa karany za oddalanie się, może się w nim zrodzić obawa przed utratą miłości partnerki. Czuje, że jeśli znów się odsunie, może stać się niegodny jej miłości. Może się też zdarzyć, że będzie miał trudności w sięganiu po uczucie, skoro już wie, że może zostać odrzucony. Istnieje możliwość, że strach przed odrzuceniem zupełnie uniemożliwi mu powrót z krótkiej podróży do jaskini.

PRZESZŁOŚĆ MĘŻCZYZNY WPŁYWA NA JEGO CYKL UCZUCIOWY

Naturalny cykl uczuciowy mężczyzny może zostać zakłócony już w dzieciństwie. Mężczyzna, który obserwował niezadowolenie matki z emocjonalnego oddalania się ojca, może odczuwać obawę przed takim samym oddalaniem się. Zresztą może zupełnie nie zdawać sobie sprawy, że istnieje w nim taka potrzeba. Często też nieświadomie sięga po argumenty przeciw odsuwaniu się.

Taki typ mężczyzny rozwija raczej „kobiece" cechy za cenę utraty części swojej męskiej siły. Jest człowiekiem wrażliwym. Bardzo stara się być kochający i miły, ale męska strona jego natury na tym traci. Czuje się winny, gdy się oddala. Nie wiedząc nawet, jak to się stało, traci pasję, siłę i pożądanie, staje się bierny i niezdolny do decydowania o sobie.

Mężczyzna taki w obawie przed samotnością będzie unikał własnej jaskini. Zapewne będzie sądził, że nie lubi osamotnienia, ale tak naprawdę boi się utraty miłości. W dzieciństwie doświadczył przecież sytuacji odrzucenia ojca przez matkę albo sam został przez nią odepchnięty.

Jedni mężczyźni nie posiadają umiejętności odsuwania się, inni nie potrafią się zbliżyć. Są to panowie typu „macho". Ci bez problemu uniezależniają się, ale są niezdolni do powrotu i otwarcia się. W głębi duszy „macho" jest przekonany, że nie jest godny miłości. Obawia się kochać i troszczyć o kogoś.

Zrozumienie, na czym polega naturalny męski cykl uczuciowy, jest równie istotne zarówno dla mężczyzn, jak i dla kobiet. Niektórzy mężczyźni czują się winni, kiedy budzi się w nich potrzeba spędzenia jakiegoś czasu w swej jaskini, albo niepokoi ich własna chęć oddalenia się, a potem powrotu. Mogą sądzić, że skoro są tak „zmienni", być może, coś z nimi nie jest w porządku.

Nie tylko więc kobietom, ale także samym mężczyznom wielką ulgę może przynieść zrozumienie ich naturalnego cyklu uczuciowego.

MĄDRZY MĘŻCZYŹNI I MĄDRE KOBIETY

Mężczyźni zazwyczaj nie uświadamiają sobie, jak bardzo wpływa na kobiety ich nagłe odsuwanie się i późniejsze gwałtowne zbliżenie. Ci jednak, którzy zdadzą sobie z tego sprawę, uczą się uważnego słuchania partnerki, kiedy ta mówi o uczuciach.

Mądry mężczyzna, rozumiejąc i szanując to, że kobieta potrzebuje zapewnień, iż ciągle jest kochana, wykorzystuje przerwy między swoimi okresami oddalenia, by inicjować z partnerką rozmowy na temat jej i własnych uczuć. Kiedy czuje, że musi się usamodzielnić, nie zapomina o tym, by zapewnić ją, że niedługo wróci. Może powiedzieć na przykład: „Potrzebuję trochę samotności, ale obiecuję ci, że potem spędzimy razem przemiłe chwile i nic nam nie przeszkodzi". Jeśli czas na oddalenie przychodzi wtedy, gdy kobieta jest właśnie w trakcie zwierzeń, mądry mężczyzna powie uprzejmie: „Potrzebuję trochę czasu, żeby przemyśleć to, co już powiedziałaś. Skończymy tę rozmowę później, dobrze?"

Mężczyzna, który rozumie swój cykl uczuciowy, odchodząc, uspokaja partnerkę zapewnieniem, że „niedługo wróci".

Może się później zdarzyć, że gdy mężczyzna jest gotów powrócić do rozmowy, partnerka zapyta go, dlaczego poprzednio wyszedł. Jeśli mężczyzna nie umie odpowiedzieć, co zdarza się w wielu przypadkach, może posłużyć się sformułowaniem: „Nie jestem pewien. Po prostu potrzebowałem trochę czasu dla siebie. No, ale wróćmy już do naszej rozmowy".

Mądry mężczyzna jest świadomy tego, jak ogromnie kobiecie zależy, by być wysłuchaną, i dlatego wykorzysta chwile, gdy odczuwa naturalną potrzebę bliskości, po to, by słuchać w dwójnasób. W dodatku zna własne emocje i może jaśniej o nich mówić.

Kiedy mądra kobieta rozpoczyna z partnerem rozmowę, nigdy nie nalega, by ten „coś powiedział", lecz prosi, by uważnie słuchał. Nie wywiera na niego nacisku, a jednocześnie sama uczy się wypowiadać swoje uczucia, nie wymagając tego samego od mężczyzny. Mądra kobieta ufa, że jeśli mężczyzna poczuje się doceniany jako słuchacz, powoli sam się otworzy i zacznie mówić. Nie ściga i nie karze partnera, wiedząc, że czasem może on nie mieć nastroju do rozmowy, lecz kiedy indziej chętnie i radośnie jej wysłucha.

Mądra kobieta nie podda się: po prostu spokojnie i cierpliwie przeczeka przejściowy okres oddalenia, bo zrozumiała już jego naturę.

ROZDZIAŁ SIÓDMY

KOBIETY SĄ JAK FALE

Kobieta jest jak fala. Kiedy wie, że jest kochana, jej samopoczucie wznosi się i opada ruchem fali. Czuje się wspaniale, osiąga wierzchołek fali, lecz w chwilę potem jej nastrój się zmienia i fala załamuje się. Upadek ten jest jednak przejściowy, bo krótko po osiągnięciu najniższego punktu humor znowu się polepsza i fala zaczyna się wznosić.

W czasie stopniowego polepszania się nastroju kobieta czuje się przepełniona miłością i z radością ofiarowuje ją partnerowi, natomiast po załamaniu się fali emocjonalnej odczuwa wewnętrzną pustkę i bardzo potrzebuje dowodów miłości z jego strony.

Opadaniu nastroju u kobiety towarzyszy coś w rodzaju uczuciowych obrachunków. Jeżeli przedtem chciała być bardziej kochająca i tłumiła w sobie pewne negatywne uczucia, pomijając własne potrzeby wówczas, gdy fala się wznosiła, to wtedy, gdy fala opada, odezwą się one z wielką siłą. Jest to właśnie moment, kiedy kobieta pragnie rozmawiać o swoich problemach z kimś, kto z uwagą i troską jej wysłucha.

Moja żona Bonnie opisała mi doświadczenie opadania fali jako wrażenie wpadania w ciemną studnię. Kobieta tonie w ciemności, wsiąka w ciemność wszystkich swoich niepokojów. Poddaje się niezrozumiałym emocjom i uczuciom, których sama nie potrafi określić. Czuje się beznadziejnie samotna i opuszczona.

Kiedy znajdzie się na dnie złego samopoczucia, a będzie wiedziała, że jest kochana i ma obok kogoś bliskiego, szybko zacznie odczuwać poprawę nastroju. Tak nagle jak wcześniej dokonało się załamanie fali, tak teraz równie nieoczekiwanie nastąpi jej wzniesienie, a kobieta znowu „zajaśnieje" uczuciem.

Nastrój kobiety wznosi się i opada jak fala.
Kiedy osiągnie dno — nadchodzi czas
uczuciowych obrachunków.

To, czy kobieta potrafi w swoim związku dawać i przyjmować miłość, jest zwykle odbiciem jej samopoczucia. Kiedy nie akceptuje siebie, nie akceptuje też partnera. Bywa często przygnębiona i reaguje emocjonalnie.

Kiedy fala opada, kobieta jest bardziej wrażliwa i potrzebuje więcej miłości. Partner musi to zrozumieć — w przeciwnym razie może żądać od niej rzeczy niemożliwych.

JAK MĘŻCZYŹNI REAGUJĄ NA FALĘ

Kiedy mężczyzna pokocha kobietę, od początku znajomości widzi, że promieniuje ona miłością i spełnieniem. Wielu panów naiwnie sądzi, że to „lśnienie" trwa wiecznie. Cóż, spodziewać się, że ten stan kobiety nigdy nie przeminie, to tak, jakby oczekiwać od pogody niezmienności, a od słońca, że będzie świeciło wiecznie. Tymczasem życie jest pełne rytmów: dzień–noc, upał–chłód, lato–zima, wznoszenie się–opadanie, zachmurzenie–rozjaśnienie. Pozostający w związkach uczuciowych mężczyźni i kobiety także podlegają swoim cyklicznie powracającym rytmom.

Mężczyźni oddalają się i zbliżają, a kobiety odczuwają na przemian wzrastanie i opadanie gotowości kochania siebie i innych.

Mężczyźni w swoich związkach wciąż się
oddalają i zbliżają, a kobiety odczuwają
na przemian wzrost i opadanie gotowości
kochania siebie i innych.

Mężczyzna myśli, że zmiany nastroju partnerki zależą wyłącznie od jego zachowania. Kiedy kobieta jest szczęśliwa, czuje się dumny, kiedy jednak widzi jej przygnębienie, sądzi, że jest temu winien. Może to spowodować frustrację mężczyzny, tym bardziej że nie ma on pojęcia, co zrobić, żeby polepszyć samopoczucie partnerki.

W jednej chwili kobieta wydaje się szczęśliwa, a dzięki temu on także, w następnej ona traci humor, a on cudowną pewność, że umie z nią postępować.

Nie próbuj tego naprawić

Bill i Mary są od sześciu lat małżeństwem. Bill obserwował przebieg fali emocjonalnej Mary, ale ponieważ go nie rozumiał, starał się „jakoś to naprawić", co oczywiście utrudniło życie obojgu. Bill uważał, że zmienność nastrojów żony jest czymś złym. Udowadniał jej, że nie ma żadnych powodów do przygnębienia, co oczywiście powodowało, że Mary czuła się nie zrozumiana i bardzo się denerwowała.

Choć Bill sądził, że polepszy sprawę, w rzeczywistości uniemożliwił Mary odzyskanie dobrego samopoczucia. Kiedy kobieta wpada w głęboki smutek, jej partner musi wiedzieć, że jest to czas, w którym najbardziej go potrzebuje. Nie jest to jakiś problem do rozwiązania czy rzecz do naprawienia, lecz najlepsza okazja okazania bezwarunkowej miłości.

Bill powiedział mi: „Nie rozumiem mojej żony Mary. Całymi tygodniami jest najcudowniejszą kobietą. Potrafi ofiarować tak wiele ciepła i mnie, i wszystkim bliskim, lecz potem staje się przygnębiona i krytyczna wobec otoczenia, jakby nagle poczuła, że dając innym, ciągle się poświęca. To nie moja wina, że Mary jest nieszczęśliwa. Tłumaczę jej to, ale prowadzi to tylko do kłótni".

Podobnie jak rzesze innych mężczyzn tak i Bill próbował uchronić partnerkę od przygnębienia, w jakie z wolna popadała, wyciągnąć ją „z dołka". Nie rozumiał, że jeśli ona nie osiągnie „dna" złego samopoczucia, nie będzie zdolna poczuć się lepiej.

Ostatnią rzeczą, jakiej potrzebuje kobieta, której fala opada, jest tłumaczenie, że jej gorszy nastrój nie ma żadnego uzasadnienia. Kobieta pragnie w takich chwilach kogoś, kto będzie jej w tej drodze towarzyszył, słuchając jej i współczując w cierpieniu.

I nawet jeżeli mężczyzna nie może w pełni zrozumieć, skąd się bierze przygnębienie partnerki, powinien wtedy okazać jej miłość, uwagę i otoczyć opieką.

Mężczyźni są zakłopotani

Choć Bill zrozumiał, że kobiety są jak fale, nadal był zdezorientowany. Następnym razem, kiedy Mary była „w dołku", bardzo przyłożył się do słuchania. Nie wtrącał żadnych uwag, które miałyby poprawić jej nastrój, lecz spokojnie słuchał, jak mówi o tym, co ją niepokoi. Minęło dwadzieścia minut, a Mary nadal czuła się fatalnie, co Billa jeszcze bardziej deprymowało.

Powiedział mi: „Z początku, kiedy słuchałem, miałem wrażenie, że się otwiera, ale potem wydała mi się jeszcze bardziej zdenerwowana. Wyglądało na to, że im uważniej słuchałem, tym bardziej się złościła. Powiedziałem jej, że nie ma powodu, by tak bardzo się denerwować, i rozpoczęła się kłótnia".

Chociaż Bill uważnie słuchał żony, stale tkwiła w nim chęć natychmiastowego poprawienia jej nastroju. Bill nie wiedział, że gdy kobieta „w dołku" czuje czyjąś troskę i zainteresowanie, może w pierwszym momencie poczuć się jeszcze gorzej.

Na polepszenie humoru partnerki trzeba wówczas poczekać jeszcze chwilę. Z całą pewnością po jakimś czasie ono nastąpi. Kobieta musi osiągnąć „dno", zanim poczuje się lepiej. Na tym właśnie polega jej cykl uczuciowy.

Bill nic z tego nie rozumiał, bo gdy się przysłuchiwał temu, co mówi Mary, odnosił wrażenie, że jego chęć bycia dla niej oparciem na nic się nie zdaje. Jeśli jednak mężczyzna w pełni zrozumie prawidłowość przebiegu cyklu uczuciowego partnerki, na pewno uniknie rozczarowania. Powinien tylko pamiętać, że wsparcie, które jej okazał, nie musi wcale przynieść natychmiastowego skutku.

Nawet wtedy, gdy mężczyzna znakomicie „podbudowuje" partnerkę, może się ona z początku wydać jeszcze bardziej zdenerwowana.

Dzięki temu nowemu spojrzeniu na przygnębienie Mary Bill stał się bardziej cierpliwy i wyrozumiały. Spostrzegł też, że nie da się zupełnie przewidzieć, jak długo jego żona będzie zasmucona. Czasami zły nastrój mijał jej błyskawicznie, a kiedy indziej trzeba było na to czekać dłużej.

POWRACAJĄCE ROZMOWY I KŁÓTNIE

Kobieta po wyjściu „z dołka" znów staje się osobą kochającą i radosną. Jednak to polepszenie nastroju mężczyźni rozumieją opacznie. Sądzą, że wszystko, co tak martwiło partnerkę, minęło lub znalazło rozwiązanie — i stąd poprawa. To oczywiście iluzja.

Kiedy fala uczuć kobiety załamie się, wypływają na powierzchnię dokładnie te same sprawy, które były przedmiotem jej niepokoju, gdy była „w dołku" poprzednio. Mężczyzna nie rozumiejący natury fali ogromnie się wówczas niecierpliwi. Bardzo mu trudno pogodzić się z tym, że kobieta ponownie przeżywa emocje, nad którymi już kiedyś wspólnie zapanowali.

Gdy „minione" niepokoje kobiety znów dają o sobie znać, zniecierpliwiony partner mówi:

- „Ile jeszcze razy będziemy przez to przechodzić?"
- „Już to kiedyś słyszałem".
- „Wydawało mi się, że już to kiedyś ustaliliśmy".
- „Kiedy wreszcie z tym skończysz?"
- „Nie chcę się tym znowu zajmować".
- „To idiotyczne! Powtarzamy dokładnie tę samą kłótnię".
- „Dlaczego ty masz tyle problemów?!"

Sprawy, które niepokoją i przygnębiają kobietę za każdym razem, gdy jej fala opada, często związane są z jej obecnym związkiem, ale mogą też dotyczyć wcześniejszych kontaktów, a nawet dzieciństwa. Oto uczucia, które uzewnętrzniają się, gdy kobieta jest „w dołku".

Sygnały ostrzegawcze wysyłane do partnera przez kobietę wpadającą „w dołek". Znaki mówiące, że teraz najbardziej potrzebuje jego miłości

Kobieta jest:	Kobieta mówi:
przepracowana	„Jest jeszcze tyle do zrobienia".
niepewna	„Potrzebuję więcej".
zaniepokojona	„A co z..."
zakłopotana	„Nie rozumiem, dlaczego..."
wyczerpana	„Nie jestem w stanie już nic zrobić".
bez nadziei	„Nie wiem, co robić".
bierna	„Jest mi wszystko jedno. Rób, co chcesz".
wymagająca	„Powinieneś..."
niechętna	„Nie, nie chcę..."
nieufna	„O co ci chodzi?"
kontrolująca	„No, więc co zrobiłeś...?"
krytyczna	„Jak mogłeś zapomnieć...?"

Jeśli kobieta będąca w złym nastroju odczuwa miłość i troskę partnera, z czasem nabiera większej ufności i pewności co do swego związku. Pozwala jej to mobilizować się i wychodzić „z dołka" bez konfliktów i walki z mężczyzną. Jeżeli kobietę wesprze się w jej złych chwilach, można liczyć na to, że po jakimś czasie wyzwoli się ona z gnębiącego ją wpływu przeszłości. Będzie nadal przeżywała swoje wzloty i upadki, ale nie będą one przebiegały tak dokuczliwie dla obojga partnerów.

ZROZUMIENIE POTRZEB

W czasie jednego z moich seminariów poświęconych relacjom kobieta–mężczyzna Tom skarżył się: „Na początku naszej znajomości Susan wydawała się taka silna, ale potem nagle stała się całkowicie zależna ode mnie, niesamodzielna. Pamiętam, jak zapewniałem ją o mojej miłości, mówiłem, że jest dla mnie bardzo ważna. Po długiej rozmowie robiła wrażenie przekonanej i uspokojonej, ale po miesiącu znowu wypływała ta sama niepewność. Miałem wrażenie, jakby poprzednim razem po prostu mnie nie słyszała. Bardzo mnie to zdenerwowało i pokłóciliśmy się".

Toma ogromnie zdziwiło, że wielu mężczyzn przeżyło w swoich związkach bardzo podobne doświadczenia. Kiedy Tom spotkał Susan, znajdowała się ona na fali rosnącej. W początkach znajomości jej miłość do Toma i nastrój „rosły". Potem jednak fala załamała się i potrzeby Susan gwałtownie się zwiększyły, stała się niepewna i wymagała więcej uwagi i troski.

To był początek opadania fali. Tom, co prawda, nic z tego nie rozumiał, ale po kilkugodzinnej, dość burzliwej, rozmowie zauważył, że Susan poczuła się lepiej. Tomowi ulżyło. Był teraz przekonany, że raz na zawsze „załatwił" sprawę niepewności Susan. Ku swemu zdziwieniu po upływie miesiąca odkrył, że Susan ma znów ten sam problem. Tym razem nie był już tak wyrozumiały. Złościło go, że wszystko, co powiedział poprzednio, straciło dla niej znaczenie. Broniąc swych pozycji, krytykował jej potrzebę zapewnień o uczuciu. Tym razem bardzo się pokłócili.

Kiedy wreszcie Tom poznał i zrozumiał prawidłowość kobiecej fali, odkrył, że niepewność Susan była zupełnie naturalna i... przejściowa. Pojął, jak był naiwny, sądząc, że jego zapewnienia mogły raz na zawsze uleczyć jej najgłębsze niepokoje. Nauczył się wspierać ją w trudnych chwilach w taki sposób, że nie tylko jej pomagał, lecz unikał przy tym sporów i napięć. Najbardziej zachęciło go uświadomienie sobie, że:

1. Miłość i wsparcie płynące od mężczyzny nie są natychmiastowym lekarstwem na kobiece niepokoje. Mogą jednak sprawić, że bezpiecznie opadnie ona na „dno" nastroju, z której to pozycji rozpocznie radosną wędrówkę ku szczytom. Oczekiwać od kobiety, że zawsze będzie tak samo kochająca, jest naiwnością. Należy się liczyć z tym, że jej niepokoje będą co jakiś czas powracać.

2. To, że kobieta ląduje „w dołku", nie jest w żadnym przypadku winą czy przegraną mężczyzny. Jego wysiłki nie są w stanie zmienić „falowania" uczuć partnerki. Mogą jej natomiast pomóc przebrnąć przez ten trudny okres.

3. Kobieta ma naturalną zdolność powrotu do swojego pogodnego i kochającego wcielenia zaraz po okresie najgorszego nastroju. Mężczyzna nie może tu niczego przyspieszyć. Musi tylko pamiętać, że partnerka potrzebuje miłości, cierpliwości i zrozumienia.

KIEDY KOBIETA NIE CZUJE SIĘ W SWOIM „DOŁKU" BEZPIECZNA

„Falowa" natura kobiety staje się wyraźniejsza w uczuciowym związku z mężczyzną. Jest wówczas rzeczą bardzo ważną, by kobieta czuła się bezpieczna, przechodząc przez kolejne fazy cyklu, w przeciwnym bowiem razie zacznie udawać, że jest wciąż ze wszystkiego zadowolona, i będzie tłumić swoje negatywne uczucia.

Kiedy kobieta nie może bezpiecznie pogrążyć się „w dołku", jedynym rozwiązaniem staje się dla niej unikanie intymności, zbliżenia, seksu. Zdarza się także, że stara się stłumić swoje negatywne emocje, wpadając w przeróżne nałogi: picie, nadmierne jedzenie, szaleńczą pracę, przesadną troskę o siebie. Jednak mimo przeniesienia emocji na te nałogi, czasami zdarzy się kobiecie wpaść „w dołek", lecz wówczas przebieg tego etapu może być burzliwy i nie kontrolowany.

Z pewnością wszyscy słyszeli opowieści o parach, które nie walczyły i nie kłóciły się, a potem nagle, ku zdziwieniu znajomych, przeprowadzały rozwód. Przyczyny były zapewne podobne do tych, które opisałem wyżej. Kobieta tłumiła swoje negatywne uczucia, żeby uniknąć konfrontacji, w wyniku czego stała się niezdolna do odczuwania emocji, w tym także miłości.

Kiedy tłumi się swoje uczucia — czy to negatywne, czy pozytywne — miłość umiera. Unikanie kłótni i walki jest z pewnością zdrowe, ale nie wtedy, gdy prowadzi do dławienia emocji. W rozdziale dziewiątym nauczymy się, jak nie dopuszczać do kłótni bez konieczności tłumienia uczuć.

Kiedy tłumimy swoje negatywne uczucia, gasną również uczucia pozytywne — i miłość umiera.

Uczuciowe porządki

Kiedy fala emocjonalna kobiety załamuje się, nastaje czas uczuciowych porządków. Bez tej uczuciowej katharsis kobieta straciłaby zdolność do miłości.

Kobiety, które unikają rozładowywania swych negatywnych uczuć i nie ulegają swej naturalnej fali emocjonalnej, doświadczają zespołu napięcia przedmiesiączkowego. Między występowaniem tego zespołu a tłumieniem negatywnych uczuć zachodzi bardzo ścisły związek. Znajduje on potwierdzenie w fakcie, że te ze znanych mi kobiet, które nauczyły się wyrażać swoje „złe" uczucia, przestały odczuwać napięcie okresu przedmiesiączkowego.

W rozdziale jedenastym nauczymy się uzdrawiających technik radzenia sobie z negatywnymi uczuciami.

Nawet silna, pewna siebie i odnosząca sukcesy kobieta musi od czasu do czasu odwiedzić swój „dołek". Mężczyźni często uważają, że jeśli partnerka świetnie radzi sobie w pracy, to nie potrzebuje emocjonalnych porządków. Jest dokładnie odwrotnie.

Kobieta w miejscu pracy jest poddana wielu stresom. Budzi się w niej wielka potrzeba oczyszczenia uczuciowego. Podobnie zresztą dzieje się z mężczyzną, który pod wpływem napięć w życiu zawodowym odczuwa pragnienie oddalenia się.

Badania ujawniły, że samopoczucie kobiety, chociaż niekoniecznie bywa synchroniczne z cyklem miesięcznym, wznosi się i opada w okresach trwających od dwudziestu jeden do trzydziestu pięciu dni. Nie przeprowadzono analogicznych badań dotyczących długości cyklu emocjonalnego mężczyzny, ale moje doświadczenia wskazują, że trwa on podobnie długo.

Nawet jeśli w pracy kobieta do pewnego stopnia odcina się od swojej fali emocjonalnej, to po powrocie do domu tym bardziej potrzebuje pokrzepienia ze strony kochającego partnera.

Trzeba też zdać sobie sprawę, że konieczność „zaliczenia dołka" nie wpływa na możliwości zawodowe kobiety, lecz za to bardzo silnie oddziałuje na jej zdolność porozumienia się z bliskimi i tymi, których kocha.

Mężczyzna może pomóc kobiecie przeżywającej emocjonalny „dołek"

Mądry mężczyzna pomaga kobiecie osiągnąć poczucie bezpieczeństwa zarówno u szczytu fali, jak i „w dołku". Minimalizuje swoje oczekiwania i osądy i uczy się, jak być dla partnerki oparciem. Dzięki tym staraniom jego miłość i namiętność z czasem wzrastają. Mogą, oczywiście, zdarzyć się uczuciowe burze i okresy posuchy, ale wówczas tym większa czeka go potem nagroda.

Mężczyzna niedoświadczony także przecierpi różne „pogody" emocjonalne kobiety, ale nie posiadając umiejętności kochania jej również w okresach „dołka", z wolna traci do niej serce.

CHWILE, GDY ONA JEST „W DOŁKU", A ON W JASKINI

Harris powiedział mi: „Próbowałem wykorzystać wszystko, czego nauczyłem się na seminarium. To naprawdę się sprawdza. Byliśmy tak blisko, że czułem się jak w niebie. Potem jednak moja żona, Cathy, zaczęła się skarżyć, że za dużo oglądam telewizję. Traktowała mnie jak dziecko. Nie wiem, co jej się właściwie stało, ale strasznie się pokłóciliśmy".

Jest to oczywisty przykład sytuacji, kiedy „dołek" i jaskinia pokrywają się w czasie. Po naukach wyniesionych z seminarium Harris dawał żonie i rodzinie więcej niż kiedykolwiek. Cathy była zachwycona. Stali się sobie bliżsi. Fala Cathy wznosiła się. Ten stan trwał przez kilka tygodni, aż pewnego wieczoru Harris zapragnął oddalić się do jaskini. Rozpoczął od tego, że nie położył się, lecz do późna w nocy oglądał telewizję.

Odsunięcie się męża ogromnie zraniło Cathy. Jej fala załamała się. Cathy uważała, że oddalenie Harrisa jest końcem intymności, której dopiero co zaznała. Poprzednie tygodnie przyniosły jej wszystko, o czym marzyła, a teraz wydawało się jej, że to traci. Oddalenie się męża było dla niej szokiem. Mała dziewczynka będąca cząstką jej istoty poczuła się tak, jakby ktoś dał jej spróbować pysznego cukierka, a po chwili go odebrał. Była naprawdę załamana.

Logika marsjańska a wenusjańska

Uczucie strasznego osamotnienia, którego doznała Cathy, jest dla Marsjanina trudne do zrozumienia. Marsjańska bajka podpowiada: „Przez ostatnie tygodnie byłem taki wspaniały. Czy to nie uprawnia mnie do tego, bym miał odrobinę czasu dla siebie? Cały tamten okres poświęciłem tobie, a teraz mam potrzebę samotności. Ty natomiast bardziej niż kiedykolwiek powinnaś być pewna mojej miłości".

Sposób myślenia Wenusjanki jest odmienny: „Ostatnie tygodnie były takie cudowne. Ponownie ci zaufałam i otworzyłam się przed tobą. W takiej chwili utracić znowu twoje zainteresowanie jest czymś najgorszym. Akurat wtedy, gdy ja się otworzyłam, ty zacząłeś się odsuwać".

Wypływają przeszłe uczucia

Nie ufając w pełni partnerowi i nie otwierając się, Cathy przeżyła całe lata, chroniąc się przed zranieniem. Jednak doświadczenia ostatnich tygodni pełnych miłości kazały jej ufnie poddać się uczuciu. Uległa mu bardziej niż kiedykolwiek w swym dorosłym życiu. Wsparcie męża pozwoliło jej ożywić w sobie dawne emocje.

Teraz nagle poczuła się jak wtedy, gdy jej ojciec był zbyt zajęty, by mieć czas dla dzieci. Jej dawno stłumione uczucia gniewu i bezsilności wybuchły nieoczekiwanie na widok Harrisa oglądającego telewizję. Gdyby nie doświadczenia z przeszłości, Cathy prawdopodobnie zaakceptowałaby taki sposób spędzania przez męża wieczoru. To ujawnione emocje sprawiły, że poczuła się tak bardzo zraniona.

Jeżeli umożliwi się Cathy wyrażenie tych uczuć, da jej to szansę osiągnięcia najniższego punktu swej fali, a potem — wyraźnej poprawy samopoczucia. Będzie wówczas znowu gotowa, by otworzyć się na partnera.

Zranione uczucia

Niestety Harris nie rozumiał głębszych powodów urazy żony. Stwierdził, że nie powinna się czuć zraniona, co jest jedną z najgorszych rzeczy, jaką mężczyzna może powiedzieć. To boli bardziej niż dotykanie nie zabliźnionej rany.

Nawet jeśli intelekt kobiety podpowiada, że nie ma powodu do cierpienia, w głębi duszy odczuwa ona jeszcze mocniejszy ból. Tak naprawdę potrzebuje wówczas zrozumienia.

Dlaczego mężczyźni i kobiety walczą

Harris zupełnie nie rozumiał reakcji Cathy. Myślał, że oczekuje od niego, by na zawsze zrezygnował z telewizji. Ona tymczasem pragnęła tylko, by wiedział, jak bolesne było dla niej jego zachowanie.

Kobiety instynktownie wiedzą, że jeśli partner dowie się o ich bólu, wykorzysta wszystkie możliwości, by go zlikwidować. Cathy oczekiwała tylko zapewnienia, że mąż nie przeobrazi się znowu w dawnego Harrisa, nieosiągalnego uczuciowo i uzależnionego od telewizji.

Harris z pewnością zasłużył na to, by sobie trochę popatrzeć w ekran, ale Cathy miała prawo się niepokoić. Zasłużyła na to, by jej wysłuchano, zrozumiano i uspokojono. Ani Harris, ani Cathy nie popełnili nic złego.

Mężczyźni walczą o prawo do wolności,
a kobiety o prawo do niepokoju.
Mężczyznom potrzeba przestrzeni,
kobietom — zrozumienia.

Harris nie rozumiał zjawiska fali i dlatego uznał, że reakcja żony była nieuzasadniona. Myślał, że będzie ranił jej uczucia zawsze, kiedy tylko zapragnie obejrzeć program w telewizji. Myślał: „Nie mogę przecież przez cały czas być czuły i kochający". W czasie kłótni, która się wywiązała, Harris walczył o prawo do bycia sobą i oglądania ulubionych programów, a Cathy — o prawo do smutku i niepokoju.

ZROZUMIENIE POMAGA ROZWIĄZYWAĆ KONFLIKTY

Harris nie powinien był sądzić, że złość, urazy i uczucie bezsilności jego żony wobec faktu, że od dwunastu lat jest zaniedbywana, rozwieją się po dwóch tygodniach jego starań.

Równie naiwna była Cathy, myśląc, że Harris może jej i dzieciom poświęcić się całkowicie, ani na chwilę się nie oddalając.

Kiedy Harris zaczął się odsuwać, fala Cathy załamała się. Wypłynęły na powierzchnię dawne uczucia. Zareagowała nie tylko na to, że mąż znowu siedzi przed telewizorem, ale również na to, że przez tyle lat była zaniedbywana.

Ich spór przeszedł w głośną kłótnię trwającą kilka godzin. Potem przestali się do siebie odzywać.

Gdy zrozumieli w końcu, co się wydarzyło, stali się zdolni do rozwiązania swojego konfliktu, do porozumienia się. Harris pojął, że jego odsunięcie się wyzwoliło w Cathy potrzebę uczuciowego oczyszczenia. Ona natomiast pragnęła porozmawiać o swoich emocjach, a nie wysłuchiwać, że nie ma powodu, by czuła to, co czuje. Harrisowi bardzo pomogło uświadomienie sobie, że Cathy walczy o to, by jej wysłuchał, tak samo jak on walczy o odrobinę niezależności.

Zrozumiał, że jeśli pomoże żonie, słuchając jej, ona pomoże jemu, dając mu pewną swobodę.

Kiedy mężczyzna pomaga kobiecie, stając się uważnym słuchaczem, ona w odpowiedzi pomaga mu, rozumiejąc jego potrzebę oddalenia się.

Cathy uświadomiła sobie, że Harris nie chciał odmówić racji jej bolesnym uczuciom, a także to, że jeśli pozwoli mu oddalić się na pewien czas, wówczas znowu stanie się zdolny do cieszenia się bliskością.

Cathy zrozumiała, że rosnąca intymność obudziła u jej męża naturalną potrzebę uniezależnienia się. Dowiedziała się, że w chwili gdy nie chciał być pod czyjąkolwiek kontrolą, ona robiła wrażenie, jakby dyktowała, co mu wolno robić.

Co może zrobić mężczyzna, jeśli nie jest w stanie słuchać

Harris zadał mi pytanie: „A co mam zrobić, jeśli nie mogę słuchać i odczuwam potrzebę schronienia się w jaskini? Czasami próbuję słuchać, ale wkrótce wpadam we wściekłość".

Uspokoiłem go, że jest to zupełnie normalne. Mogą zdarzać się sytuacje, gdy fala emocjonalna Cathy załamuje się akurat wtedy, gdy on udaje się do jaskini. Harris nie jest wówczas zdolny, by dać jej to, czego ona potrzebuje.

Harris zgodził się: „Tak. Dokładnie wtedy, gdy chcę się odsunąć, Cathy dąży do rozmowy".

Jeżeli mężczyzna musi się oddalić, a kobieta pragnie rozmowy, to nawet jeśli partner będzie usiłował słuchać, pogorszy tylko sprawę. Bardzo prędko albo zacznie ją osądzać i wybuchnie gniewem, albo poczuje się niewiarygodnie zmęczony i niespokojny, a partnerka zdenerwuje się jeszcze bardziej. W takim przypadku, gdy mężczyzna nie jest w stanie słuchać z uwagą, zrozumieniem i szacunkiem, może wykorzystać którąś z następujących sugestii.

Jak pomóc kobiecie, jeśli samemu potrzebuje się oddalenia

1. Zaakceptuj swoje ograniczenia

Pierwsze, co powinieneś zrobić, to pogodzić się z tym, że nie masz nic do ofiarowania, bo czujesz potrzebę oddalenia. Niezależnie od tego, jak bardzo będziesz się starał, nie zdołasz jej uważnie wysłuchać. Nie próbuj więc być słuchaczem, kiedy nie jesteś w stanie stać się nim naprawdę.

2. Zrozum jej cierpienie

Następnie musisz pojąć, że w tym momencie ona potrzebuje znacznie więcej, niż możesz jej dać. Jej ból jest uzasadniony. Nie mów jej, że nie ma powodu do takiego cierpienia. To naprawdę boli, kiedy się jest opuszczoną wówczas, gdy najbardziej pragnie się miłości. Ty masz prawo do przestrzeni, a ona — do zbliżenia. Pamiętaj, że partnerka będzie bardziej ufna i wyrozumiała, jeśli okażesz więcej troski i zrozumienia dla jej bólu.

3. Unikaj kłótni i spraw, by poczuła się pewniej

Rozumiejąc, że ją ranisz, nie będziesz jej zarzucał, że nie ma racji cierpiąc. Chociaż nie możesz jej pomóc tak, jak tego potrzebuje, możesz przynajmniej uniknąć kłótni, która pogorszyłaby tylko sytuację. Zapewnij partnerkę, że po powrocie z jaskini będziesz jej służył pomocą, tak jak na to zasługuje.

Co może powiedzieć mężczyzna, zamiast wszczynać kłótnię

Harris ma prawo oglądać telewizję, lecz Cathy czuje się urażona. W takiej chwili, zamiast walczyć o to, czy mu wolno oglądać program czy nie, mężczyzna powinien powiedzieć coś w rodzaju: „Rozumiem, dlaczego jesteś zdenerwowana, jednak właśnie teraz naprawdę muszę się odprężyć i trochę pooglądać. Kiedy poczuję się lepiej, porozmawiamy, dobrze?"

Cathy może nie być zachwycona tą odpowiedzią, ale uszanuje ją. Oczywiście pragnie, by partner był kochający jak dotąd, ale skoro musi się odsunąć, należy się z tym pogodzić. On nie może ofiarować jej czegoś, czego nie posiada. Może natomiast uniknąć pogorszenia sytuacji, nie kłócąc się. Rozwiązanie leży w tym, by pokazać, że szanuje się potrzeby drugiej strony.

Mężczyzna powinien poświęcać sobie tyle czasu, ile trzeba, a potem wrócić i ofiarować partnerce to, czego ona pragnie.

Jeśli zaistnieje sytuacja, w której mężczyzna nie jest w stanie wysłuchać partnerki, gdyż musi się „uniezależnić", może powiedzieć: „Rozumiem, że czujesz się zraniona, ale potrzebuję trochę czasu, żeby to przemyśleć. Proszę, zróbmy przerwę". Jest to naprawdę o wiele lepsza metoda niż próby wybijania kobiecie z głowy przekonania, że ma powód do cierpienia.

Co może zrobić kobieta, żeby uniknąć kłótni

Tu do rozmowy wtrąciła się Cathy: „No dobrze: on musi iść do jaskini, ale co ze mną? Ja daję mu przestrzeń, ale co za to dostaję?"

Cathy otrzymuje w tym momencie najlepsze, co mężczyzna może ofiarować. Nie zmuszając go do słuchania, unika kłótni. Poza tym może być pewna, że gdy znów będzie zdolny dać jej oparcie, z pewnością go nie odmówi.

Pamiętajcie: po okresie oddalenia mężczyzna ma do ofiarowania znacznie więcej miłości. Wtedy właśnie nastaje czas rozmów. Wtedy słucha najuważniej.

Zgoda na to, by mężczyzna się odsunął, wcale nie oznacza, że kobieta całkowicie wyrzeka się rozmowy. Znaczy tylko tyle, że ona rezygnuje ze zmuszania go do słuchania w każdym przypadku, gdy zajdzie taka potrzeba. Cathy nauczyła się akceptować fakt, że mąż nie zawsze jest gotów do wysłuchiwania jej zwierzeń, i uświadomiła sobie, jak ważne jest inicjowanie rozmowy w odpowiednim czasie.

Kiedy partner odsuwa się, nadchodzi pora, by zwrócić się do przyjaciół. Jeśli Cathy odczuwa potrzebę rozmowy, a Harris nie może jej wysłuchać, najlepiej, by porozmawiała z koleżanką. Mężczyznę ogromnie obciąża świadomość, że jest jedynym oparciem dla kobiety. Jeśli nie będzie ona miała innych źródeł pomocy, prędzej czy później oboje odwrócą się od siebie.

Mężczyznę bardzo obciąża świadomość,
że jest dla partnerki jedynym źródłem miłości
i pomocy.

PIENIĄDZE MOGĄ BYĆ ŹRÓDŁEM PROBLEMÓW

Chris opowiadał: „Jestem zupełnie zdezorientowany. Kiedy braliśmy ślub, byliśmy biedni. Oboje ciężko pracowaliśmy, a ledwo nam starczało na konieczne opłaty. Czasami moja żona Pat skarżyła się, jakie to ciężkie ma życie, ale wtedy doskonale ją rozumiałem. Teraz jesteśmy bardzo zamożni. I mnie, i żonie powiodło się w pracy. Jak ona może w tej sytuacji narzekać i być wciąż nieszczęśliwa? Niejedna kobieta dałaby wszystko, żeby być na jej miejscu. Bez przerwy się kłócimy. Byliśmy znacznie szczęśliwsi, będąc ludźmi biednymi. Teraz chcemy się rozwieść".

Chris nie pojmował, że naturą kobiety jest falowanie nastroju. Kiedy ożenił się z Pat, jej fala także co pewien czas się załamywała. Wtedy jednak słuchał jej ze zrozumieniem i był skłonny jej współczuć, choćby dlatego, że sam odczuwał podobnie i przeżywał te same niewygody co ona. Z jego punktu widzenia Pat miała powód do zmartwień — był nim brak pieniędzy.

Pieniądze nie rozwiązują problemów emocjonalnych

Marsjanie często sądzą, że pieniądze rozwiążą każdy problem. Kiedy Chris i Pat byli biedni i walczyli, by związać koniec z końcem, on często słuchał zwierzeń żony, współczuł jej, a... przy okazji nabierał przekonania, że kiedy zdobędą pieniądze, ona będzie szczęśliwsza. W tym okresie Pat czuła, że mąż naprawdę o nią dba.

Tymczasem ich status finansowy polepszył się znacznie, a ona nadal od czasu do czasu czuła się rozbita. Chris nie mógł zrozumieć, dlaczego Pat nie jest szczęśliwa. Sądził, że powinna być zawsze zadowolona, bo przecież stali się bogaci. Natomiast Pat odnosiła wrażenie, że mu już na niej nie zależy.

Chris nie zdawał sobie sprawy, że pieniądze nie mogą ochronić Pat przed złymi nastrojami. Kiedy jej fala emocjonalna załamywała się, zaczynali się kłócić, ponieważ Chris nie widział powodu, dla którego Pat nie miałaby być szczęśliwa. Jak na ironię, im stawali się bogatsi, tym bardziej ze sobą walczyli.

Kiedy byli biedni, pieniądze stanowiły podstawową przyczynę jej niepokojów, lecz kiedy stali się bogaci, zaczęła spostrzegać, że niewiele otrzymuje w dziedzinie uczuć. Taki proces daje się przewidzieć — jest on zupełnie normalny i naturalny.

Kiedy finansowe potrzeby kobiety są zaspokojone, staje się ona bardziej świadoma swoich pragnień emocjonalnych.

Bogata kobieta ma także prawo do smutku

Pamiętam następujący cytat z jakiegoś artykułu: „Bogata kobieta może liczyć na współczucie wyłącznie ze strony bogatego psychoanalityka".

Jeśli kobieta jest zamożna, otoczenie, a szczególnie własny mąż, nie uznaje jej prawa do zdenerwowania. Nie akceptują tego, że jej fala emocjonalna czasem się załamuje. Bogatej kobiecie nie pozwala się na zgłębianie własnych uczuć. Nie wolno jej też pragnąć czegoś więcej w jakiejkolwiek dziedzinie. Wszyscy spodziewają się po niej, że będzie stale zadowolona. Takie poglądy są nie tylko nieracjonalne, ale przede wszystkim wskazują na brak szacunku.

Niezależnie od stanu finansowego, pozycji, przywilejów i warunków kobiecie potrzebne jest prawo do złego nastroju — do załamania fali emocjonalnej.

Kiedy Chris zrozumiał, że świadomość bogactwa wprowadziła go w błąd, i przypomniał sobie, jak dawniej umiał współczuć Pat, stał się znowu uważnym i wyrozumiałym partnerem.

UCZUCIA SĄ WAŻNE

Jeżeli kobieta nie uzyska wsparcia w chwilach, gdy jest nieszczęśliwa, może się zdarzyć, że nie będzie umiała odczuwać szczęścia. Wpadanie od czasu do czasu „w dołek" jest procesem zdrowym i naturalnym. Następuje wówczas rozładowanie emocji i ich oczyszczenie. Bez tego kobieta nie może być szczęśliwa.

Jeśli mamy doznawać uczuć pozytywnych: miłości, szczęścia, ufności i wdzięczności, musimy też czasem poczuć złość, smutek, niepokoje i żal. Te negatywne uczucia kobieta wyzwala w swym „dołku".

W rozdziale jedenastym nauczymy się technik uwalniania negatywnych emocji. Mogą one być stosowane zarówno przez kobiety, jak i przez mężczyzn.

Kiedy kobieta znajduje się na fali wznoszącej, odczuwa zadowolenie z tego, co ma, a gdy fala opada, zaczyna martwić się tym, czego jej brakuje.

W zależności od nastroju kobieta postrzega swoje życie jako szczęśliwe lub nie. Przypomina to ową przysłowiową szklankę, która zależnie od tego, jak na nią patrzymy, jest albo do połowy pełna, albo w połowie pusta.

Jeżeli mężczyźni nie dowiedzą się, że kobiety są jak fale, nigdy nie zrozumieją swoich żon i nie nauczą się pomagać im w trudnych chwilach. Znajomość cyklu uczuciowego kobiety da im klucz do tego, by ofiarowywać partnerce taką miłość, na jaką zasługuje.

ROZDZIAŁ ÓSMY

MAMY RÓŻNE POTRZEBY EMOCJONALNE

Większość mężczyzn i kobiet nie wie, jak bardzo ich potrzeby emocjonalne się różnią, w wyniku czego często nie umieją sobie nawzajem pomóc. Mężczyźni ofiarowują w swoich związkach to, co sami chcieliby otrzymać, a kobiety — o czym same marzą. Zarówno oni, jak i one mylnie sądzą, że potrzeby drugiej strony są takie same jak ich własne i to jest właśnie przyczyna, dla której ze swoich kolejnych związków wynoszą urazę i rozczarowanie.

Mężczyźni i kobiety mają wrażenie, że wciąż tylko dają i dają, nic nie dostając w zamian, że ich miłość pozostaje nie doceniona i w pewien sposób nie zauważona.

Tymczasem, w rzeczywistości wszyscy, co prawda, ofiarowują miłość, lecz w inny sposób niż się tego od nich oczekuje.

Kobieta, na przykład, uważa, że okazuje miłość, zadając partnerowi wiele pytań świadczących o trosce i wyrażających zainteresowanie. Tymczasem, o czym mówiliśmy już wcześniej, dla mężczyzny takie pytania są bardzo nieprzyjemne: słysząc je, czuje się kontrolowany. To z kolei zdumiewa kobietę, bo jeżeli ktoś okazywałby jej zainteresowanie w ten właśnie sposób, byłaby uradowana. Jej usiłowania wyrażenia uczucia są w najlepszym razie przyjmowane obojętnie, w najgorszym — niechętnie.

Z mężczyznami jest podobnie. Myślą, że jednoznacznie okazują swe względy, a kobieta reaguje przekonaniem, że nie ma się na kim oprzeć i że partner nie liczy się z jej uczuciami. Jeśli, na przykład, kobieta jest zdenerwowana, mężczyzna uważa, że ją wspiera, czyniąc uwagi umniejszające wagę jej problemu. Może powiedzieć coś w tym rodzaju: „Nie martw się. To nic wielkiego". Często też mężczyzna zupełnie ją w takiej sytuacji ignoruje, sądząc, że daje jej „przestrzeń" i umożliwia usunięcie się do jaskini. Jego zachowanie, choć podyktowane najlepszymi intencjami, powoduje, że kobieta czuje się nie kochana i lekceważona.

Mówiliśmy już wcześniej, że zdenerwowana kobieta chce być wysłuchana i pragnie, by ją zrozumiano. Nie wiedząc o tym, że potrzeby emocjonalne kobiet są różne od jego własnych, mężczyzna nie zrozumie, dlaczego jego próby niesienia pomocy przynoszą tak fatalne skutki.

DWANAŚCIE PRZEJAWÓW MIŁOŚCI

Większość wszystkich potrzeb emocjonalnych sprowadza się do pragnienia miłości. Zarówno u mężczyzn, jak i u kobiet można jednak wskazać sześć podstawowych potrzeb o równym stopniu ważności.

Mężczyźni pragną zaufania, akceptacji, doceniania, podziwu, aprobaty i zachęty.

Kobietom potrzeba troski, zrozumienia, szacunku, poświęcenia, uznania i zapewnień.

Jeśli zrozumiemy, na czym polega tych dwanaście objawów miłości, łatwo odkryjemy, czego potrzebuje nasz partner. Po przejrzeniu poniższej listy stanie się dla nas jasne, dlaczego nasi bliscy nie czują się kochani; potrafimy wówczas naprawić nasze związki uczuciowe.

PODSTAWOWE POTRZEBY MIŁOSNE KOBIET I MĘŻCZYZN

Kobiety pragną otrzymywać:	**Mężczyźni pragną otrzymywać:**
1. troskę	1. zaufanie
2. zrozumienie	2. akceptację
3. szacunek	3. docenianie
4. poświęcenie	4. podziw
5. uznanie	5. aprobatę
6. zapewnienia	6. zachętę

Czym są potrzeby podstawowe

Każda kobieta i każdy mężczyzna potrzebuje z pewnością wszystkich dwunastu przejawów miłości. Oznacza to, że mężczyźni również potrzebują troski, zrozumienia, szacunku, poświęcenia, uznania i zapewnień, tylko że dla nich nie są to sprawy o tak podstawowym jak dla kobiet znaczeniu. Potrzeby podstawowe to takie, których spełnienie pozwala w pełni przyjmować i doceniać inne przejawy miłości.

Spełnienie podstawowych potrzeb jest konieczne, by móc w pełni przyjmować i doceniać inne przejawy miłości.

Mężczyzna staje się zdolny do przyjęcia z wdzięcznością sześciu objawów miłości mających dla kobiet podstawowe znaczenie (troski, zrozumienia, szacunku, poświęcenia, uznania i zapewnień) dopiero wówczas, gdy jego własne potrzeby podstawowe zostaną zaspokojone. Podobnie jest z kobietą: będzie ona pragnęła zaufania, akceptacji, docenienia, podziwu, aprobaty i zachęty dopiero wtedy, kiedy partner uwzględni jej podstawowe potrzeby.

Jeśli zrozumiemy podstawowe potrzeby partnera, zyskamy wspaniałe narzędzie do poprawy naszych związków. Kobieta chętnie ofiarowuje to, czego sama pragnie, a zapomina, że jej ukochany Marsjanin potrzebuje czegoś innego. Mężczyzna czyni podobnie, skupiając się na własnych potrzebach i zapominając o oczekiwaniach Wenusjanki.

Najistotniejszym aspektem całej tej sprawy jest prawidłowość polegająca na tym, że jeśli Marsjanin ofiaruje Wenusjance troskę i zrozumienie, ona odpłaci mu zaufaniem i akceptacją. To samo dzieje się wówczas, gdy kobieta okaże partnerowi zaufanie — mężczyzna odpowie jej troskliwością. Tak więc podstawowe potrzeby są w pewien sposób wymienne.

Teraz zajmiemy się bliższym przedstawieniem dwunastu podstawowych potrzeb.

1. Ona pragnie troski, on — zaufania

Kiedy mężczyzna okazuje zainteresowanie uczuciami kobiety i szczerą troskę o jej samopoczucie, partnerka czuje się kochana, wyróżniana i otoczona opieką. Jej podstawowa potrzeba została zaspokojona i kobieta zaczyna mężczyźnie ufać. Wpływa to bardzo wyraźnie na jej zachowanie: staje się bardziej otwarta.

Znaczące otwarcie się kobiety pozwala mężczyźnie odczuć, że jest obdarzany zaufaniem — wiarą w to, że robi, co może, że chce dla partnerki jak najlepiej. Jeśli zachowanie kobiety wskazuje, iż wierzy ona w dobre intencje partnera, jego podstawowa potrzeba zostaje zaspokojona.

2. Ona potrzebuje zrozumienia, on — akceptacji

Jeśli mężczyzna okazuje kobiecie współczucie, nie osądzając jej, partnerka czuje się rozumiana. Rozumienie nie oznacza tu znajomości myśli i doznań drugiej osoby, lecz raczej jest to uważne wsłuchiwanie się w to, co ta osoba mówi, i współodczuwanie jej emocji.

Im bardziej kobieta czuje się wysłuchana, zrozumiana,

a tym samym spełniona, tym łatwiej okazuje mężczyźnie akceptację, której on potrzebuje.

Mężczyzna czuje się akceptowany, kiedy kobieta przyjmuje go, nie próbując go zmieniać. Zachowanie akceptujące polega na okazywaniu woli przyjęcia partnera takim, jaki jest. Nie oznacza to, że kobieta uważa go za ideał, lecz że ufa, iż dokona on koniecznych ulepszeń bez jej pomocy. Kiedy mężczyzna czuje się akceptowany, jest mu łatwiej okazywać kobiecie zrozumienie, na które ona zasługuje.

3. Ona pragnie szacunku, on — by go doceniano

Jeśli z zachowania mężczyzny wynika, że uznaje on wagę kobiecych praw, życzeń i potrzeb, jego partnerka czuje się szanowana. Jeśli wyraźnie okaże, że liczy się z uczuciami i opiniami kobiety — będzie tego szacunku pewna. Żeby zaspokoić trzecią z podstawowych potrzeb kobiety, należy pamiętać o konkretnych, namacalnych dowodach szacunku: kwiatach, obchodzeniu rocznic itp. Kobieta, która czuje się szanowana, jest bardziej skłonna, by docenić partnera.

Mężczyzna czuje się doceniany, gdy kobieta wyraża wdzięczność i uznanie dla jego wysiłków, aby uczynić ją szczęśliwą. Docenianie jest naturalną reakcją na udzieloną pomoc i wsparcie.

Jeśli starania mężczyzny zostaną docenione, będzie to dla niego zachętą do dalszego ich podejmowania. Kiedy mężczyzna jest doceniany, niejako automatycznie staje się bardziej skłonny do okazania partnerce szacunku.

4. Ona potrzebuje poświęcenia, on — podziwu

Kiedy mężczyzna stawia na pierwszym miejscu pragnienia kobiety i z dumą oddaje się ich spełnianiu, zaspokojona jest czwarta z podstawowych potrzeb kobiety. Partnerka rozkwita, kiedy widzi, że jest traktowana jak ktoś wyjątkowy i uwielbiany.

Mężczyzna spełnia jej potrzebę miłości, kiedy okazuje,

że jej uczucia i oczekiwania uważa za ważniejsze od innych spraw: pracy, studiów czy rozrywek. Kobieta, czując, że jest dla mężczyzny „numerem pierwszym", natychmiast zaczyna go podziwiać.

Mężczyźnie jest równie potrzebny aplauz jak kobiecie poświęcenie. Podziwianie partnera to okazywanie mu aprobaty, zadowolenia, zachwytu. Mężczyzna czuje się podziwiany, gdy kobieta demonstruje swój zachwyt jego wyjątkowymi cechami czy talentami: humorem, siłą, wytrwałością, skupieniem, uczciwością, fantazją, uprzejmością, miłością, wyrozumiałością i innymi staromodnymi zaletami. Kiedy mężczyzna jest podziwiany, chętnie poświęca się dla uwielbianej kobiety.

5. Ona potrzebuje uznania, on — aprobaty

Kiedy mężczyzna nie wyraża zastrzeżeń i nie zaprzecza uczuciom kobiety, lecz akceptuje je i przyznaje, że są ważne, jego partnerka czuje się prawdziwie kochana, została bowiem zaspokojona piąta z jej podstawowych potrzeb. Mężczyzna „uznający" przyznaje kobiecie prawo, by czuła to, co czuje. (Trzeba pamiętać, że można uznać wartość cudzych doznań i opinii, nawet jeśli odczuwa się i myśli inaczej). Jeśli mężczyzna nauczy się postępować w ten sposób, może być pewny, że w zamian spotka się z aprobatą, której potrzebuje.

Gdzieś głęboko każdy mężczyzna ukrywa pragnienie, by być dla kobiety bohaterem i rycerzem w lśniącej zbroi. Sygnałem, że zdał egzamin, jest dla niego jej aprobata. Kobieta aprobująca uznaje w partnerze to, co dobre, i wyraża wszem i wobec satysfakcję płynącą ze związku z nim. (Należy tu wspomnieć, że aprobowanie mężczyzny nie musi oznaczać, że się z nim w pełni zgadzamy). Nastawienie aprobujące każe szukać dobrych stron tego, co partner robi. Jeśli mężczyzna poczuje aprobatę, z łatwością zacznie uznawać uczucia kobiety.

6. Ona potrzebuje zapewnień, on — zachęty

Kiedy mężczyzna często zapewnia kobietę, że jest dla niego kimś ważnym, że rozumie, szanuje i uznaje jej uczucia, że jest głęboko oddany, wówczas szóste podstawowe jej pragnienie zostaje spełnione. Zapewnianie kobiety o miłości jest jej niezbędne, by mogła uwierzyć, że wciąż jest kochana.

Mężczyźni często popełniają błędy, wychodząc z założenia, że jeżeli raz zapewnią kobietę o swych uczuciach i spełnią pozostałe podstawowe potrzeby, to już zawsze będzie ona pewna ich miłości. Nic bardziej mylnego. Aby naprawdę spełnić jej oczekiwania, trzeba jej ciągle nowych zapewnień.

Mężczyzna często popełnia omyłkę, sądząc, że jeśli spełnił podstawowe potrzeby kobiety i ona w danym momencie poczuła się szczęśliwa, a także pewna jego uczuć, to już zawsze będzie przekonana o jego miłości.

Podobnie, jedną z podstawowych potrzeb mężczyzny jest to, by kobieta go zachęcała. Takie nastawienie partnerki daje mu nadzieję i odwagę. Kiedy zachowanie kobiety wyraża zaufanie, akceptację, docenianie i podziw, jest to równoznaczne z zachętą, by był tak wspaniały, jak tylko potrafi, i by zapewniał wybrankę o swych uczuciach za każdym razem, gdy ona tego potrzebuje.

Jeżeli kobieta nie wie, jakie są podstawowe potrzeby mężczyzny, i zamiast miłości ufającej ofiaruje mu miłość opiekuńczą, z pewnością w ich związku nastąpią zakłócenia.

RYCERZ W LŚNIĄCEJ ZBROI

W każdym mężczyźnie gdzieś głęboko tkwi bohater i rycerz w lśniącej zbroi. Więcej niż czegokolwiek pragnie on służyć kochanej kobiecie i ochraniać ją. Kiedy czuje zaufanie partnerki, uzewnętrznia swoją szlachetniejszą „połowę", jest bardziej troskliwy. Nie dostrzegając jej ufności, mężczyzna traci coś ze swej witalności i energii; może się zdarzyć, że po niedługim czasie w ogóle przestanie się o partnerkę troszczyć.

Wyobraźmy sobie: gdzieś drogą podąża rycerz w lśniącej zbroi. Nagle słyszy w oddali krzyk niewieści. Natychmiast ożywia się i zmuszając konia do galopu, pędzi w stronę zamku, gdzie straszny smok więzi księżniczkę. Szlachetny rycerz dobywa miecza i kładzie trupem smoka, co księżniczka przyjmuje z należną wdzięcznością.

Po otwarciu bram rodzina księżniczki i mieszczanie sławią go jako bohatera, zapraszając jednocześnie, by zamieszkał w ich mieście. Wkrótce rycerz i księżniczka zakochują się w sobie.

W miesiąc później nasz rycerz znów odbywa podróż. W drodze powrotnej ponownie słyszy wołanie swej ukochanej o pomoc. Nowy smok zaatakował zamek. Rycerz przybywa na ratunek, dobywa miecza, by zabić smoka. Wtedy właśnie daje się słyszeć głos księżniczki: „Tylko nie mieczem! Znacznie lepiej będzie, jeśli użyjesz sieci". Kobieta rzuca mu z wieży sieć i instruuje dokładnie, jak ma jej użyć. Zgodnie z jej sugestiami rycerz zarzuca na smoka sieć i ściska tak mocno, że smok pada martwy. Wszyscy bardzo się cieszą.

Na uczcie wydanej na jego cześć, rycerz nie czuje się najlepiej. Ma wrażenie, że właściwie niczego nie dokonał. Może dlatego, że nie użył swojego miecza, ale sieci księżniczki, czuje się niezupełnie godny powszechnego zaufania i podziwu? Jest trochę osowiały i zapomina wypolerować swoją zbroję.

W miesiąc później wyrusza w kolejną podróż uzbrojony w miecz, a księżniczka przypomina mu, by był ostrożny i wziął ze sobą sieć. W drodze powrotnej widzi następnego smoka atakującego zamek. Rzuca się na ratunek z obnażonym mieczem, ale nagle zatrzymuje się i waha, czy nie powinien posłużyć się siecią. Ten moment wykorzystuje smok i zionie ogniem prosto na prawicę rycerza, który zakłopotany spogląda w okno wieży, z którego powiewa do niego chusteczką księżniczka.

„Sieć nie pomoże — woła księżniczka — daj mu truciznę" — i rzuca flakonik z płynem, który rycerz wlewa w paszczę smoka. Smok pada martwy. Wszyscy się cieszą i świętują, ale rycerzowi jest trochę wstyd.

Kiedy tym razem wybiera się w podróż, zabierając ze sobą miecz, księżniczka na wszelki wypadek daje mu dodatkowo sieć i truciznę.

Będąc w drodze, nasz rycerz słyszy nagle krzyk nie znanej kobiety. Kiedy rusza na jej wołanie, czuje się nagle pełen życia. Jego przygnębienie znika bez śladu. Z początku waha się, czy ma użyć miecza, sieci czy trucizny, i co by na to powiedziała jego księżniczka, ale po chwili niezdecydowania przypomina sobie, jak się czuł, zanim ją poznał. Przecież wówczas miał tylko miecz. Chwilę później ze świeżo odzyskaną wiarą w siebie wbija ostrze w cielsko smoka ku radości okolicznych mieszczan.

Rycerz w lśniącej zbroi nigdy już nie wrócił do swej księżniczki. Został w tamtym mieście i żył długo i szczęśliwie. Ożenił się w końcu, upewniwszy się uprzednio, że jego nowa wybranka nie ma pojęcia o sieciach i truciznach.

Czasem, żeby zrozumieć mężczyznę, trzeba sobie przypomnieć opowieść o rycerzu w lśniącej zbroi. Łatwiej wtedy będzie pojąć, że choć partner może czasem potrzebować naszej troski i pomocy, to jeśli otrzyma jej zbyt wiele — straci pewność siebie i wreszcie się od nas odwróci.

JAK MOŻNA NIEŚWIADOMIE ZNIECHĘCIĆ PARTNERA

Jeżeli mężczyźni i kobiety nie wiedzą, jakie są podstawowe potrzeby płci przeciwnej, nie zdają sobie także sprawy z tego, jak bardzo czasem ranią swych partnerów. Wydaje im się, że okazują miłość, ale w rzeczywistości postępują w sposób zniechęcający „drugą stronę”. Może to nawet doprowadzić do zerwania.

Zarówno kobietę, jak i mężczyznę łatwo jest zranić, jeśli nie zaspokaja się ich podstawowych potrzeb. Kobiety rzadko uzmysławiają sobie, że sposób, w jaki okazują uczucia, rani męskie ego. Nie rozumieją, że mając zupełnie odmienne potrzeby, nie potrafią instynktownie odgadnąć, czego pragnie partner.

Jeżeli jednak kobieta nauczy się, jakie są podstawowe potrzeby emocjonalne mężczyzny, stanie się bardziej świadoma i wrażliwa na to, czym może mu sprawić przykrość. Oto lista najczęstszych błędów popełnianych przez kobiety:

Błędy, jakie popełnia kobieta:	**Dlaczego mężczyzna nie czuje się kochany:**
1. Próbuje poprawić jego zachowanie albo pomóc mu, zasypując go radami.	1. On nie czuje się kochany, bo widzi, że ona mu już nie ufa.
2. Stara się zmienić lub kontrolować jego zachowanie, wyrażając swój niepokój i negatywne uczucia. (Samo w sobie zwierzanie negatywnych uczuć nie jest niczym złym. Staje się niebezpieczne dopiero wówczas, gdy służy do manipulacji lub do karania partnera).	2. On czuje się nie kochany, ponieważ partnerka nie akceptuje go i nie przyjmuje takim, jakim jest.
3. Nie dostrzega tego, co partner dla niej robi, lecz skarży się na to, czego nie robi.	3. On czuje się nie kochany, bowiem kobieta nie docenia jego zasług.
4. Krytykuje jego zachowanie i niczym dziecku dyktuje mu, co ma robić.	4. On nie czuje się kochany, bo partnerka przestała go podziwiać.

5. Wypowiada swoje negatywne uczucia nie wprost, lecz używając pytań retorycznych, np.: „Jak mogłeś to zrobić?”	5. On czuje brak miłości, bo widzi, że partnerka odmawia mu aprobaty.
6. Kiedy on podejmuje decyzję albo inicjatywę, ona je koryguje lub krytykuje.	6. On nie czuje się kochany, ponieważ nie otrzymuje zachęty, by robić coś na własną odpowiedzialność.

Tak samo jak kobiety, także mężczyźni popełniają błędy, nieświadomi, jak odmienne od ich własnych są podstawowe potrzeby partnerki. Nawet jeśli mężczyzna widzi, że kobieta nie jest z nim szczęśliwa, nie może tego zmienić, nie wiedząc, czego jej naprawdę trzeba. Jeśli jednak zrozumie podstawowe uwarunkowania emocjonalne partnerki, z pewnością uniknie tak często przez mężczyzn popełnianych błędów:

Błędy, które popełniają mężczyźni:	**Dlaczego kobieta nie czuje się kochana:**
1. Nie słucha jej, łatwo się rozprasza, nie zadaje żadnych pytań, które świadczyłyby o jego uwadze.	1. Ona nie czuje się kochana, gdyż on nie okazuje jej troski i zainteresowania.
2. Bierze jej zwierzenia dotyczące uczuć dosłownie i poprawia ją. Myśli, że potrzeba jej rady, więc podsuwa rozwiązania.	2. Ona czuje się nie kochana, ponieważ on jej nie rozumie.
3. Słucha, ale szybko wpada w złość i obwinia ją o to, że go martwi i denerwuje.	3. Ona nie czuje się kochana, bo on nie szanuje jej uczuć.
4. Umniejsza rangę jej uczuć i potrzeb. Uważa, że dzieci albo praca są ważniejsze.	4. Ona nie czuje się kochana, bo partner nie przyznaje jej szczególnej pozycji wśród innych spraw i nie poświęca się dla niej.

5. Kiedy ona jest zdenerwowana, mężczyzna udowadnia swoje racje i wskazuje, dlaczego partnerka nie powinna się denerwować.	5. Ona czuje się nie kochana, ponieważ on nie docenia wagi jej uczuć i odmawia jej wsparcia.
6. Po wysłuchaniu jej nic nie mówi, a często nawet wychodzi.	6. Ona nie czuje się bezpieczna, bo nie otrzymała zapewnień, których potrzebuje.

KIEDY MIŁOŚĆ GAŚNIE

Miłość często gaśnie tylko dlatego, że ludzie dają to, czego sami oczekują. Kobieta spragniona głównie troski, zrozumienia itd. automatycznie ofiarowuje mężczyźnie swoją troskę i zrozumienie. Tymczasem dla partnera jest to raczej wyraz braku zaufania niż miłości.

Jego podstawową potrzebą jest świadomość, że darzy się go zaufaniem. Mężczyzna nie reaguje więc pozytywnie na starania partnerki, co ją bardzo rozczarowuje. Z kolei on także ofiarowuje partnerce dowody uczucia, które nie są jej potrzebne. Oboje są więc skazani na to, że nie spełnią wzajemnych oczekiwań.

Beth skarżyła się: „Nie mogę bez przerwy tylko dawać, niczego nie dostając w zamian. Arthur nie docenia tego, co mu ofiarowuję. Kocham go, ale on mnie nie kocha".

Tymczasem Arthur narzekał: „Cokolwiek robię, nic jej się nie podoba. Nie wiem już, co powinienem uczynić. Doprawdy próbowałem wszystkiego, ale ona mnie nie kocha. Ja ją kocham, ale to niczego nie zmienia".

Beth i Arthur są małżeństwem od ośmiu lat. Żadne z nich nie czuło się kochane i oboje byli już gotowi z tym skończyć. Zabawne: oboje mówili, że dają więcej niż otrzymują. Prawda natomiast była taka, że każde z nich wiele dawało, lecz żadne nie dostawało tego, na czym mu zależało.

Naprawdę się kochali, ale nie rozumiejąc wzajemnie swych podstawowych potrzeb, coraz bardziej tłumili to uczucie. Beth dawała to, czego sama pragnęła, Arthur to, czego on potrzebował. Z czasem zupełnie się wypalili.

Wielu ludzi poddaje się, kiedy ich związek staje się zbyt trudny. Tymczasem, jeśli tylko zrozumiemy podstawowe potrzeby partnera, życie we dwoje staje się łatwe. Nie musimy wcale podejmować nowych wysiłków i dawać coraz więcej: wystarczy dawać to, czego partner oczekuje.

Żeby zadowolić partnera, musimy ofiarowywać mu to, co odpowiada jego (lub jej) podstawowym potrzebom.

SŁUCHAĆ, NIE POPADAJĄC W ZŁOŚĆ

Jeżeli mężczyzna naprawdę pragnie zadowolić kobietę, najskuteczniejszą metodą jest rozmowa. Jak już wcześniej zauważyliśmy, rozmowę uważa się na Wenus za sprawę podstawowej wagi. Dzięki umiejętności uważnego słuchania mężczyzna może kobietę skutecznie wspomagać troską, zrozumieniem, szacunkiem, poświęceniem, uznaniem i zapewnieniem jej bezpieczeństwa.

Jednym z większych problemów związanych z wysłuchiwaniem kobiet jest dla ich partnerów konieczność radzenia sobie z uczuciami gniewu i zniecierpliwienia, które w nich się budzą. Mężczyźni zapominają, że kobiety pochodzą z Wenus i że wobec tego mają odmienny sposób porozumiewania się.

A oto, o czym należy pamiętać, rozmawiając z Wenusjanką.

Jak słuchać bez złości

O czym pamiętać:	Co robić i czego nie robić:
1. Pamiętaj, że złość bierze się z niezrozumienia kobiecego punktu widzenia, a to nigdy nie jest jej wina.	1. Postaraj się ją zrozumieć. Weź na siebie tę odpowiedzialność. Nie wiń partnerki za swój zły humor. Jeszcze raz spróbuj ją zrozumieć.
2. Pamiętaj, że uczucia nie zawsze wyrażane są logicznie, lecz mimo to są uzasadnione, ważne i wymagają współczucia.	2. Odetchnij głęboko i nic nie mów. Odpręż się i postaraj się opanować. Spróbuj sobie wyobrazić, jak wygląda świat oglądany oczami kobiety.
3. Pamiętaj, że złość może pochodzić stąd, że nie mamy pojęcia, co robić. Nawet jeśli partnerka nie od razu czuje się lepiej, to fakt, że słuchasz i rozumiesz, bardzo jej pomaga.	3. Nie wiń jej za to, że twoje rozwiązania nie polepszają jej humoru. Jak ma jej być lepiej, skoro ona wcale nie potrzebuje rozwiązań. Niech cię nie kusi proponowanie konkretnych działań.
4. Pamiętaj, że aby być dobrym słuchaczem i rozumieć kobiecy punkt widzenia, wcale nie musisz się z nią zgadzać.	4. Jeżeli koniecznie chcesz wyrazić swój pogląd na sprawę, najpierw upewnij się, że partnerka już skończyła. Zanim powiesz, co na dany temat sądzisz, powtórz na głos jej opinię. Nie mów głośno.
5. Pamiętaj, że nie musisz nawet w pełni rozumieć jej punktu widzenia, żeby podołać roli dobrego słuchacza.	5. Powiedz jej, że bardzo starasz się ją zrozumieć, choć nie do końca ci się to udaje. Weź na siebie odpowiedzialność za to, że nie pojmujesz tego, co ona mówi. Nie sugeruj, że jej zrozumieć nie można.

6. Pamiętaj, że nie ponosisz odpowiedzialności za jej zły nastrój. Może się zdawać, że partnerka cię oskarża, ale tak naprawdę prosi tylko o zrozumienie.	6. Nie staraj się bronić, zanim ona nie poczuje, że zrozumiałeś, iż ci na niej zależy. Potem możesz grzecznie się wytłumaczyć lub przeprosić.
7. Pamiętaj, że jeśli partnerka naprawdę bardzo się złości, to prawdopodobnie ci nie ufa. Gdzieś głęboko tkwi w niej mała dziewczynka, która lęka się otworzyć, by nie narazić się na cios, i która potrzebuje twojej serdeczności oraz współczucia.	7. Nie rozprawiaj o jej uczuciach i osądach. Zrób przerwę i porozmawiaj o tym później, kiedy atmosfera będzie mniej napięta. Poćwicz technikę listu miłosnego opisaną w rozdziale jedenastym.

Jeśli mężczyzna nauczy się słuchać kobietę, nie popadając w złość i irytację, ofiaruje jej cudowny prezent. Da jej możność wyrażenia własnych uczuć.

Im lepiej kobieta może wyrazić swe uczucia wobec kogoś, kto jej słucha i rozumie, tym więcej może ofiarować mężczyźnie zaufania, akceptacji, docenienia, podziwu i zachęty, których on potrzebuje.

SZTUKA PODBUDOWYWANIA MĘŻCZYZNY

Tak jak mężczyzna musi się nauczyć sztuki słuchania, tak kobieta, jeśli chce zaspokoić jego podstawowe potrzeby, powinna posiąść sztukę podbudowywania. Kobieta, przyjmując od partnera oparcie i pomoc, podtrzymuje go w usiłowaniach bycia najlepszym, jak to tylko jest możliwe.

Mężczyzna czuje się podbudowany, jeśli odnosi wrażenie, że partnerka mu ufa, akceptuje go, docenia, podziwia, aprobuje i zachęca.

Tak jak w naszej historyjce o rycerzu w lśniącej zbroi, kobiety starają się pomóc swoim mężom, ulepszając ich, lecz w ten sposób mimowolnie ranią ich i osłabiają. Jakiekolwiek próby zmieniania mężczyzny wykluczają ufność, akceptację, docenienie, podziw, aprobatę i zachętę, czyli to, czego on najbardziej potrzebuje.

Sekret podbudowywania mężczyzny leży w tym, by go nigdy nie próbować zmienić. Oczywiście, może się zdarzyć, że kobieta będzie chciała, aby się zmienił — lecz nie wolno jej ulec pokusie uzewnętrznienia tych chęci. Jeśli mężczyzna będzie oczekiwał pomocy, poprosi o nią wprost.

Sekret „podbudowywania" mężczyzny leży w tym, by pod żadnym pozorem nie starać się go zmienić.

Zamiast porady ofiaruj mu zaufanie

Na Wenus udzielanie rad jest ogólnie uznanym objawem miłości. Ale nie na Marsie! Kobiety muszą się nauczyć, że Marsjanie nie radzą, jeśli ich ktoś o to bezpośrednio nie poprosi, a sposobem, w jaki wyrażają miłość, jest okazanie innemu Marsjaninowi zaufania, że sam sobie poradzi.

Nie oznacza to, że kobieta musi tłumić swoje uczucia. Ma prawo czuć się zła i sfrustrowana, byle tylko nie starała się zmienić partnera. Każda próba przeobrażenia go będzie zniechęcająca i nieskuteczna.

Kiedy kobieta kocha mężczyznę, często stara się polepszyć ich związek, przy czym z rozpędu także partnera włącza w „krąg rzeczy do naprawy". Tym samym rozpoczyna proces powolnego „ulepszania" mężczyzny.

Dlaczego mężczyzna nie chce się zmieniać

Kobieta stara się zmienić mężczyznę na tysiące sposobów, myśląc, że tym samym okazuje, jak bardzo go kocha. On tymczasem czuje się kontrolowany, manipulowany, odrzucony i nie kochany. Nie znajdując u kobiety akceptacji, sam będzie się uparcie opierał jej usiłowaniom.

Kiedy kobieta stara się zmienić mężczyznę, nie okazuje mu zaufania i aprobaty, czyli właśnie tego, co jest mu niezbędne, by mógł się zmienić i rozwinąć.

Mówiłem o tym kiedyś w sali wypełnionej setką osób obojga płci i wszyscy mieli to samo doświadczenie: im bardziej kobieta stara się zmienić mężczyznę, tym on mocniej opiera się tym zabiegom. Dodatkowy problem polega na tym, że kobieta błędnie interpretuje tę reakcję partnera, myśląc, że on nie chce się zmienić, bo nie dość mocno ją kocha. Prawda jest inna: mężczyzna nie chce się zmieniać, bo nie czuje się kochany.

Jeśli mężczyzna widzi, że jest kochany, obdarzany zaufaniem, akceptowany, podziwiany itd., automatycznie zaczyna się zmieniać.

Dwa rodzaje mężczyzn — jeden typ zachowania

Istnieją dwa rodzaje mężczyzn. Jedna grupa to ci, którzy uparcie bronią się przed jakąkolwiek próbą zmiany, druga to tacy, którzy chętnie się zmienią, by po chwili wrócić do dawnych nawyków.

Mężczyzna opiera się albo czynnie, albo biernie. Jeżeli nie czuje się kochany, to zależnie od tego, do jakiego typu należy, będzie świadomie lub nieświadomie wracał do tych swoich zachowań, które nie zostały zaakceptowane.

Aby mężczyzna się zmienił, musi wiedzieć, że jest kochany i aprobowany. W przeciwnym razie broni się i staje

„niereformowalny". Marsjanin odczuwa potrzebę bezwarunkowej akceptacji. Jeśli będzie jej pewien, sam postara się zmienić.

Mężczyźni nie chcą być ulepszani

Tak jak mężczyźni chcą wykazać, że kobiety nie powinny czuć tego, co czują, tak one z kolei starają się dowieść, że partnerzy nie powinni się zachowywać tak, jak się zachowują. Mężczyźni próbują „naprawić" kobiety, one zaś — „ulepszyć" partnerów. Panowie postrzegają świat oczami Marsjan, których motto brzmiało: „Nie naprawiaj czegoś, co nie jest zepsute". Kiedy kobieta stara się zmienić zachowanie partnera, on odbiera to jako sygnał, że uważa się go za „zepsutego". Jest wtedy zraniony i zaczyna się bronić. Nie czuje się ani kochany, ani akceptowany.

Najlepszym sposobem, by mężczyzna się zmienił, jest zrezygnowanie z wszelkich prób nakłonienia go do tego.

Mężczyzna chce być akceptowany bez względu na swoje niedoskonałości. Otwarte przyjmowanie cudzych wad nie jest łatwe, zwłaszcza gdy widzimy, jak łatwo można by je wyeliminować. Staje się to jednak łatwiejsze, jeśli pozwolimy, by partner sam się poprawił, i zaniechamy naszej pomocy.

NIE PRÓBUJ GO ZMIENIAĆ

O czym kobieta powinna pamiętać:	Co może zrobić:
1. Pamiętaj: nie zadawaj mu zbyt wielu pytań, kiedy jest zdenerwowany, bo może odnieść wrażenie, że starasz się go zmienić.	1. Udawaj, iż nie zauważasz, że jest zdenerwowany, dopóki sam nie zacznie o tym mówić. Okaż nieco zainteresowania, lecz nie za dużo.
2. Pamiętaj: zrezygnuj z wszelkich prób ulepszania go. Żeby się poprawić, potrzebuje twojej miłości, a nie krytyki.	2. Zaufaj, że poprawi się o własnych siłach. Uczciwie mów o swoich uczuciach, lecz bez ujawniania mu, że oczekujesz, iż się zmieni.
3. Pamiętaj: kiedy dajesz mu rady, o które cię nie prosił, ma wrażenie, że jest kontrolowany i odrzucany, a także, że mu nie ufasz.	3. Ćwicz cierpliwość i ufaj, że on sam nauczy się wszystkiego, czego trzeba. Zaczekaj, aż poprosi cię o radę.
4. Pamiętaj: kiedy mężczyzna staje się uparty i nie chce się zmienić, to znaczy, że czuje się nie kochany. Boi się przyznać do błędów, by nie utracić miłości.	4. Naucz się mu okazywać, że wcale nie musi być idealny, by zasłużyć na twoją miłość. Ucz się wybaczać (patrz rozdział jedenasty).
5. Pamiętaj: jeżeli poświęcasz się w nadziei, że on zrobi dla ciebie to samo, partner może odnieść wrażenie, że zmuszasz go do zmian.	5. Skup się na sprawianiu sobie przyjemności. Nie czekaj, aż on cię uszczęśliwi.
6. Pamiętaj: możesz wyrażać swoje negatywne uczucia, ale nie staraj się jednocześnie go zmieniać. Kiedy mężczyzna czuje się akceptowany, chętnie ciebie posłucha.	6. Kiedy wyrażasz swoje uczucia, uświadom mu, że nie chcesz, by się zmieniał, lecz tylko, by wziął je pod uwagę.

7. Pamiętaj: kiedy wskazujesz mu kierunek i podejmujesz za niego decyzje, partner czuje się kontrolowany i „poprawiany”.	7. Zrezygnuj i odpręż się. Naucz się akceptować niedoskonałości. Uznaj, że jego uczucia są ważniejsze niż doskonalenie go. Nie rób wykładów i przestań go „ulepszać”.

Jeśli mężczyźni i kobiety zaczną wzajemnie zaspokajać swoje podstawowe potrzeby, poprawa ich stosunków nastąpi niejako automatycznie. Gdy weźmiecie pod uwagę sześć najgłębszych pragnień najbliższego wam człowieka, wasz związek stanie się bardziej satysfakcjonujący i łatwiejszy.

ROZDZIAŁ DZIEWIĄTY

JAK UNIKAĆ KŁÓTNI

Jednym z największych wyzwań dotyczących naszych związków uczuciowych jest radzenie sobie z nieporozumieniami. Często zdarza się, że jeśli para ludzi nie zgadza się ze sobą, to ich dyskusja szybko przechodzi w kłótnię, a ta przeradza się w prawdziwą bitwę. W jednej chwili małżonkowie przestają ze sobą rozmawiać w miły, uprzejmy sposób, a zaraz potem zaczynają ranić się nawzajem obwinianiem, narzekaniem, domaganiem się, oskarżaniem i obrażaniem.

Mężczyźni i kobiety kłócąc się, ranią nie tylko swoje uczucia, lecz także kaleczą łączący ich związek. Tak jak porozumienie jest najistotniejszym elementem szczęśliwego współżycia, tak kłótnie są skutecznym sposobem jego destrukcji. Im związek dwojga osób jest bliższy, tym łatwiej zadać partnerowi ból i samemu doznać cierpienia, które on zadaje.

Porozumienie jest najistotniejszym elementem budującym szczęśliwy związek, a kłótnie najskuteczniejszym sposobem jego destrukcji.

Z wielu praktycznych przyczyn głośno i dobitnie radzę parom, by się nie kłóciły.

Kiedy dwojga ludzi nie łączy więź seksualna, jest im znacznie łatwiej zachować dystans i obiektywizm podczas kłótni czy dyskusji. Jeżeli natomiast kłócą się ludzie związani emocjonalnie i erotycznie, zwykle wszystkie uwagi odbierają bardzo osobiście.

Niechaj stwierdzenie: „Nigdy się nie kłócimy" stanie się waszym hasłem. Możecie omawiać wspólnie wszystkie za i przeciw, możecie negocjować sprawy, na których wam szczególnie zależy — jednak nie wolno wam się kłócić. Pamiętajcie, że można wyrażać swoje negatywne uczucia bez kłótni.

Niektóre pary bez przerwy ze sobą walczą i to zabija ich miłość. Są też i takie związki, w których na ogół tłumi się negatywne uczucia w celu uniknięcia konfliktu. Efektem takiego postępowania jest wygasanie wszelkich uczuć, jakie partnerzy do siebie żywili. Innymi słowy, niektóre związki toczą ze sobą otwartą wojnę, inne pozostają w stanie zimnej wojny.

Dla utrzymania zdrowego związku jest bardzo istotne, by znaleźć się gdzieś pomiędzy tymi skrajnościami. Jeżeli będziemy pamiętać, że pochodzimy z różnych planet i postaramy się nauczyć prawidłowego porozumiewania się, to uda nam się uniknąć kłótni bez jednoczesnego tłumienia negatywnych uczuć, poglądów i potrzeb.

CO SIĘ DZIEJE W CZASIE KŁÓTNI

Jeśli nie rozumiemy, jak bardzo kobiety i mężczyźni się różnią, możemy łatwo wdać się w kłótnię, która zrani nie tylko naszego partnera, lecz także nas samych. Tajemnicą unikania kłótni jest umiejętność prowadzenia rozmowy z miłością i szacunkiem.

Różnice, które nas dzielą, i rozbieżne opinie nie są dla nas tak bolesne jak sposoby, w jakie je wyrażamy. Teoretycznie kłótnia wcale nie musi ranić, może być po prostu żywą rozmową, w której wyrażamy to, co nas różni. (Bo przecież każdą parę ludzi coś różni). Jednak w życiu prawie wszystkie pary rozpoczynają wymianę zdań na jakiś określony temat, a po kilku minutach kłótnia dotyczy już samego jej przebiegu.

Partnerzy nieświadomie zaczynają się nawzajem ranić i to, co mogło być niewinną wymianą poglądów, przeradza się w bitwę. Oboje jej uczestnicy nawet nie próbują zaakceptować lub choćby zrozumieć punkt widzenia „strony przeciwnej".

Wiele par rozpoczyna kłótnię z jakiegoś konkretnego powodu, a w chwilę potem sprzecza się już na temat przebiegu samej kłótni.

Im bliższy jest nasz związek, tym trudniej słuchać drugiej strony bez gwałtownego reagowania na jej opinie. Nie chcemy się czuć winni negatywnym uczuciom partnera i zasługiwać na jego niezadowolenie, więc bronimy się, odmawiając mu racji.

DLACZEGO KŁÓTNIE SPRAWIAJĄ BÓL

Bolesne bywa nie to, **co** mówimy, ale **jak** mówimy. Bardzo często, kiedy mężczyzna czuje się atakowany, skupia się wyłącznie na tym, czy ma rację, przy czym zupełnie zapomina, żeby okazać miłość. Równocześnie traci umiejętność porozumiewania się spokojnym tonem i nagle zdarza się, że nie umie już wyrazić swej troski i szacunku. Nie zdaje sobie wtedy sprawy, jak bardzo przykre jest to dla partnerki. W takich momentach mężczyzna wyraża niezadowolenie w sposób niezwykle agresywny, a każda jego prośba brzmi jak rozkaz.

Jest więc rzeczą naturalną, że kobieta nie godzi się spełniać jego życzeń i to nie tyle z uwagi na ich treść, ile na sposób ich wypowiadania.

Mężczyzna, zwracając się nieuprzejmie do partnerki, nieświadomie zadaje jej ból, a w chwilę później próbuje jej dowieść, że wcale nie powinna być zdenerwowana. Wydaje mu się, że kobieta przeciwstawia się jego opiniom, choć w rzeczywistości jej opór budzi forma, w jakiej je przedstawił. Na ogół w takiej sytuacji mężczyzna jeszcze bardziej skupia się na udowadnianiu swoich racji, jednocześnie coraz mniej dbając o to, by przedstawić je w sposób kulturalny.

Uwaga: partner nie zdaje sobie sprawy, że to **on** rozpoczyna kłótnię. Uważa, że to kobieta ją inicjuje. On broni swojego punktu widzenia, a ona — siebie przed jego przykrymi uwagami.

Kiedy mężczyzna odmawia racji bolesnym uczuciom kobiety wywołanym początkiem kłótni, rani ją jeszcze bardziej. Sam nie będąc zbyt wrażliwym na ostre sformułowania, nie rozumie rosnącego zdenerwowania partnerki. Byłby zaskoczony, gdyby mu powiedziano, że to on sprowokował jej opór.

Podobnie jest z kobietami: nie zdają sobie sprawy z tego, jak bardzo ranią mężczyzn. Kiedy kobieta czuje się atakowana, odruchowo przybiera bardzo niechętny ton. Mężczyzna czuje się nie akceptowany i odrzucony, co jest dla niego tym boleśniejsze, im bardziej jest zaangażowany w związek.

Kobieta zaczyna rozniecać kłótnię zapoczątkowaną przez mężczyznę w ten sposób, że wyraża negatywne uczucia odnoszące się do jego zachowania, a potem zarzuca go radami, o które nie prosił. Zwykle w takiej chwili kobieta zapomina złagodzić swoją wypowiedź wyrazami zaufania i akceptacji w stosunku do mężczyzny i ten, ku jej zdumieniu, reaguje negatywnie. Kobieta jest oczywiście nieświadoma tego, jak jej brak ufności rani partnera.

Żeby uniknąć kłótni, musimy zawsze pamiętać, że naszych bliskich boli nie to, **co** mówimy, lecz **jak** to robimy. Trzeba dwojga, by się kłócić, ale jedno wystarczy, by tę kłótnię przerwać. Najlepszym na to sposobem jest zduszenie jej w zarodku. Przede wszystkim należy uchwycić moment, w którym nieporozumienie przeradza się w kłótnię. Trzeba wtedy zrobić przerwę — po prostu przestać mówić i zastanowić się, w jaki sposób zwrócić się do partnera. Trzeba sobie uzmysłowić, że prawdopodobnie nie daje się tego, czego on (ona) potrzebuje.

Po takiej chwili można znowu zacząć mówić, lecz teraz w sposób miły i pełen szacunku. Taka przerwa pozwala nam ochłonąć, uspokoić nerwy i skoncentrować się, zanim znowu zaczniemy mówić.

JAK UNIKAMY BÓLU

Ludzie starają się unikać bólu odczuwanego podczas kłótni. Stosują cztery różne sposoby, tzw. cztery „u": uderzenie, ucieczkę, udawanie i uleganie. Na krótką metę każda z tych metod działa, lecz po pewnym czasie zaczyna przynosić jak najgorsze skutki.

1. Uderzenie. Ten sposób zachowania z całą pewnością pochodzi z Marsa. Kiedy rozmowa staje się niemiła, niektóre osoby instynktownie zaczynają walczyć. Natychmiast stają się agresywne. Ich motto brzmi: „Najlepszą obroną jest silny atak". Ludzie ci od początku kłótni obwiniają, osądzają, krytykują i robią wszystko, żeby partner poczuł, że nie ma racji. Często krzyczą i wyrzucają z siebie mnóstwo złości. Ich ukrytym zamiarem jest zastraszenie partnera, tak żeby znów stał się pomocny i kochający. Kiedy to się udaje, uważają, że odnieśli zwycięstwo, choć tak naprawdę przegrywają.

Zastraszenie zawsze osłabia zaufanie partnera.

Zastraszenie zawsze osłabia ufność partnera. Uzyskiwanie tego, na czym nam zależy, poprzez pognębienie drugiej osoby, jest świetną metodą na unicestwienie łączącej nas więzi. Kiedy pary walczą ze sobą, powoli niszczą swoją umiejętność otwarcia się i swoją wrażliwość. Kobiety chronią się, zamykając się w sobie, a mężczyźni się odcinają i przestają troszczyć się o partnerkę. Po pewnym czasie łącząca ich na początku intymna więź zanika.

2. Ucieczka. Ten model zachowania również pochodzi z Marsa. Żeby uniknąć konfrontacji, Marsjanin może zaszyć się w jaskini i w ogóle z niej nie wychodzić. To przypomina zimną wojnę. Mężczyzna unika rozmowy i żadne problemy nie znajdują rozwiązania. Takie bierne zachowanie w niczym nie przypomina przerw w rozmowie, które podejmujemy, by się uspokoić, i po których dyskusja toczy się nadal, tyle że w uprzejmiejszej formie.

Mężczyzna „uciekający" boi się konfrontacji, woli nie poruszać żadnego tematu, który mógłby wywołać kłótnię.

Zamiast się kłócić, niektóre pary po prostu przestają rozmawiać na te tematy, które wywołują nieporozumienia. Metodą, jaką ci ludzie stosują, aby zaspokoić swe pragnienia, jest ukaranie partnera przez stłumienie i ukrywanie miłości. Nie atakują i nie ranią swych bliskich bezpośrednio jak ci, którzy wybierają walkę, lecz okrężną drogą zadają ból, odmawiając im uczucia, na jakie ci zasługują. Z kolei ukrywanie miłości sprawia, że także mniej się jej otrzymuje.

Na krótką metę ucieczka pozwala osiągnąć spokój i harmonię, ale jeśli nie mówimy o swoich problemach i uczuciach, to po jakimś czasie powstaje uraza, a znikają gorące emocje, które łączyły nas na początku drogi.

W związkach wybierających metodę „ucieczki" partnerzy często zastępują tłumione uczucia nawykami przesadnego jedzenia, nadmiernej pracy, a nawet nałogami.

3. Udawanie. Jest to zachowanie o proweniencji wenusjańskiej. Kobieta, która ten model wybrała, udaje, że problem nie istnieje. W ten sposób chce uniknąć zranienia w czasie konfrontacji. Z przyklejonym do twarzy uśmiechem wydaje się permanentnie ze wszystkiego zadowolona. Z czasem jednak narasta w niej uraza: ma wrażenie, że bez przerwy ofiarowuje coś swemu partnerowi, niczego nie dostając w zamian. Ta uraza z kolei blokuje naturalną potrzebę wyrażania miłości.

Kobiety, które udają, boją się wprost wyrażać swoje uczucia i dlatego starają się, by „wszystko było w porządku".

Mężczyźni także często używają tego zwrotu, ale dla nich znaczy on zupełnie coś innego. Mówiąc: „Wszystko w porządku", mężczyzna ma na myśli: „Wszystko w porządku, bo mogę sobie z tą sprawą poradzić sam" albo: „Wszystko w porządku. Potrafię to rozwiązać i nie potrzebuję pomocy". Jeżeli natomiast podobnego sformułowania używa kobieta, to oznacza ono, że próbuje uniknąć konfliktu bądź kłótni.

Aby zapobiec wzburzeniu fali, kobieta może nawet przed sobą udawać, że wszystko jest w porządku, jest fajnie, jest OK, choć rzeczywistość wygląda inaczej. Poświęca wtedy swoje pragnienia, uczucia i potrzeby, żeby za wszelką cenę uniknąć konfliktu.

4. Uleganie. Ten sposób reagowania również pochodzi z Wenus. Osoba postępująca według tego modelu zamiast wszczynać kłótnię, po prostu poddaje się. Bierze na siebie całą winę i odpowiedzialność za to, co denerwuje partnera. Na krótką metę związki, w których kobiety są uległe, robią wrażenie zgodnych, lecz rychło wychodzi na jaw, że tak nie jest.

Kiedyś pewien mężczyzna w rozmowie ze mną skarżył się na swoją żonę: „Bardzo ją kocham. Ona daje mi wszystko, czego pragnę. Jedyne, co mnie gnębi, to fakt, że ona nie jest szczęśliwa". Żona tego pana przeżyła dwadzieścia lat, poświęcając się dla męża. Nigdy się nie kłócili, a jeśli ktoś zapytałby ją o ich związek, powiedziałaby: „Och, jest wspaniały. Mam kochającego męża. Jedyny kłopot w tym wszystkim to ja. Cierpię na depresję, sama nie wiem dlaczego". Cóż, pewnie dlatego, że przez dwadzieścia lat wyrzekała się siebie.

Ludzie tego typu intuicyjnie odgadują życzenia partnera i korygują swoje zachowanie, tak by go zadowolić. W końcu doznają uczucia urazy, zmuszając się w imię miłości do zaprzeczenia sobie. Każda odmowa jest dla nich nad wyraz bolesna, bo i tak prawie wszystkiego już sobie odmówili. Za wszelką cenę starają się nie dopuścić do odrzucenia i są skłonni zrezygnować ze wszystkiego, po to, by ich kochano.

Być może, odnalazłeś siebie w jednym z tych czterech „u" albo w każdym po trosze. Każda z powyższych strategii ma na celu uniknięcie zranienia. Niestety, żadna z nich nie przynosi zamierzonego skutku. Jedyną skuteczną metodą jest rozpoznanie kłótni i przerwanie jej. Można wtedy ochłonąć i dopiero po chwili wrócić do rozmowy.

Gdy nauczycie się wypowiadać ze zrozumieniem i szacunkiem wobec płci przeciwnej, powoli przestaniecie przeżywać kłótnie i walki.

DLACZEGO SIĘ KŁÓCIMY

Mężczyźni i kobiety zazwyczaj spierają się na temat pieniędzy, seksu, podejmowanych decyzji, rozkładu zajęć, wychowania dzieci i obowiązków domowych.

Te wszystkie dyskusje przeradzają się jednak w zażarte kłótnie z jednego tylko powodu: nie czujemy się kochani. Kiedy cierpimy na niedosyt miłości, trudno nam okazywać naszą własną miłość.

Kobiety nie pochodzą z Marsa i dlatego, bez uświadomienia sobie, czego naprawdę oczekuje mężczyzna, nie potrafią odpowiednio reagować na nieporozumienia.

Dla mężczyzny budzące konflikt poglądy, uczucia i pragnienia są prawdziwym wyzwaniem. Im bliższa jest jego więź z kobietą, tym trudniej jest mu znieść dzielące ich różnice i nieporozumienia. Jeżeli partnerka jest niezadowolona, on odbiera to bardzo osobiście — że to niezadowolenie odnosi się do niego.

Znacznie łatwiej przyjmuje mężczyzna różnice zdań wtedy, kiedy jego podstawowe potrzeby są spełnione. Jeżeli natomiast odmawia mu się miłości, której pragnie, zaczyna się bronić i wychodzi na jaw „gorsza" połowa jego natury: instynktownie wyciąga miecz.

Pozornie może się wydawać, że spiera się na pewien konkretny temat (pieniądze, obowiązki itd.), ale prawdziwym powodem „obnażenia miecza" jest to, że mężczyzna nie czuje się kochany. Jakakolwiek by była pozorna przyczyna kłótni, ta prawdziwa, ukryta, bywa zupełnie inna.

UKRYTE POWODY, DLA KTÓRYCH MĘŻCZYŹNI SIĘ KŁÓCĄ

Ukryte powody kłótni:	**Czego potrzeba, by partner przestał się kłócić:**
1. „Nie znoszę, kiedy ona załamuje się z powodu najdrobniejszych rzeczy, które zrobiłem (lub których nie zrobiłem). Czuję się krytykowany, odrzucony, nie akceptowany".	1. On chce być akceptowany taki, jakim jest. Tymczasem czuje, że partnerka próbuje go „ulepszyć".
2. „Nie lubię, kiedy ona zaczyna mi mówić, jak powinienem postępować. Traktuje mnie jak dziecko".	2. Mężczyzna chce być podziwiany, a tymczasem czuje się nie doceniony.
3. „Nie lubię, kiedy ona obarcza mnie winą za swoje niezadowolenie. Nie zachęca mnie w ten sposób, bym był rycerzem w lśniącej zbroi".	3. Chce, by go zachęcano. Bez tego ma ochotę zrezygnować.
4. „Nie lubię, kiedy ona mówi o tym, jak dużo robi, lub o tym, że nikt jej tu nie docenia. Wydaje mi się wtedy, że to ona właśnie nie docenia, ile dla niej robię".	4. Chce być doceniany. Tymczasem czuje się obwiniany, pozbawiony uznania, bezsilny.
5. „Nie lubię, kiedy ona niepokoi się wszystkim, co może się nie udać. Wydaje mi się, że mi nie ufa".	5. Chce, by partnerka ufała mu i dostrzegała, jak bardzo dba o jej bezpieczeństwo. Tymczasem czuje się odpowiedzialny za jej niepokój.

6. „Nie lubię, kiedy ona chce, żebym coś zrobił lub z nią rozmawiał dokładnie wtedy, kiedy ona sobie tego życzy. Mam wrażenie, że nie akceptuje mnie i nie szanuje”.	6. Chce być akceptowany bezwarunkowo. Zamiast tego czuje się kontrolowany i zmuszony do mówienia w chwili, kiedy nie ma nic do powiedzenia. Wydaje mu się wówczas, że nigdy nie może jej zadowolić.
7. „Nie lubię, kiedy rani ją coś, co powiedziałem. Czuję, że mi nie ufa, źle mnie rozumie i odpycha mnie”.	7. Chce, by go akceptowano i ufano mu. Czuje, że mu się nie wybacza i że się go odpycha.
8. „Nie lubię, kiedy ona wymaga, bym czytał w jej myślach. Nie umiem tego robić. Mam wrażenie, że jestem nie taki, jak powinienem”.	8. Chce, aby była z niego zadowolona. Zamiast tego czuje się „nieudany”.

Zaspokojenie podstawowych potrzeb emocjonalnych mężczyzny zmniejszy jego łatwość angażowania się w bolesne kłótnie. Niejako automatycznie stanie się on zdolny do traktowania rozmówczyni z większym szacunkiem, wyrozumiałością i troską.

Dzięki temu różnice zdań, nieporozumienia i uczucia negatywne mogą znaleźć rozwiązanie na drodze negocjacji, rozmowy i kompromisów.

Kobiety także wywołują bolesne kłótnie, ale czynią to z innych powodów. I chociaż pozornie może się zdawać, że kłócą się o pieniądze, obowiązki czy coś podobnego, to faktyczne przyczyny prowokujące je do takiego zachowania są inne.

UKRYTE POWODY, KTÓRE PCHAJĄ KOBIETY DO KŁÓTNI

Ukryty powód kłótni:	**Czego kobiecie trzeba, by przestała się kłócić:**
1. „Nie znoszę, kiedy on umniejsza wagę moich uczuć albo potrzeb. Czuję się lekceważona i odrzucona”.	1. Ona potrzebuje troski i poczucia, że jest dla partnera ważna. Tymczasem czuje się ignorowana i osądzana.
2. „Nie lubię, kiedy zapomina zrobić to, o co go proszę. Wówczas wszystko, co mówię, brzmi jak marudzenie, a do tego wydaje mi się, że muszę go ciągle mobilizować”.	2. Chce, by o niej pamiętano i szanowano ją. Tymczasem czuje się zaniedbywana i umieszczana przez partnera na samym końcu jego hierarchii ważności.
3. „Nie lubię, kiedy mnie obwinia za moje niepokoje. Mam wrażenie, że musiałabym być idealna, aby mnie kochano. Nie jestem ideałem”.	3. Chce, by rozumiał powody jej zdenerwowania i zapewniał, że wciąż ją kocha i że nie musi być idealna, aby ją kochano. Tymczasem nie czuje się dość pewnie, by być sobą.
4. „Nie lubię, jak podnosi głos i wygłasza serię argumentów potwierdzających swoje racje. Tracę wtedy wrażenie słuszności moich przekonań i myślę, że on wcale nie bierze pod uwagę mojego punktu widzenia”.	4. Chce, by ją rozumiano i szanowano, a tymczasem nawet się jej nie słucha. Jest to dla niej poniżające.

5. „Nie lubię protekcjonalnego tonu, jaki przybiera wtedy, gdy zadaję pytania dotyczące decyzji, które mamy podjąć. Mam wrażenie, że jestem dla niego ciężarem i że traci przeze mnie czas”.	5. Chce mieć świadomość, że partner troszczy się o jej uczucia i szanuje jej potrzebę gromadzenia informacji. Tymczasem nie czuje się ani szanowana, ani doceniana.
6. „Nie lubię, kiedy nie odpowiada na moje pytania i uwagi. Mam uczucie, jakbym nie istniała”.	6. Chce być pewna, że on jej słucha i że mu na niej zależy, a tymczasem czuje się ignorowana.
7. „Nie lubię, kiedy mi tłumaczy, że nie powinnam być zła, smutna, zdenerwowana czy coś podobnego. Czuję się przez to lekceważona i samotna”.	7. Chce, by ją traktowano poważnie i rozumiano. Zamiast tego czuje się nie kochana, urażona i samotna.
8. „Nie lubię, gdy partner wymaga ode mnie większego dystansu wobec życia. Wydaje mi się wtedy, że moje uczucia są dowodem słabości, a nawet czymś złym”.	8. Chce, by się nią opiekowano i szanowano jej uczucia. Reakcje partnera powodują, że nie czuje się ani bezpieczna, ani chroniona.

Chociaż wszystkie te bolesne uczucia i potrzeby są ważne, rzadko mówi się o nich głośno. Narastają zwykle w ukryciu, by ujawnić się burzliwie podczas kłótni. Czasem są wyrażane bezpośrednio, ale częściej miną, gestem i tonem głosu.

Mężczyźni i kobiety muszą rozumieć i brać pod uwagę to, co szczególnie ich dotyka. Prawdziwym problemem jest wypowiadanie się w taki sposób, który uwzględniłby potrzeby emocjonalne partnera. Jeśli jednak to się powiedzie, kłótnie przerodzą się w rozmowy pomagające w przezwyciężaniu nieporozumień i szukaniu kompromisów.

ANATOMIA KŁÓTNI

Kłótnia, która nas rani, ma do pewnego stopnia typowy przebieg. Spróbujmy prześledzić to na przykładzie.

Moja żona i ja udaliśmy się na długi spacer zakończony piknikiem. Po posiłku miły nastrój utrzymywał się aż do chwili, kiedy zacząłem mówić o planowanych inwestycjach. Bonnie zdenerwowała się, kiedy wspomniałem o możliwości zainwestowania części oszczędności w papiery wartościowe. Właściwie tylko się nad tym zastanawiałem, ale ona uznała, że już to postanowiłem (oczywiście, nie biorąc pod uwagę jej zdania). Było jej przykro, że mógłbym zrobić coś takiego, a ja wpadłem w złość, że jest ze mnie niezadowolona i... rozgorzała kłótnia.

Sądziłem, że to moje zamiary dotyczące finansów tak ją zirytowały, i starałem się za wszelką cenę udowodnić ich słuszność, jednak tak naprawdę moją złość wyzwoliła świadomość, że Bonnie jest ze mnie niezadowolona. Ona tymczasem spierała się, że inwestowanie w te właśnie akcje jest zbyt ryzykowne, choć rzeczywiście zirytowało ją przypuszczenie, że mogłem podjąć tak ważne decyzje bez niej. Dodatkowo wzburzyło ją to, że odmawiałem jej prawa do denerwowania się.

W końcu przeprosiła mnie za to, że źle mnie zrozumiała i mi nie zaufała, i uspokoiliśmy się.

Kiedy wróciliśmy do domu, poruszyła pewną istotną kwestię. Powiedziała: „Często, kiedy się kłócimy, najpierw ja się denerwuję z jakiegoś powodu, a potem ty się denerwujesz, że ja się denerwuję, i w końcu muszę przepraszać, że cię zdenerwowałam. Mam wrażenie, że czegoś tu brakuje. Czasem chciałabym usłyszeć, że to tobie jest przykro, że mnie zdenerwowałeś".

Natychmiast dostrzegłem, że to, co mówi, jest uzasadnione. Nie jest w porządku, że spodziewam się po niej przeprosin, zwłaszcza że to właśnie ja rozpocząłem kłótnię.

Na moich seminariach przekonałem się, że tysiące kobiet

doświadczyło podobnych przeżyć, co moja żona. Nasze zachowanie na pikniku odpowiada jeszcze jednej modelowej sytuacji. Przyjrzyjmy się jej bliżej:

1. Kobieta wyraża swoje zaniepokojenie z powodu „XYZ".

2. Mężczyzna tłumaczy, dlaczego nie powinna się niepokoić sprawą „XYZ".

3. Czuje, że jej uczucia uznano za nieważne, co niepokoi ją jeszcze bardziej niż „XYZ".

4. On czuje jej dezaprobatę i denerwuje się z tego powodu. Wini ją za to zdenerwowanie i żąda przeprosin, zanim się pogodzą.

5. Ona przeprasza i dziwi się, o co właściwie poszło, albo złości się i kłótnia przeradza się w prawdziwą bitwę.

Znajomość powyższej „anatomii" kłótni pozwoliła mi rozwiązywać sprawę w znacznie łagodniejszy sposób. Pamiętając, że kobiety pochodzą z Wenus, nauczyłem się nie winić Bonnie za jej zdenerwowanie. Zamiast tego próbowałem dociec, czym wywołałem jej niepokój, i okazać swoją troskę. Nawet jeśli mnie źle zrozumiała, to kiedy czuła się dotknięta, starałem się ją przekonać, że jest mi przykro z tego powodu i że mi na niej zależy.

Potem nauczyłem się jeszcze i tego, że po pierwszych oznakach zdenerwowania u Bonnie najpierw słucham, potem staram się zrozumieć to, co ją niepokoi, a w końcu mówię: „Przykro mi, że cię zdenerwowałem tym powiedzeniem..."

Efekt takiego zachowania przychodzi zadziwiająco szybko. Kłócimy się teraz znacznie mniej.

Czasem jednak przeprosiny są bardzo trudne. W takich chwilach biorę głęboki oddech i nic nie mówię. Próbuję sobie wyobrazić, jak to wszystko wygląda z jej punktu widzenia i jak ona się czuje. Potem mówię: „Przykro mi, że jesteś zdenerwowana". I choć oczywiście nie są to przeprosiny, jest to jednak sygnał: „Troszczę się o ciebie" i na ogół bardzo to pomaga.

Mężczyźni rzadko używają zwrotu: „przykro mi", ponieważ na Marsie oznacza to, że zrobiłeś coś złego i musisz przeprosić.

Mężczyźni rzadko używają zwrotu: „przykro mi", ponieważ na Marsie oznacza to, że zrobiłeś coś złego i musisz przeprosić. Z kolei dla kobiet „przykro mi" jest pewnym sposobem wypowiedzenia: „Troszczę się o to, co czujesz". Nie znaczy to, że czują się czemuś winne.

Mężczyźni mogą dokonać cudów, jeśli nauczą się tej frazeologii z języka Wenusjanek. Najłatwiejszą metodą na szybkie zakończenie kłótni jest powiedzenie „przepraszam".

Najwięcej kłótni wybucha w momencie, gdy mężczyzna odmawia racji uczuciom kobiety, a ona odpowiada niezadowoleniem. Będąc mężczyzną, musiałem nauczyć się przywiązywać wagę do uczuć żony, która z kolei ćwiczyła wypowiadanie emocji w sposób bardziej bezpośredni oraz właściwe okazywanie niezadowolenia. Liczba kłótni znacznie się wówczas zmniejszyła, a nasza miłość i ufność wzrosły. Gdybyśmy nie znali anatomii kłótni, prawdopodobnie do dziś zdarzałoby nam się walczyć w ten sam sposób, jak kiedyś na pikniku.

Większość kłótni wybucha wtedy, gdy mężczyzna odmawia racji uczuciom kobiety, a ona wyraża niezadowolenie z partnera.

Aby nauczyć się unikania kłótni, trzeba przede wszystkim zdać sobie sprawę z tego, że mężczyźni nieświadomie sugerują, iż uczucia partnerki są nieważne, a kobiety, równie nieświadomie, wysyłają sygnały niezadowolenia z partnera.

Mężczyźni nieświadomie wszczynają kłótnie

Mężczyźni najczęściej rozpoczynają kłótnię, dając partnerce do zrozumienia, że jej uczucia są nieistotne, przy czym często nie zdają sobie sprawy z tego, jak boleśnie kobieta to przeżywa.

Zaniepokojonej czymś kobiecie partner mówi, na przykład, coś w rodzaju: „Nie ma się czym przejmować". Inny mężczyzna odebrałby taką wypowiedź jako przyjazną, ale zakochanej kobiecie wyda się ona bolesną oznaką niewrażliwości na jej uczucia.

Czasem mężczyzna chce uspokoić negatywne odczucia kobiety, więc mówi: „Ach, to nic wielkiego", a potem proponuje jakieś praktyczne rozwiązanie „nieważnego" problemu „niepotrzebnie" trapiącego partnerkę. Nie pojmuje, czemu kobieta, zamiast się odprężyć i uspokoić, czuje się osamotniona i lekceważona. A ona po prostu nie może docenić jego pomocy, dopóki nie przyzna jej się prawa do odczuwania zaniepokojenia.

Specyficzne jest także zachowanie mężczyzny po tym, gdy sam zdenerwował czymś kobietę. Instynkt każe mu wówczas „uspokajać" ją, czyli powiedzieć, dlaczego nie powinna się denerwować. Z absolutną pewnością siebie wyjaśnia więc partnerce istotne, logiczne i racjonalne powody, które skłoniły go do tego, by zrobił to, co ją zdenerwowało. Nie zdaje sobie sprawy, że kobieta myśli wówczas, iż nie ma prawa odczuwać tego, co odczuwa. Kiedy on się na swój sposób tłumaczy, ona „słyszy" jedynie to, że on nie dba o jej uczucia.

Aby mogła się wsłuchać w rzeczywisty sens słów mężczyzny, musi najpierw mieć pewność, że partner „wsłuchał się" w to, co ona mówiła o własnym zdenerwowaniu. Mężczyzna powinien na jakiś czas zrezygnować z wyjaśnień i wysłuchać zwierzeń partnerki ze zrozumieniem. Jeśli tylko okaże troskę o jej uczucia, ona od razu poczuje się lepiej.

Taka zmiana zachowania wymaga ćwiczeń, ale naprawdę każdy może ją przeprowadzić. Co prawda, kiedy kobieta mówi o swoich frustracjach i rozczarowaniu, każda cząstka mężczyzny instynktownie się broni, podsuwając mu dziesiątki powodów, dla których partnerka nie powinna tak się czuć, lecz mężczyzna tak naprawdę wcale nie chce pogorszyć sprawy. Kieruje się tylko marsjańskim instynktem.

Jeśli mężczyzna zrozumie, że jego reakcje dają jak najgorszy skutek, będzie w stanie zmienić swój sposób zachowania wobec partnerki na bardziej skuteczny.

Kobiety nieświadomie wszczynają kłótnie

Kobiety najczęściej wszczynają kłótnie, ponieważ że nie wypowiadają swoich uczuć wprost. Zamiast, po prostu, powiedzieć, że czuje się rozczarowana albo że czegoś nie akceptuje, kobieta zadaje pytania retoryczne, nieświadomie (a czasem świadomie) dając partnerowi odczuć, że jest z niego niezadowolona. Nawet jeśli okazanie partnerowi niezadowolenia nie jest jej zamiarem, to on tak właśnie odbierze jej zachowanie.

> Kobiety najczęściej wszczynają kłótnie,
> ponieważ nie wypowiadają swoich uczuć
> wprost.

Jeśli, na przykład, mężczyzna się spóźnia, odczucia jego partnerki można by wyrazić tak: „Nie lubię na ciebie czekać" albo: „Denerwuję się, czy nic ci się nie stało". Tymczasem, kiedy mężczyzna wraca, słyszy: „Jak mogłeś się tak spóźnić?", „Dlaczego nie zadzwoniłeś?" albo: „I co mam o tym myśleć?"

Oczywiście, nie ma nic złego w pytaniu: „Dlaczego nie zadzwoniłeś?", jeśli rzeczywiście chcemy znać tego przyczynę. Jeśli jednak kobieta jest zdenerwowana, ton jej głosu wskazuje, że wcale nie o to jej chodzi, lecz daje do zrozumienia, że nie ma niczego, co usprawiedliwiałoby takie spóźnienie.

Mężczyzna, któremu zadano pytanie: „Jak mogłeś się tak spóźnić?" lub: „Dlaczego nie zadzwoniłeś?", nie dowiaduje się niczego o uczuciach kobiety. Zamiast tego uświadamia sobie, że partnerka jest z niego niezadowolona i koniecznie chce go obarczyć odpowiedzialnością za swoje zdenerwowanie. Mężczyzna czuje się atakowany, więc zaczyna się bronić. Kobieta natomiast nie zdaje sobie sprawy z tego, że jej rozczarowanie jest dla partnera bolesne.

Mężczyźni pragną uznania. Im bardziej mężczyzna kocha partnerkę, tym bardziej to uznanie jest mu potrzebne. Na początku znajomości nie ma z tym problemu. Albo kobieta daje partnerowi odczuć, że go podziwia, albo mężczyzna jest pewny, że łatwo jej uznanie zdobędzie. W obu przypadkach ta podstawowa potrzeba emocjonalna mężczyzny jest zaspokojona.

Nawet kobieta rozczarowana do innych mężczyzn (począwszy od ojca) na początku znajomości okazuje partnerowi uznanie. Myśli przy tym: „On jest wyjątkowy. Nie taki jak ci, których dotychczas znałam".

Mężczyzna głęboko cierpi, czując, że mu się to uznanie odbiera. Kobiety uważają, że mają ku temu ważne powody, nie wiedzą jednak, ile to znaczy dla ich partnera.

Kobieta jednak może nauczyć się inaczej wyrażać niezadowolenie z niektórych zachowań partnera. Może jednocześnie upewniać go, że wciąż go akceptuje i podziwia.

Mężczyzna chce być pewny, że partnerka akceptuje go takim, jaki jest, nawet jeśli czasami nie jest zadowolona z jego zachowania. Oczywiście, niekiedy kobieta może go podziwiać bardziej, a niekiedy mniej, jednak zupełny brak aprobaty z jej strony jest dla partnera nie do zniesienia.

Większość mężczyzn wstydzi się przyznać, że bardzo zależy im na uznaniu partnerki. Dokładają wszelkich starań, by zademonstrować, że wcale im o to nie chodzi. Cóż, jeśliby im wierzyć, to jak wytłumaczyć to, że straciwszy uznanie kobiety, natychmiast stają się zimni i dalecy? Oczywiście boli ich, że nie dostają tego, czego tak im potrzeba.

Jednym z powodów, dla których związki są na początku szczęśliwe, jest fakt, że mężczyźni są wtedy podziwiani przez kobiety, że są jeszcze rycerzami w lśniącej zbroi.

Mężczyzna potrafi znieść negatywną opinię partnerki o jakimś swoim zachowaniu, jeżeli jednak ona wypowiada ją nieumiejętnie, czuje się odrzucony.

Kobiety najczęściej zadają partnerowi pytania dotyczące jego zachowania tonem wyrażającym głęboką dezaprobatę. Robią tak w nadziei, że czegoś go to nauczy. Otóż — nie nauczy. Wywoła tylko urazę, która spowoduje, że mężczyzna straci motywację do podjęcia wysiłku.

Aprobować mężczyznę, to znaczy dopatrywać się w jego czynach dobrych intencji. Nawet jeśli partner bywa nieodpowiedzialny, leniwy i nieuważny, kochająca kobieta potrafi w nim dostrzec to, co dobre.

Jeżeli kobieta zaczyna traktować partnera tak, jakby za jego zachowaniem nie kryły się żadne dobre chęci, to pozbawia go poczucia, że jest akceptowany, a więc tego poczucia, które tak go podbudowało na początku znajomości.

Kobieta powinna pamiętać, by okazywać aprobatę nawet wtedy, gdy nie pochwala zachowania mężczyzny.

Oto dwie przyczyny sprzyjające wywoływaniu kłótni:

1. Mężczyzna czuje, że partnerka go nie aprobuje.

2. Kobieta nie akceptuje sposobu, w jaki partner z nią rozmawia.

Kiedy mężczyzna najbardziej potrzebuje pochwały

Większość kłótni bierze się nie stąd, że dwoje ludzi się ze sobą nie zgadza, lecz stąd, że albo mężczyzna czuje, iż partnerka go nie aprobuje, albo kobieta nie pochwala sposobu, w jaki partner z nią rozmawia. Kiedy mężczyźni i kobiety nauczą się aprobować i szanować uczucia drugiego, nie będą mieli powodów, żeby się kłócić. Zamiast oddawać się bolesnym sporom, będą mogli po prostu porozmawiać o dzielących ich różnicach.

Kobieta nawet nie wyobraża sobie, jak bardzo wrażliwy staje się mężczyzna, kiedy popełni błąd. Właśnie wtedy najbardziej potrzebuje jej miłości. Jeżeli w takiej chwili ona odmawia mu swej aprobaty, to zadaje mu dotkliwy ból, nawet jeśli nie zdaje sobie z tego sprawy.

Swoje niezadowolenie kobiety najczęściej wyrażają spojrzeniem i tonem głosu. Słowa, które wypowiadają, mogą wyrażać co innego, ale samo spojrzenie i ton odrzucają mężczyznę. Jego reakcja obronna ma sprawić, że kobieta poczuje, iż nie ma racji. Mężczyzna jednocześnie zaprzecza jej uczuciom i usprawiedliwia się.

Mężczyźni są szczególnie skłonni do kłótni,
kiedy popełnili błąd i zdenerwowali ukochaną.

Mężczyźni są bardziej skłonni do kłótni, jeśli popełnili błąd albo zdenerwowali ukochaną. Kiedy partner rozczarował kobietę, szybko chce jej wyjaśnić, czemu nie powinna się czuć zdenerwowana. Myśli przy tym, że w ten sposób poprawi jej nastrój. Nie wie, że zagniewana kobieta chce, by jej wysłuchano i aby ją zrozumiano.

JAK WYRAŻAĆ TO, CO NAS RÓŻNI, BEZ KŁÓTNI

Trudno jest pokojowo wyrażać to, co nas różni, jeśli nie miało się nigdy przykładu prawidłowego zachowania. Większość naszych partnerów albo wcale się nie kłóciła, albo kłóciła się niesłychanie ostro.

Schemat, który przedstawimy niżej, wyjaśnia, w jaki sposób kobiety i mężczyźni nieświadomie prowokują kłótnie, i ukazuje właściwe zachowania zastępcze.

ANATOMIA KŁÓTNI

1. KIEDY MĘŻCZYZNA SIĘ SPÓŹNIA

Jej pytanie retoryczne:	**Informacja, którą on odbiera:**
Kiedy on się spóźnił, ona pyta: „Jak mogłeś tak się spóźnić?" lub: „Dlaczego nie zadzwoniłeś?" albo: „I co ja mam o tym myśleć?"	Oto, co wówczas słyszy mężczyzna: „Nie było żadnego powodu, żebyś tak się spóźnił. Jesteś nieodpowiedzialny. Ja bym się nigdy tak nie spóźniła. Jestem od ciebie lepsza".
Jego tłumaczenie:	**Informacja, którą ona odbiera:**
Kiedy się spóźnił, a ona jest zdenerwowana, mężczyzna wyjaśnia: „Na moście był straszny korek" albo: „Nie zawsze wszystko w życiu układa się tak, jak byśmy chcieli" lub: „Nie możesz wymagać, żebym zawsze był na czas".	Ona tymczasem słyszy: „Nie powinnaś się denerwować, bo miałem wiele ważnych i racjonalnych powodów, żeby się spóźnić. Moja praca w każdym razie jest ważniejsza niż ty. Masz za duże wymagania".

Jak ona może okazać aprobatę:

Kobieta powinna powiedzieć: „Naprawdę nie lubię, kiedy się spóźniasz. Bardzo się wtedy denerwuję. Następnym razem, jeśli będziesz się miał spóźnić, zadzwoń. Będę ci za to bardzo wdzięczna".

Jak on może okazać troskę:

On powinien powiedzieć: „Spóźniłem się. Przepraszam, że cię zdenerwowałem". Ale jeszcze lepiej zrobi, jeśli będzie po prostu milczał i słuchał bez dodatkowego wyjaśniania. Niech postara się zrozumieć, czego potrzebuje partnerka, by mogła się czuć kochana.

2. KIEDY ON O CZYMŚ ZAPOMINA

Jej pytanie retoryczne:

Kiedy on o czymś zapomina, kobieta mówi: „Jak mogłeś zapomnieć?" lub: „Czy ty kiedykolwiek o czymś pamiętasz?" albo: „No i jak ja mam ci ufać?"

Informacja, którą on odbiera:

On tymczasem słyszy: „Nie miałeś żadnych powodów, żeby o tym zapomnieć. Jesteś głupcem i nie warto ci ufać. Ja wnoszę do naszego związku znacznie więcej niż ty".

Jego tłumaczenie:

Kiedy to, że o czymś zapomniał, zdenerwowało partnerkę, wyjaśnia jej: „Byłem naprawdę zajęty i po prostu zapomniałem. To się czasem zdarza" albo: „To nie jest przecież aż tak ważne. I to wcale nie oznacza, że o ciebie nie dbam".

Informacja, którą ona odbiera:

A oto, co słyszy partnerka: „Nie powinnaś się tak angażować w sprawy równie trywialne. Jesteś zbyt wymagająca i twoje reakcje bywają nieracjonalne. Stań wreszcie na ziemi. Żyjesz w świecie fantazji!"

Jak ona może okazać aprobatę:

Jeśli kobieta jest naprawdę zdenerwowana, może powiedzieć: „Nie lubię, kiedy zapominasz". Może także wypróbować bardzo skuteczną metodę i po prostu nie wspominać o tym, że partner o czymś zapomniał, lecz tylko poprosić go jeszcze raz: „Byłabym ci wdzięczna, gdybyś..." (On i tak będzie wiedział, że zapomniał).

Jak on może okazać troskę:

Partner może powiedzieć: „Rzeczywiście zapomniałem... Jesteś na mnie zła?", a potem wysłuchać cierpliwie zarzutów, nie złoszcząc się i nie przerywając jej. Mówiąc, partnerka uświadamia sobie, że jest słuchana i rychło poczuje wdzięczność.

3. KIEDY ON POWRACA Z JASKINI

Jej pytanie retoryczne:

Kiedy on powraca ze swej jaskini, słyszy: „Jak mogłeś być tak zimny i nieczuły?" albo: „Jak chciałbyś, żebym zareagowała?" lub: „I niby jak mam się domyślić, co się dzieje w twoim wnętrzu?"

Informacja, jaką on odbiera:

Mężczyzna zwykle wtedy słyszy: „Nie masz żadnego powodu, żeby się ode mnie odsuwać. Jesteś okrutny i nie kochasz mnie. Nie jesteś dla mnie odpowiednim partnerem. Zraniłeś mnie bardziej, niż ja kiedykolwiek zraniłam ciebie".

Jego wyjaśnienia:

Kiedy on powraca z jaskini i widzi, że partnerka jest zdenerwowana, wyjaśnia: „Czasem potrzebuję trochę czasu dla siebie. W końcu to były tylko dwa dni, więc o co chodzi?" albo: „Przecież nie zrobiłem ci nic

Informacja, jaką ona odbiera:

Kobieta słyszy wówczas: „Nie powinnaś się czuć zraniona ani opuszczona, a jeśli tak się czujesz, nie znajdziesz u mnie współczucia. Jesteś zbyt wymagająca i za bardzo mnie kontrolujesz. Będę złego, więc co cię tak denerwuje?"

robił to, co chcę. Nie przejmuję się twoimi uczuciami".

Jak ona może okazać aprobatę:

Jeśli kobieta czuje się zdenerwowana, może powiedzieć: „Wiem, że czasami potrzebujesz okazji, by się na jakiś czas odsunąć, ale mimo wszystko sprawia mi to przykrość. Nie chcę przez to powiedzieć, że źle robisz. Pragnę tylko, żebyś rozumiał, jak ja to wtedy odbieram".

Jak on może okazać troskę:

Mężczyzna może powiedzieć: „Rozumiem, że wtedy, gdy się czasem oddalam, sprawiam ci ból. Musi to być dla ciebie naprawdę przykre. Porozmawiajmy o tym". (Jeśli partnerka czuje, że mężczyzna jej słucha, będzie jej łatwiej znosić jego potrzebę odsunięcia się).

4. KIEDY ON JĄ ROZCZAROWUJE

Jej pytanie retoryczne:

Jeśli mężczyzna w jakiś sposób rozczarował kobietę, usłyszy: „Jak mogłeś tak postąpić?" lub: „Dlaczego nie zrobiłeś tak, jak planowałeś?" albo: „Czy ty czasem nie powiedziałeś, że to zrobisz?" lub: „Czy ty się kiedykolwiek czegoś nauczysz?"

Informacja, jaką on odbiera:

Oto, co wtedy słyszy mężczyzna: „Nie masz prawa mnie rozczarowywać. Jesteś idiotą. Niczego nie potrafisz zrobić porządnie. Nie będę szczęśliwa, jeśli się nie zmienisz".

Jego wyjaśnienia:

Kiedy partnerka jest rozczarowana, mężczyzna tłumaczy: „No, przecież następnym razem będę już wiedział" albo: „Przecież to

Informacja, jaką ona odbiera:

Kobieta słyszy wówczas: „Jeśli jesteś zdenerwowana, to z własnej winy. Powinnaś lepiej dostosowywać się do nic wielkiego" lub: „Ależ nie wiedziałem, że o to ci chodziło".

sytuacji. Nie masz powodu, by się tak denerwować, więc nie mam dla ciebie współczucia".

Jak ona może okazać aprobatę:

Jeśli kobieta jest zdenerwowana, może powiedzieć: „Nie lubię być rozczarowywana. Myślałam, że zadzwonisz. Już wszystko w porządku. Chciałabym tylko, żebyś wiedział, jak się czuję, kiedy..."

Jak on może okazać troskę:

Mężczyzna może powiedzieć: „Rozumiem, że bardzo cię rozczarowałem. Porozmawiajmy o tym. Co czułaś?" Powinien pozwolić partnerce mówić, bo jeśli tylko da jej szansę, by uświadomiła sobie, że jest słuchana, poczuje się lepiej. Po pewnym czasie partner powinien dodać: „Czego oczekujesz ode mnie teraz? Co poprawiłoby ci nastrój?" albo: „Jak mógłbym ci teraz pomóc?"

5. KIEDY ON RANI JĄ TYM, ŻE NIE PRZYWIĄZUJE WAGI DO JEJ UCZUĆ

Jej pytanie retoryczne:

Kiedy mężczyzna lekceważy uczucia partnerki i rani ją, ona mówi: „Jak możesz tak mówić?" lub: „Jak możesz mnie tak traktować?" albo: „Dlaczego mnie nie słuchasz?" lub: „Czy tobie jeszcze na mnie zależy?" albo: „Czy ja kiedykolwiek cię tak potraktowałam?"

Informacja, jaką on odbiera:

Partner słyszy w takiej chwili: „Jesteś złym człowiekiem. Wykorzystujesz mnie. Kocham cię o wiele bardziej niż ty mnie. Nigdy ci tego nie wybaczę. Powinieneś też zostać oszukany i odrzucony. To wszystko twoja wina".

Jego wyjaśnienia:	Informacja, jaką ona odbiera:
Kiedy mężczyzna lekceważy uczucia partnerki, a ona bardzo się denerwuje, często słyszy: „No, przecież wcale tego nie chciałem” albo: „Przecież cię słucham. Nawet w takiej chwili to robię” lub: „Nie zawsze cię ignoruję” czy: „Wcale się z ciebie nie śmieję”.	Ona tymczasem słyszy: „Nie masz prawa tak się denerwować. To nie ma sensu. Jesteś zbyt wrażliwa, coś z tobą jest nie w porządku. Jesteś prawdziwym ciężarem”.
Jak ona może okazać aprobatę:	**Jak on może okazać troskę:**
Kobieta może powiedzieć: „Nie podoba mi się sposób, w jaki ze mną rozmawiasz. Proszę, przestań” albo: „Zachowałeś się podle i nie mogę się z tym pogodzić. Proszę, zróbmy przerwę” lub: „Nie chciałam, żeby ta rozmowa tak przebiegała. Zacznijmy jeszcze raz” albo: „Nie zasługuję, żeby mnie tak traktowano. Chciałabym zrobić przerwę” lub: „Proszę, posłuchaj tego, co mówię”. (Mężczyzna lepiej reaguje na bezpośrednie i krótkie wypowiedzi. Wykłady i pytania są nieskuteczne).	Mężczyzna może powiedzieć partnerce: „Przepraszam. Nie zasłużyłaś, żeby cię tak traktowano”. Powinien też wziąć głębszy oddech i po prostu wysłuchać jej. Partnerka prawdopodobnie powie między innymi coś w rodzaju: „Nigdy mnie nie słuchasz”, a kiedy przerwie, on powinien powiedzieć: „Masz rację. Czasem cię nie słucham. Przepraszam. Naprawdę nie zasługujesz, by cię tak traktowano. Zacznijmy jeszcze raz. Tym razem pójdzie nam lepiej”. Rozpoczęcie rozmowy od nowa jest świetną obroną przed eskalacją kłótni. Jeżeli jednak kobieta nie chce rozpoczynać tej samej rozmowy na nowo, nie należy brać jej tego za złe.

Mężczyzna powinien pamiętać, że jeśli uszanuje jej prawo do zdenerwowania, ona odwdzięczy się, okazując uznanie i akceptację.

6. KIEDY ON SIĘ SPIESZY, A JĄ TO DENERWUJE

Jej pytanie retoryczne:

Kobieta skarży się: „Dlaczego zawsze się spieszymy?" albo: „Dlaczego ciągle dokądś gnamy?"

Informacja, jaką on odbiera:

Mężczyzna tymczasem słyszy: „Nie mam powodu, żeby tak się spieszyć. Nigdy nie jestem przy tobie szczęśliwa. Nic cię nigdy nie zmieni. Jesteś nieporadny i oczywiście zupełnie o mnie nie dbasz".

Jego wyjaśnienia:

On tłumaczy: „Nie jest tak źle" albo: „Przecież zawsze tak było" lub: „Nic na to nie poradzimy" czy: „Nie martw się tym tak bardzo, a wszystko będzie w porządku".

Informacja, jaką ona odbiera:

Kobieta wówczas słyszy: „Nie masz prawa do narzekań. Powinnaś być wdzięczna za to, co ci daję, a nie wiecznie cierpieć. Każdego potrafisz przygnębić. Nie masz powodu, żeby się skarżyć".

Jak ona może okazać aprobatę:

Jeśli kobieta czuje się bardzo zdenerwowana, może powiedzieć: „Wiem, że musimy czasem się spieszyć, ale bardzo tego nie lubię.

Jak on może okazać troskę:

Mężczyzna może wtedy powiedzieć: „Ja także tego nie lubię. Bardzo bym chciał, żebyśmy mogli trochę zwolnić tempo. To

Mam wrażenie, że ciągle dokądś pędzimy" albo: „Uwielbiam, kiedy nie musimy się spieszyć, a niekiedy naprawdę bardzo mnie złości, że trzeba dokądś pędzić. Ja po prostu tego nie lubię. Zaplanuj, proszę, nasze następne wyjście tak, żebyśmy mieli chociaż piętnaście minut rezerwy".

rzeczywiście wariactwo". W tym przypadku mężczyzna odnosi się do uczuć partnerki. Nawet jeśli jakaś jego cząstka lubi pośpiech, to najbardziej pomoże partnerce, wypowiadając się w imieniu tej swojej części, która za ciągłą pogonią nie przepada.

7. KIEDY ONA CZUJE SIĘ LEKCEWAŻONA PODCZAS ROZMOWY

Jej pytanie retoryczne:

Kiedy kobieta czuje się osamotniona lub lekceważona podczas rozmowy, mówi często: „Dlaczego tak powiedziałeś?" lub: „Dlaczego musisz ze mną w ten sposób rozmawiać?" albo: „Czy ty w ogóle dbasz o to, co ja mówię?" lub: „Jak możesz tak mówić?"

Informacja, jaką on odbiera:

Mężczyzna tymczasem słyszy: „Nie ma powodu, żeby mnie tak traktować. Pewnie już mnie nie kochasz. Zupełnie ci na mnie nie zależy. Tyle ci daję, a niczego nie otrzymuję w zamian".

Jego wyjaśnienia:

Kiedy partnerka czuje się lekceważona, denerwuje się, mężczyzna jej tłumaczy: „To, co mówisz, nie ma sensu" albo: „Ależ wcale tego nie powiedziałem" lub: „Wszystko to już słyszałem".

Informacja, jaką ona odbiera:

Kobieta słyszy wówczas: „Nie masz prawa tak się denerwować. Jesteś nierozsądna. Mylisz się. Ja wiem, co jest słuszne, a ty nie. Jestem od ciebie ważniejszy. To ty wszczynasz kłótnie, nie ja".

Jak ona może okazać aprobatę:

Kobieta może powiedzieć: „Nie podoba mi się to, co mówisz. To wszystko brzmi tak, jakbyś mnie osądzał. Nie zasługuję na to. Proszę, postaraj się to zrozumieć" albo: „Miałam ciężki dzień. Wiem, że to nie twoja wina, ale jeśli zrozumiesz, co czuję, zrobi mi się lżej". Kobieta może też pominąć milczeniem jego uwagi i po prostu poprosić o to, na czym jej zależy: „Jestem w bardzo złym nastroju, czy możesz przez chwilkę mnie posłuchać? To mi na pewno pomoże". (Żeby uważnie słuchać, mężczyzna potrzebuje zachęty).

Jak on może okazać troskę:

On może powiedzieć: „Przepraszam, że cię zmartwiłem. Co cię zaniepokoiło w tym, co mówiłem?", dając jej szansę zastanowienia się nad tym, co usłyszała. Potem może dorzucić: „Przykro mi. Rozumiem, czemu ci się to nie podobało" i znów umilknąć. Teraz przychodzi czas słuchania. Trzeba powstrzymać się od chęci wyjaśnienia jej, że źle interpretuje to, co usłyszała. Jeżeli kobieta odczuwa ból, to by go uleczyć, trzeba jej wysłuchać. Dopiero potem tłumaczenia będą miały jakąś wartość.

NIESIENIE POMOCY W TRUDNYCH CHWILACH

W każdym związku zdarzają się gorsze chwile. Mogą się one brać z najróżniejszych źródeł: utrata pracy, śmierć, choroba czy brak wolnego czasu. Jednak właśnie wtedy, kiedy w naszym życiu nie dzieje się dobrze, powinniśmy szczególnie dbać o to, żeby swojego partnera traktować z szacunkiem i miłością, a także bardziej niż zwykle pamiętać o tym, że oboje nie jesteśmy idealni. Jeżeli nauczymy się liczyć z potrzebami partnera podczas drobnych napięć, łatwiej nam będzie poradzić sobie z większymi wyzwaniami, kiedy takie nagle się pojawią.

We wszystkich przykładach, które przytoczyłem wyżej, to kobieta była stroną urażoną tym, co zrobił (lub czego nie zrobił) jej partner. Naturalnie, mężczyzna może być także wytrącony z równowagi postępowaniem kobiety i wszystkie rady podane w naszym zestawieniu z równym powodzeniem mogą być zastosowane do obu płci. Pożytecznym ćwiczeniem będzie głośne przeczytanie tych przykładów i zapytanie partnera, jak by w podobnych sytuacjach postąpił.

Gdy oboje jesteście w dobrym nastroju, poświęćcie trochę czasu, aby odkryć, które słowa najlepiej działają na każde z was. Kiedy pojawi się konflikt, możecie się wówczas posłużyć takim z góry ustalonym zwrotem.

Musicie jednak pamiętać, że bez względu na najbardziej nawet odpowiedni dobór słów, równie ważne jest to, co się za tymi słowami kryje. Nawet jeśli użyjecie najlepiej dobranych wyrażeń z podanej wyżej listy, a nasz partner nie będzie przy tym czuł się kochany, podziwiany i wyjątkowy — napięcie będzie nadal wzrastać.

Jak już wspomniałem, czasami najlepszym sposobem na uniknięcie konfliktu jest rozpoznanie go, gdy się tylko pojawi, i przerwanie rozmowy. Trzeba się wtedy zmobilizować, by po pewnym czasie móc do niej powrócić, lecz teraz już z większym zrozumieniem, akceptacją, aprobatą i szacunkiem dla partnera.

Przeprowadzając proponowane tutaj zmiany w postępowaniu, możemy się czuć niezręcznie i trochę tak, jakbyśmy manipulowali partnerem. Wielu ludzi wyraża podobny pogląd, że w miłości trzeba wszystko mówić otwarcie i spontanicznie. Należy jednak pamiętać, że nadmierna szczerość nie pozwala brać pod uwagę uczuć słuchacza. Można być uczciwym i jasno wyrażać swoje uczucia, ale wybierać do tego taką drogę, która pozwoli nie ranić i nie obrażać. Ćwicząc proponowane wyżej wypowiedzi, nabierzecie umiejętności wyrażania się w sposób troskliwy i ufny. Po jakimś czasie stanie się to automatyczne.

Jeżeli twój partner próbuje wprowadzić któreś z proponowanych zachowań, pamiętaj, że stara się być dla ciebie bardziej pomocny. Z początku jego wypowiedzi mogą brzmieć nie tylko nienaturalnie, ale wręcz nieszczerze. Nie można przecież zmienić przyzwyczajeń całego życia w ciągu kilku tygodni. Pamiętaj, by docenić każdy wysiłek partnera. W przeciwnym razie może łatwo zrezygnować.

ZASTĄPIĆ KŁÓTNIĘ POROZUMIENIEM

Kłótnie i utarczki słowne dyktowane emocjami można wykreślić z listy naszych zachowań, jeśli tylko uda nam się zapamiętać raz na zawsze, jakie są potrzeby naszego partnera, i uwzględnić je. Przyjrzyjmy się przykładowej sytuacji, w której uniknięto kłótni dzięki temu, że kobieta komunikowała swoje uczucia wprost, a mężczyzna nie lekceważył ich.

Pamiętam, jak niedawno wybieraliśmy się z żoną na wakacje. Kiedy wreszcie nadeszła chwila wyjazdu, wyprowadziłem samochód i mogliśmy się w końcu odprężyć po wyczerpującym tygodniu. Sądziłem, że Bonnie wyrazi radość z tego, że jedziemy na wspaniałe wakacje. Ona tymczasem westchnęła i powiedziała: „Mam wrażenie, że moje życie jest pasmem nie kończących się trosk".

Odczekałem, odetchnąłem głęboko i odpowiedziałem: „Doskonale cię rozumiem. Sam się czuję, jakby wyciekło ze mnie całe życie". Zrobiłem przy tym gest jak przy wyciskaniu cytryny.

Bonnie pokiwała głową ze zrozumieniem i ku mojemu zdumieniu uśmiechnęła się ślicznie i zaczęła mówić na inny temat. Powiedziała, jak bardzo się cieszy na naszą podróż. Przed sześcioma laty taki obrót sprawy byłby niemożliwy. Pokłócilibyśmy się i niesłusznie obarczyłbym ją całą winą.

Pomyślałbym, że to ze mnie jest niezadowolona. Broniłbym się, udowadniając, iż mamy wspaniałe życie i że powinna być wdzięczna losowi, że może wyjechać na piękne wakacje. Potem kłócilibyśmy się i nasze wakacje przeobraziłyby się w... pasmo nie kończących się tortur. A wszystko to zdarzyłoby się tylko dlatego, że nie zrozumiałbym jej uczuć i zlekceważyłbym je.

Teraz rozumiem już, że Bonnie po prostu wyraża mijające uczucia. Jej wypowiedź wcale nie dotyczyła mnie. Rozumiałem to, więc nie próbowałem się bronić. Moją uwagę na temat wyczerpania sił Bonnie odebrała jako wyraz współczucia. Zareagowała wtedy pozytywnie i poczułem się kochany i ceniony. Dzięki temu, że nauczyłem się przywiązywać wagę do jej uczuć, Bonnie otrzymała miłość, na jaką zasługiwała. No i nie pokłóciliśmy się.

ROZDZIAŁ DZIESIĄTY

ZDOBYWANIE PUNKTÓW U PARTNERA

Mężczyzna myśli, że zdobywa punkty u partnerki, robiąc dla niej coś wielkiego, na przykład kupując jej nowy samochód albo zabierając na wakacje.

Sądzi, że znacznie mniej tych punktów zgromadzi, robiąc coś małego: otwierając przed nią drzwi samochodu, kupując jej kwiatek lub przytulając ją.

Wychodząc z tego założenia, oszczędza swój czas, energię i uwagę, by od czasu do czasu uczynić dla ukochanej jedynie coś wielkiego. Takie zachowanie nie przynosi jednak oczekiwanych rezultatów, ponieważ kobiety zupełnie inaczej przyznają punkty.

Kiedy kobieta odnotowuje zasługi, nie jest ważne, czy miłosny podarunek jest wielki czy maleńki; zdobywa się wówczas jeden punkt. Każdy dar ma tę samą wartość, bez względu na rozmiary. Mężczyzna natomiast myśli, że za mały podarunek dostanie jeden punkt, a za duży trzydzieści. Ponieważ nie wie, że u kobiet wygląda to inaczej, więc skupia wszystkie swe moce, by zdobyć się na jeden wielki gest lub najwyżej na dwa.

Kiedy kobieta „prowadzi zapis", to niezależnie od tego, czy miłosny podarunek będzie wielki czy mały, partner zawsze dostanie jeden punkt. Wszystkie prezenty mają to samo znaczenie.

Mężczyzna nie uświadamia sobie, że dla kobiety małe rzeczy są równie ważne jak duże. Innymi słowy, jedna różyczka ma dla niej tę samą wartość co zapłacenie czynszu w terminie. Mężczyźni i kobiety, nie wiedząc o tych różnicach w „prowadzeniu zapisu", bardzo często są w swoich związkach sfrustrowani i rozczarowani.

Oto przykład, który doskonale to ilustruje:

Pam powiedziała mi kiedyś: „Ja tyle robię dla Chucka, a on mnie wciąż ignoruje. Zależy mu wyłącznie na pracy". Chuck odrzekł: „Przecież dzięki mojej pracy mamy piękny dom i jeździmy na cudowne wakacje. Pam powinna być szczęśliwa". Wtedy Pam odpowiedziała: „Ten dom i wakacje nic nie znaczą, skoro się nie kochamy. Potrzebuję od ciebie czegoś więcej". Na co Chuck odparł: „Brzmi to tak, jakbyś sama tak wiele ofiarowywała". A wtedy Pam: „Bo ofiarowuję! Ciągle coś dla ciebie robię. Piorę, przygotowuję posiłki, sprzątam — wszystko. Ty robisz tylko jedno — chodzisz do pracy, dzięki czemu możesz płacić rachunki. A ja mam robić całą resztę".

Chuck jest znanym lekarzem. Jak często w takich przypadkach bywa, jego praca pochłania wiele czasu, lecz zapewnia wysokie dochody. Chuck nie mógł pojąć, że żona może być niezadowolona. Dobrze zarabiał i zapewniał jej „dostatnie życie", a kiedy wracał do domu, zastawał ją nieszczęśliwą.

Zdaniem Chucka, im więcej zarabiał, tym mniej musiał robić innych rzeczy, by zadowolić Pam. Myślał, że czek na znaczną sumę, jaki wręcza trzydziestego każdego miesiąca, zyskuje mu najmniej trzydzieści punktów.

Kiedy otworzył własną klinikę i podwoił dochody, uznał, że teraz zasługuje na sześćdziesiąt punktów. Nie miał pojęcia, że czek niezależnie od kwoty, na jaką sumę opiewa, może być premiowany jednym i tylko jednym punktem.

Chuck nie rozumiał, że z punktu widzenia jego żony, im więcej zarabiał, tym mniej jej dawał. Jego nowa klinika wymagała od niego większego nakładu pracy. Pam musiała więc wnieść jeszcze więcej do ich wspólnego życia. Była bardzo nieszczęśliwa widząc, że sama zdobywa teraz około sześćdziesięciu punktów miesięcznie wobec jednego punktu Chucka.

Pam czuła, że daje więcej, a dostaje mniej. Z punktu widzenia Chucka wyglądało to zupełnie inaczej. Uważał, że dając teraz coś o większej wartości (czek na wyższą sumę), może też zwiększyć wymagania wobec Pam. W jego odczuciu skoro Pam robiła więcej, a on więcej dawał, to liczba zdobytych przez każde z nich punktów równoważyła się. Chuck czułby się całkiem zadowolony ze swego małżeństwa, gdyby nie to, że Pam była nieszczęśliwa. Oskarżał ją, że zbyt wiele wymaga. Jego zdaniem zwiększona kwota, którą łożył na dom, całkowicie równoważyła zwiększone obowiązki Pam. Takie stanowisko Chucka jeszcze bardziej denerwowało jego partnerkę.

Oboje po wysłuchaniu taśmy z moim wykładem na temat życia w związku przestali się nawzajem oskarżać i rozwiązali swój problem. Ich małżeństwo skazane na rozwód całkowicie się przeobraziło.

Chuck nauczył się, że robienie drobnych gestów na rzecz żony przynosi naprawdę wielkie zmiany. Był zdumiony, jak bardzo polepszył się nastrój w domu, od kiedy poświęcił żonie trochę czasu i energii. Zaczął cieszyć się tym, że dla kobiet wielkie i małe gesty mają tę samą wartość, a przy okazji zrozumiał, dlaczego jego praca zawodowa przynosiła tylko jeden punkt.

Właściwie Pam miała ważne powody, żeby czuć się nieszczęśliwą. Ona rzeczywiście potrzebowała Chucka — jego energii, starania i uwagi nieporównanie bardziej niż dostatniego życia. Chuck odkrył, że poświęcając mniej energii pracy, a tylko trochę więcej żonie, sprawia, że Pam jest wyraźnie uszczęśliwiona. Zrozumiał też, że dotąd pracował tak dużo, mając nadzieję, że w ten sposób zdobędzie sobie u niej punkty. Teraz, gdy pojął zasadę, jaką kieruje się jego żona, „prowadząc zapis", mógł wracać do domu z miłą pewnością, że wie, jak ją uszczęśliwić.

WIELKA POPRAWA DZIĘKI MAŁYM ZMIANOM

Jest mnóstwo sposobów, by zyskać punkty w oczach partnerki, nie czyniąc wcale większych wysiłków. Polegają one na skierowaniu niedużej części zabiegów i starań, które partner i tak podejmuje, lecz w nieco innym kierunku. Wielu mężczyzn zna doskonale te sposoby, ale nie robi z tego użytku, nie wiedząc, jak ważne dla kobiety są takie drobne gesty. Mężczyzna jest głęboko przekonany, że małe podarunki są nieistotne w porównaniu z wielkimi sprawami, na jakie się dla kobiety zdobywa.

Niektórzy mężczyźni na początku znajomości umieją zdobyć się na drobne, miłe gesty, ale tylko raz lub kilka razy. Potem przestają i instynktownie skupiają energię na wielkich przedsięwzięciach podejmowanych „dla dobra" partnerki, zaniedbując jednocześnie małe sprawy, tak ważne z kobiecego punktu widzenia.

Aby zadowolić kobietę, mężczyzna musi zrozumieć, czego ona potrzebuje, by **mieć** poczucie, że jest kochana i że ma w partnerze prawdziwe oparcie.

Sposób, w jaki kobiety „zapisują punkty", nie jest bowiem odzwierciedleniem ich preferencji, lecz ich najgłębszych potrzeb. Żeby czuły, że są kochane, potrzebują bardzo wiele objawów uczucia. Jeden czy dwa dowody miłości, nawet jeśli są bardzo ważne, nigdy nie wystarczą.

Mężczyźnie, oczywiście, niełatwo to zrozumieć. Musi jednak starać się pamiętać, że prawdziwe spełnienie kobiecej potrzeby miłości uzyska, czyniąc dla niej wiele drobnych gestów.

Pomocna będzie lista 101 sposobów na uszczęśliwienie partnerki.

101 SPOSOBÓW ZDOBYWANIA PUNKTÓW U KOBIETY

1. Po powrocie do domu, zanim zrobisz cokolwiek innego, przytul ją.

2. Zadaj jej kilka szczegółowych pytań dotyczących minionego dnia. Najlepiej, jeśli dasz przy tym do zrozumienia, że pamiętasz, co miała tego dnia w planie, np.: „No i jak ci minęła wizyta u doktora?"

3. Ćwicz słuchanie i zadawanie pytań.

4. Powstrzymaj się od rozwiązywania jej problemów. Zamiast tego okaż współczucie.

5. Ofiaruj jej dwadzieścia minut wyłącznej uwagi (nie zajmuj się w tym czasie niczym innym, nawet czytaniem gazety).

6. Przynoś jej kwiaty zarówno z okazji jakiejś uroczystości, jak i bez okazji.

7. Kilka dni wcześniej zaplanuj wspólne wyjście. Nie czekaj do piątkowego wieczoru, żeby ją spytać, co chciałaby robić w sobotę.

8. Jeśli to ona zawsze robi kolację lub gdy dziś przypada jej kolej, a widzisz, że jest bardzo zmęczona lub zajęta, zaproponuj, że dzisiaj ty przygotujesz posiłek.

9. Pochwal jej wygląd.

10. Współczuj jej, kiedy jest zdenerwowana.

11. Zaproponuj pomoc, kiedy jest zmęczona.

12. Udając się dokądś, wygospodaruj tyle czasu, żeby nie musiała się spieszyć.

13. Jeśli masz się spóźnić, zadzwoń i uprzedź ją o tym.

14. Jeśli prosi cię o pomoc, powiedz „tak" lub „nie", nie dając jej przy tym do zrozumienia, że źle zrobiła, zwracając się do ciebie.

15. Zawsze, kiedy zranisz jej uczucia, ofiaruj jej trochę współczucia. Powiedz: „Przykro mi, że cierpisz", a potem umilknij i pozwól jej odczuć, że rozumiesz, co przeżywa.

Nie proponuj rozwiązań ani tłumaczenia, że nie jesteś winny jej cierpienia.

16. Zawsze, kiedy czujesz potrzebę odsunięcia się, zapewnij ją, że wrócisz, albo wyjaśnij, że potrzebujesz trochę czasu, by pewne sprawy przemyśleć.

17. Kiedy ochłonąłeś i wracasz do przerwanej rozmowy, powiedz partnerce o tym, co cię zirytowało, z szacunkiem i bez niepotrzebnego obwiniania jej. Nie pozwól, by wyobrażała sobie najgorsze.

18. W zimie zaproponuj, że rozpalisz w kominku.

19. Kiedy partnerka mówi do ciebie, odłóż gazetę, wyłącz telewizor. Ofiaruj jej całą uwagę.

20. Jeśli to ona zwykle myje naczynia, widząc, że jest zmęczona, zaproponuj, że ją wyręczysz.

21. Jeżeli jest zdenerwowana lub zmęczona, zauważ to i zapytaj, co jeszcze ma do zrobienia, a następnie pómóż jej wypełnić pozostałe obowiązki.

22. Wychodząc z domu, zapytaj, czy nie potrzebuje czegoś ze sklepu, a potem pamiętaj, by to przynieść.

23. Jeśli zamierzasz się zdrzemnąć lub wyjść, powiedz jej o tym.

24. Przytul ją cztery razy dziennie.

Przytul ją cztery razy dziennie.

25. Zadzwoń do niej z pracy i zapytaj, jak się czuje. Możesz też podzielić się z nią jakąś nowiną albo powiedzieć, że ją kochasz.

26. Co najmniej kilka razy dziennie powiedz jej: „Kocham cię".

27. Pościel łóżko i posprzątaj sypialnię.

28. Jeśli ona pierze twoje skarpetki, przewróć je na prawą stronę, żeby nie musiała tego robić.

29. Zwróć uwagę na to, że kubeł jest pełen, i zaproponuj, że wyniesiesz śmieci.

30. Kiedy jesteś w podróży, zadzwoń i zostaw numer

telefonu, pod którym można cię zastać. Zawiadom ją, że dojechałeś szczęśliwie.

31. Umyj jej samochód.

32. Umyj swój samochód i odkurz go w środku przed wspólnym wyjściem.

33. Zanim zaczniecie się kochać, umyj się i jeśli ona to lubi, skrop się wodą kolońską.

34. Stań po jej stronie, jeśli ktoś ją zdenerwował.

35. Zaproponuj, że pomasujesz jej kark i plecy albo stopy (albo i to, i to).

36. Bądź czasem czuły i przytul ją, nie tylko wtedy gdy zamierzasz się z nią kochać.

37. Kiedy ona ci się zwierza, bądź cierpliwy. Nie patrz na zegarek.

38. Kiedy wspólnie oglądacie telewizję, nie sprawdzaj co chwila, co jest na pozostałych kanałach.

39. Okazuj jej uczucie również w miejscach publicznych.

40. Kiedy trzymacie się za ręce, niech twoja dłoń nie będzie wiotka.

41. Zapamiętaj, co lubi pić, żebyś mógł jej przygotować takie napoje, które jej smakują.

42. Zaproponuj kilka restauracji do wyboru. Nie obciążaj jej decyzją wymyślania, dokąd pójść.

43. Kup bilet do teatru, filharmonii, opery, teatru tańca lub na inny rodzaj widowiska, które ona lubi.

44. Stwarzaj okazje, byście oboje musieli się odświętnie i elegancko ubrać.

45. Bądź wyrozumiały, kiedy ona się spóźnia lub kiedy decyduje się w ostatniej chwili, że się przebierze.

46. W towarzystwie poświęcaj jej więcej uwagi niż innym.

47. Okaż, że jest ważniejsza niż dzieci. Pozwól, by dzieci dostrzegły, że to jej przyznajesz pierwszeństwo.

48. Kup jej coś ze strojów (weź ze sobą do sklepu jej zdjęcie wraz z wymiarami i poproś sprzedawców o pomoc).

49. Kupuj jej drobne upominki, takie jak czekoladki czy perfumy.

50. Przy uroczystych okazjach rób jej zdjęcia.

51. Planuj małe romantyczne wypady.

52. Pokaż jej, że nosisz w portfelu jej zdjęcie, które od czasu do czasu wymieniasz na bardziej aktualne.

53. Jeśli macie się zatrzymać w hotelu, postaraj się, by w pokoju czekało coś specjalnie dla niej: szampan, jej ulubiony sok albo kwiaty.

54. Przy specjalnych okazjach, takich jak urodziny czy rocznica, napisz coś dla niej.

55. Na długich trasach prowadź samochód.

56. Prowadź samochód bezpiecznie. Pamiętaj, że ona siedzi obok ciebie bezradna, i uwzględnij jej odczucia.

57. Zaobserwuj, jak ona się czuje, i skomentuj to: „Wyglądasz dziś na bardzo szczęśliwą" albo: „Wyglądasz na zmęczoną", a potem zadaj pytanie w rodzaju: „Jak minął dzień?"

58. Kiedy gdzieś wyjeżdżacie, zanim wyruszycie, przestudiuj trasę, dowiedz się, jak dojechać do celu. Niech ona nie czuje się odpowiedzialna za szczęśliwy dojazd na miejsce.

59. Zabierz ją na dancing albo na kurs tańca.

60. Zrób jej niespodziankę: napisz na karteczce, że ją kochasz, albo ułóż wiersz.

61. Traktuj ją tak, jak na początku znajomości.

62. Zaproponuj, że coś naprawisz. Powiedz: „Mam trochę czasu. Czy jest w domu coś do naprawienia?"

63. Naostrz noże kuchenne.

64. Kup jakiś wspaniały klej i posklejaj rzeczy, które tego wymagają.

65. Wkręć nowe żarówki, kiedy stare się przepalą.

66. Pomagaj wynosić śmiecie.

67. Czytaj głośno te artykuły w gazecie, które mogą ją zainteresować.

68. Zapisuj starannie wszystkie wiadomości telefoniczne przeznaczone dla niej.

69. Wycieraj po sobie podłogę w łazience, zwłaszcza jeśli brałeś prysznic.

70. Otwieraj przed nią drzwi.

71. Pomóż jej wnieść zakupy.

72. Wyręcz ją w noszeniu ciężkich rzeczy.

73. W podróży noś bagaże i wkładaj je do samochodu.

74. Jeśli to ona zawsze myje naczynia lub gdy teraz przypada jej kolej, zaproponuj, że wyszorujesz garnek lub że pomożesz przy naczyniach trudniejszych do wymycia.

75. Zrób listę rzeczy, które trzeba naprawić, i powieś ją w kuchni. Mając wolny czas, wykonuj kolejno pozycje z listy. Nie pozwól, by wisiała w kuchni zbyt długo.

76. Kiedy ona przygotowała posiłek, pochwal jej sposób gotowania.

77. Słuchając jej, patrz na nią.

78. Dotknij jej czasem, kiedy z nią rozmawiasz.

79. Okaż zainteresowanie sprawami, które jej dotyczą, książkami, które czyta, i ludźmi, z którymi się kontaktuje.

80. Słuchając jej, okaż, że cię to interesuje, wydając pomruki „mhm" lub „aha" itp.

81. Zapytaj, jak się miewa.

82. Jeśli choruje, spytaj, jak się dziś czuje.

83. Kiedy jest zmęczona, zrób jej herbatę.

84. Przygotuj się do snu i kładź się do łóżka w tym samym czasie co ona.

85. Pocałuj ją i pożegnaj, kiedy wyjeżdżasz.

86. Śmiej się z jej żartów.

87. Powiedz „dziękuję", kiedy coś dla ciebie zrobiła.

88. Zauważ, że ma nową fryzurę, i pochwal ją.

89. Stwarzaj okazję, by razem spędzić mile trochę czasu.

90. Nie odbieraj telefonu w chwilach zbliżenia ani wtedy, gdy ona się zwierza.

91. Pojedź gdzieś z nią razem na rowerze.

92. Zorganizuj piknik (nie zapomnij o obrusie).

93. Jeśli ona zajmuje się praniem, odnieś rzeczy do czyszczenia.

94. Wybierzcie się na spacer sami, bez dzieci.

95. Uzgodnij ważne sprawy, tak aby wiedziała, że chcesz jej dać to, czego pragnie, i byś ty także miał to, na czym ci zależy. Bądź troskliwy, ale nie bądź męczennikiem.

96. Powiedz, że tęskniłeś za nią, kiedy byłeś poza domem.

97. Przynieś jej ulubione ciastka lub deser.

98. Jeśli to ona robi zwyczajowo zakupy żywnościowe, zaproponuj, że ją w tym wyręczysz.

99. Nie objadaj się na romantycznej kolacji, żebyś potem nie czuł się przejedzony i zmęczony.

100. Opuszczaj klapę sedesową, nim wyjdziesz z toalety.

101. Poproś, żeby dopisała swoje pomysły do tej listy.

CZARY, JAKICH DOKONASZ DZIĘKI DROBNYM GESTOM

Małe rzeczy, które mężczyzna robi dla kobiety, przynoszą wręcz magiczny skutek. Dzięki nim czuje się kochana. Jeśli liczba punktów jej i partnera w prowadzonym przez nią zapisie jest równa lub prawie równa, to wie, że on ją kocha, i w zamian okazuje mu coraz więcej zaufania i miłości.

Robienie tych drobnych gestów jest też uzdrawiające dla samego mężczyzny, i to co najmniej w takim samym stopniu jak dla jego partnerki. Dzięki nim czuje się znów zdolny do uszczęśliwiania jej. Oboje są więc zaspokojeni.

Czego potrzebuje mężczyzna

Kobieta potrzebuje drobnych gestów ze strony mężczyzny, on zaś, by ona w widoczny sposób owe gesty doceniała. Kobieta powinna uśmiechnąć się, powiedzieć: „Dziękuję, kochanie” lub w jakikolwiek inny sposób okazać mu, że zdobył punkt. Mężczyźnie potrzeba zachęty, żeby nadal mógł świadczyć drobne gesty, musi czuć, że to rzeczywiście coś zmienia.

Mężczyźni przestają dawać, jeśli widzą, że nikt na to nie zwraca uwagi. Kobieta musi okazać partnerowi, że jego starania budzą jej wdzięczność.

Nie znaczy to, że partnerka ma udawać, że teraz jest cudownie i że wszystkie problemy znikły, ponieważ on wyniósł śmieci. Chodzi tylko o to, by zauważyła, że to zrobił, i powiedziała: „Dziękuję, kochanie".

Powoli oboje zaczną sobie okazywać więcej miłości.

Co kobieta musi zaakceptować

Kobieta musi zaakceptować naturalną skłonność mężczyzny do skupiania całej energii na sprawach wielkich i minimalizowania znaczenia rzeczy drobnych. Jeśli kobieta przyjmie, że owa cecha jest wspólna wszystkim mężczyznom, nie będzie to już dla niej takie bolesne. Zamiast odrzucać partnera za to, że mniej daje, spróbuje konstruktywnie popracować z nim nad rozwiązaniem tego problemu. Może, na przykład, często mu mówić, że bardzo się cieszy z drobnych rzeczy, jakie dla niej zrobił, że jest mu wdzięczna, iż tak się stara.

Kobieta musi też pamiętać, że to, iż partner zapomina o drobnych gestach, nie oznacza, że przestał ją kochać. Zamiast go karać lub z nim walczyć, może go zachęcić, prosząc po prostu o pomoc.

Jeśli mężczyzna zostanie odpowiednio zachęcony i pochwalony, z czasem zrozumie, że małe gesty i wielkie przedsięwzięcia mają dla kobiety dokładnie tę samą wartość. Pozwoli mu to odprężyć się i spędzać więcej czasu z żoną i rodziną.

OSZCZĘDZANIE ENERGII

Pamiętam, jak po raz pierwszy zacząłem oszczędzać energię na drobne sprawy. Kiedy Bonnie i ja pobraliśmy się, byłem prawdziwym pracoholikiem. Oprócz tego, że pisałem książki i prowadziłem seminaria, przez pięćdziesiąt godzin w tygodniu udzielałem porad. W pierwszym roku naszego małżeństwa Bonnie wiele razy mówiła mi, że bardzo pragnie spędzać ze mną więcej czasu. Wielokrotnie też żaliła się, że czuje się opuszczona i zaniedbana przeze mnie.

Czasami pisała do mnie list, nazywany przez nas *Listem miłosnym*. Kończył się on zawsze zapewnieniami miłości, a mówił o uczuciach gniewu i smutku. W rozdziale jedenastym omówimy szczegółowo technikę pisania i wspaniałe wyniki osiągane dzięki *Listom miłosnym*.

Ten, który przedstawiam niżej, napisała Bonnie, kiedy zbyt wiele czasu spędzałem poza domem.

Kochany Johnie!

Piszę do Ciebie list, żeby podzielić się z Tobą swoimi uczuciami. Nie chcę Cię pouczać, co masz robić. Pragnę tylko, byś zrozumiał moje uczucia.

Jestem zła, że tyle czasu poświęcasz pracy. Pragnę tylko, byś zrozumiał, co czuję. Kiedy wracasz do domu, nie masz już na nic siły. Chcę, żebyś spędzał ze mną więcej czasu.

Boli mnie, że troszczysz się bardziej o swoich pacjentów niż o mnie. Jest mi smutno, że jesteś taki zmęczony. Tęsknię za Tobą.

Boję się, że nie chcesz spędzać czasu ze mną. Boję się, że jestem w Twoim życiu ciężarem. Boję się, że moje uczucia nie mają dla Ciebie znaczenia.

Przykro mi, że te wyznania nie będą dla Ciebie przyjemne. Wiem, że bardzo się starasz. Doceniam to, że tak ciężko pracujesz.

Kocham Cię
Bonnie

Po lekturze tego listu zrozumiałem, że rzeczywiście więcej dawałem swoim pacjentom niż jej. Poświęcałem im całą swoją energię, a do domu wracałem tak wyczerpany, że zaniedbywałem własną żonę.

Kiedy mężczyzna za dużo pracuje

Zaniedbywałem ją nie dlatego, że przestałem ją kochać lub że już mi na niej nie zależało. Nie miałem już, po prostu, niczego, co mógłbym ofiarować. Naiwnie sądziłem, że najlepiej robię, ciężko pracując, bo dzięki temu zapewniam lepsze życie (więcej pieniędzy) mojej żonie i rodzinie. Kiedy zrozumiałem, jak czuje się Bonnie, opracowałem plan rozwiązania tego problemu.

Zamiast spotykać się z ośmioma pacjentami dziennie, zacząłem przyjmować siedmiu. Udawałem, że moja żona jest tym ósmym pacjentem, z którego zrezygnowałem. Co wieczór wracałem do domu godzinę wcześniej.

Zachowywałem się tak, jakby ten ostatni pacjent był najważniejszy. Zacząłem poświęcać Bonnie pełną, niczym nie zakłóconą uwagę, jaką ofiarowałbym pacjentowi.

Po powrocie do domu oddawałem jej teraz małe, miłe przysługi.

Efekt wprowadzenia tego planu był natychmiastowy. Bonnie była szczęśliwsza... i ja też. Powoli poczułem się coraz bardziej kochany za to, jaki wobec niej jestem. Przestało mi tak bardzo zależeć na szybkiej karierze zawodowej. Ku mojemu zdumieniu takie nastawienie przyniosło nie tylko poprawę naszego związku, lecz i moja praca owocowała jak nigdy dotąd, choć nie wymagało to teraz ode mnie tyle czasu i wysiłku.

Zauważyłem, że kiedy znowu nauczyłem się uszczęśliwiać Bonnie, nabrałem więcej pewności także w dziedzinie zawodowej. Dzięki temu zrozumiałem, że sukces osiąga się nie tylko drogą ciężkiej pracy, lecz także dzięki umiejętności budzenia w ludziach zaufania. Kiedy moja rodzina mnie kocha, jestem bardziej pewny siebie, a inni bardziej mi ufają i doceniają mnie.

Jak kobieta może pomóc

Ważną rolę w tej odmianie odegrała pomoc Bonnie. Ona nie tylko uczciwie dzieliła się ze mną swoimi uczuciami, lecz także bardzo wytrwale prosiła mnie o rzeczy, na których jej zależało, i okazywała, że docenia moje starania, kiedy coś dla niej robiłem. Powoli zdałem sobie sprawę, jak cudownie jest być kochanym za małe gesty. Uwolniłem się od myśli, że muszę dokonywać wielkich czynów, żeby mnie kochano. Odczułem wielką ulgę.

KIEDY KOBIETY PRZYZNAJĄ PUNKTY

Kobieta ma wspaniałą naturalną umiejętność doceniania zarówno wielkich, jak i małych gestów. Dla mężczyzn jest to prawdziwe błogosławieństwo. Wielu z nas walczy o coraz większy sukces, by zasłużyć na miłość. W głębi duszy wszyscy tęsknią za miłością i podziwem. Nie wiedzą, że aby uzyskać to, czego pragną, wcale nie muszą zdobywać laurów.

Przeważnie mężczyźni walczą o coraz to większy sukces, by zasłużyć na miłość partnerki.

Kobieta może uleczyć partnera z nałogu dążenia do sukcesu, jeśli okaże, że docenia małe rzeczy, które on dla niej robi. Może jednak zdarzyć się i tak, że kobieta nie okaże wdzięczności, ale wyrzuci z siebie nagromadzone urazy.

LECZENIE URAZY

Kobiety instynktownie wyrażają wdzięczność za małe gesty. Jedynym wyjątkiem są sytuacje, gdy kobieta nie czuje, że jej wdzięczność jest mężczyźnie potrzebna, lub gdy uważa, że suma punktów, które sama zdobyła, jest dużo wyższa niż suma punktów partnera.

Kiedy kobieta czuje się nie kochana i zaniedbywana, zaczyna mieć wielkie trudności z wyrażaniem wdzięczności.

Narasta w niej uraza, która blokuje zdolność odczuwania wdzięczności za drobne gesty.

Uraza jest stanem chorobowym jak grypa czy przeziębienie. Kiedy kobieta „choruje" na urazę, ma skłonność do zaprzeczania nawet przed sobą, jakoby mężczyzna cokolwiek dla niej robił.

Taki stan powstaje, jeśli według „zapisu" kobiety stosunek jej punktów do punktów partnera ma się jak czterdzieści do dziesięciu. Kiedy kobieta czuje, że dostaje znacznie mniej, niż daje, zaczyna się z nią dziać coś dziwnego. Zupełnie nieświadomie odejmuje jego dziesięć punktów od swoich czterdziestu i uzyskuje przekonanie, że „wynik" ich związku jest jak trzydzieści do zera. Matematycznie ma to jakiś sens i jest do pewnego stopnia zrozumiałe, ale w odniesieniu do małżeństwa zupełnie się nie sprawdza. W wyniku opisanego wyżej działania partner zostaje bez punktów, a przecież nie jest prawdą, że niczego nie wniósł do swojego związku. Wniósł dziesięć punktów. Tymczasem, gdy przychodzi do domu, kobieta spojrzeniem i głosem pełnym chłodu daje do zrozumienia, że jego wartość jest zerowa. I chociaż uzyskał dziesięć punktów, jest traktowany tak, jakby nie miał nic. Kobieta zachowuje się w ten sposób, ponieważ czuje się nie kochana. Duża różnica w punktacji każe jej sądzić, że nie jest dla partnera nikim ważnym. Wrażenie to powoduje, że bardzo trudno jej wyrazić wdzięczność za te dziesięć punktów, którymi mężczyzna może się wylegitymować. To oczywiście nie jest w porządku, ale tak to właśnie wygląda.

Zazwyczaj na tym etapie mężczyzna, nie dostrzegając wdzięczności partnerki, traci motywację, by robić cokolwiek. Zaraża się wirusem urazy. Kobieta czuje się coraz bardziej urażona i stan obojga się pogarsza.

Co ona może zrobić

Jeśli obie strony postarają się zrozumieć sytuację, stanie się ona możliwa do uzdrowienia. Mężczyzna potrzebuje, by go doceniano, a kobieta pragnie troskliwości. Jeśli te potrzeby nie zostaną zaspokojone, choroba będzie postępowała dalej.

Kobieta może wówczas bardzo pomóc, biorąc na siebie część odpowiedzialności. Powinna zrozumieć, że przyczyniła się do powstania problemu, dając z siebie tak wiele, że punktacja stała się rażąco nierówna. Musi zacząć się oszczędzać, tak jakby to robiła, chorując na grypę, i powstrzymać się przed nadmiernym dawaniem. Powinna odpocząć i pozwolić partnerowi, by się nią zaopiekował.

Kobieta urażona często nie daje mężczyźnie szansy okazania jej troski, a jeśli mimo to uda mu się coś dla niej zrobić, sugeruje, że nie ma to żadnej wartości, i znów przyznaje mu zero punktów. Zamyka przed nim drzwi.

Jeżeli kobieta weźmie na siebie odpowiedzialność za powstanie problemu i przyzna, że dawała zbyt wiele, automatycznie przestanie obwiniać za wszystko partnera i rozpocznie „zapis" na nowo. Da w ten sposób mężczyźnie szansę i dzięki temu, że wiele zrozumiała, poprawi sytuację.

Co on powinien zrobić

Kiedy mężczyzna czuje, że nie jest doceniany, przestaje się starać. Powinien jednak zachować się odpowiednio i usiłować zrozumieć, że kobiecie żywiącej urazę niezmiernie trudno poczuć wdzięczność.

Mężczyzna może osłabić swoją własną urazę, jeśli pojmie, że partnerka, zanim będzie zdolna do tego, by znów dawać, musi najpierw przez pewien czas tylko otrzymywać. Pamiętając o tym, powinien cierpliwie świadczyć kobiecie drobne gesty. Przez jakiś czas niech się nie spodziewa, że partnerka zareaguje wdzięcznością, na jaką zasłużył. Wtedy, być może, będzie mu pomocna świadomość, że to on zaraził kobietę „grypą", zaniedbując prawie całkowicie drobne sprawy, tak bardzo jej potrzebne.

Zanim więc owa „grypa" minie, mężczyzna musi dawać, nie spodziewając się wiele w zamian. W leczeniu jego własnej urazy pomoże mu z pewnością wiara, że potrafi pomóc partnerce. Jeśli mężczyzna skupi się na dawaniu, a kobieta na wdzięcznym przyjmowaniu, równowaga w ich związku zostanie rychło przywrócona.

DLACZEGO MĘŻCZYŹNI MNIEJ DAJĄ

Mężczyzna rzadko pragnie dawać mniej niż otrzymuje. Jest jednak regułą, że mężczyźni są stroną dającą mniej. Prawdopodobnie wy także doświadczyliście tego w swoim związku. Kobiety często skarżą się, że na początku znajomości partner był bardziej troskliwy, lecz z czasem stał się bierny. Mężczyźni również uważają, że nie są traktowani fair. Z początku partnerki były takie wdzięczne i kochające, a potem stały się pełne pretensji i urazy.

Łatwo będzie zrozumieć tę tajemnicę, jeśli uświadomimy sobie, jak różnie wygląda „zapis punktów" prowadzony przez kobietę i mężczyznę.

Oto pięć przyczyn, dla których mężczyzna przestaje dawać:

1. Marsjanin pragnie, by „było sprawiedliwie".

Mężczyzna skupia całą swoją energię na pracy zawodowej i sądzi, że dzięki temu zdobył pięćdziesiąt punktów. Po powrocie do domu siada i czeka, by teraz partnerka zasłużyła na swoje pięćdziesiąt. Nie wie, że z jej perspektywy uzyskał zaledwie jeden punkt. Przestaje dawać, ponieważ liczy punkty w inny sposób. Sądzi też, że uczciwie i miło będzie teraz dać jej szansę zdobycia pięćdziesięciu punktów i wyrównania punktacji. Mężczyzna nie wie, że jego ciężka praca została nagrodzona tylko jednym punktem. Praktyczne wnioski wypływające ze zrozumienia obu sposobów widzenia są następujące:

Dla mężczyzn: Pamiętajcie, że w oczach kobiet wielkie i małe rzeczy warte są tyle samo — jeden punkt. Wszystkie gesty miłości są i równie cenne, i równie upragnione. Aby nie dopuścić do powstania urazy, czyń gesty, które znajdziesz na liście drobnych zmian przynoszących wielką poprawę.

Nie wymagaj od kobiety, by okazała ci wdzięczność, zanim będzie miała pod dostatkiem drobnych dowodów twej miłości.

Dla kobiet: Pamiętaj, że mężczyźni pochodzą z Marsa. Nie mają wewnętrznej potrzeby świadczenia drobnych przysług. Dają mniej nie dlatego, że przestali kochać, lecz dlatego, że sądzą, iż swoją „porcję" punktów już zdobyli. Zachęcaj partnera, prosząc go po prostu o więcej. Nie czekaj z tym do chwili, kiedy punktacja będzie dramatycznie nierówna, a ty rozpaczliwie spragniona dowodów jego troski i miłości. Nie trać wiary w to, że partner chce się o ciebie troszczyć, potrzebuje jednak do tego twojej zachęty.

2. Wenusjanka idealizuje miłość „bezwarunkową".

Kobieta daje tyle, ile może, a zauważa, że otrzymała mniej jedynie wtedy, gdy jest wyczerpana. Kobiety nie podliczają punktów po jakimś wysiłku, jaki podjęły, tak jak robią to mężczyźni. Kobiety dają w sposób nieograniczony i spodziewają się, że ich partnerzy będą postępować podobnie.

Jak już mówiłem, mężczyźni zachowują się inaczej. Dają do czasu, gdy uznają, że punktacja jest nierówna, i wówczas przestają. Zazwyczaj dają wiele, a potem czekają na to, co dostaną w zamian.

Kiedy kobieta z radością robi wiele dla partnera, ten sądzi, że ona z pewnością śledzi punktację i pewnie jego punktów wciąż jest więcej. Ostatnią rzeczą, o której pomyśli, będzie to, że ona ma już więcej punktów od niego. Sam mając więcej punktów, na pewno przestałby dawać, a już z całą pewnością nie robiłby tego z uśmiechem. Mężczyzna nie wie, że Wenusjanki są zdolne czerpać radość z dawania aż do chwili, gdy „zapis” osiągnie proporcję trzydzieści do zera.

A oto praktyczne rady związane z tymi faktami:

Dla mężczyzn: Pamiętaj, że jeśli partnerka daje ci dowody uczucia z wyraźną radością, wcale nie oznacza to, że wasza punktacja jest wyrównana.

Dla kobiet: Pamiętaj, że kiedy w nieograniczony sposób dajesz partnerowi dowody uczucia, on otrzymuje informację, że oboje macie podobną liczbę punktów. Jeśli chcesz go zmobilizować, by zaczął dawać, musisz taktownie zaprzestać dalszego dawania. Pozwól, by zrobił dla ciebie trochę drobnych rzeczy. Zachęć go, grzecznie go o to prosząc, a potem wyrażając wdzięczność.

3. Marsjanie dają wtedy, kiedy ich się poprosi.

Marsjanie są bardzo dumni ze swojej samowystarczalności. Dopóki naprawdę nie potrzebują pomocy, nie proszą o nią. Na Marsie ofiarowanie pomocy, zanim cię o nią poproszą, jest nietaktem.

Wenusjanki przeciwnie: jeśli kogoś kochają, pomagają mu na wszystkie możliwe sposoby. Nie czekają, aż ukochany o to poprosi, a im bardziej kochają, tym więcej dają.

Kiedy więc mężczyzna nie okazuje ani troski, ani pomocy, kobieta sądzi, że widocznie jej już nie kocha. Może nawet „testować” jego uczucie. Czyni to, powstrzymując się zupełnie od wyrażania życzeń, czekając, by ukochany „zrobił coś dla niej bez proszenia”. Jeżeli partner nie wykazuje wówczas inicjatywy, kobieta czuje się urażona. Nie rozumie, że mężczyzna czeka, aż ona go o coś poprosi.

Jak już wspomniałem, mężczyzna uważa za rzecz bardzo istotną utrzymywanie punktacji w równowadze. Kiedy czuje, że w małżeństwie ofiarował więcej, instynktownie zaczyna o więcej prosić, gdyż uważa się do tego upoważniony.

Z kolei, jeżeli mężczyzna wie, że ofiarował mniej niż partnerka, to z pewnością o nic już nie poprosi, lecz będzie czekał na okazję, by samemu okazać jej pomoc.

Kiedy więc kobieta nie zabiega o pomoc, mężczyzna sądzi, że prawdopodobnie punktacja pozostaje w równowadze lub że, jak dotąd, zdobył więcej punktów niż ona. Nie ma pojęcia, że partnerka czeka, by zaproponował jej swoją pomoc.

Biorąc to pod uwagę, możemy wyciągnąć kolejne wnioski:

W odniesieniu do kobiet: Pamiętaj, że mężczyzna oczekuje na konkretne wskazówki, co i kiedy ma dla ciebie zrobić. Czeka, aż go poprosisz. Wydaje się, że potrzebuje, aby częściej zwracać się do niego z prośbą. W dodatku, kiedy go wyraźnie poprosisz, on wie, co powinien dać. Wielu bowiem mężczyzn nie orientuje się, czego się od nich oczekuje. Zdarza się też, że nawet jeśli partner wie, że teraz jego kolej, by dawać, to całą energię skupi na walce o jakiś wielki sukces, pomijając zupełnie drobne gesty, których tak ci potrzeba.

W odniesieniu do mężczyzn: Pamiętaj, że kobieta nie prosi o pomoc wtedy, gdy jej potrzebuje. Czeka, aż ty sam tę pomoc okażesz — i to ma być dowodem twojego uczucia. Naucz się robić dla niej drobne rzeczy.

4. Wenusjanki pomagają nawet wtedy, gdy mają przeważającą liczbę punktów.

Mężczyźni nie wiedzą, że jeśli poproszą partnerkę o pomoc, to zgodzi się bez wahania, nawet jeśli dysponuje przeważającą sumą punktów. Kobieta, jeżeli tylko może coś dla partnera zrobić, bezwzględnie to uczyni.

Mężczyźni sądzą, że jeśli kobieta chętnie spełnia ich prośby i życzenia, to widocznie sama także czuje, że jej potrzeby są zaspokojone. Myślą, że punktacja jest w równowadze, choć w rzeczywistości tak nie jest.

Pamiętam, że przez pierwsze dwa lata naszego małżeństwa brałem Bonnie raz w tygodniu do kina. Któregoś dnia bardzo się zezłościła i powiedziała: „Zawsze robimy to, co ty lubisz. Nigdy nie robimy tego, czego ja chcę".

Byłem prawdziwie zaskoczony. Sądziłem, że jest zadowolona z sytuacji, tak samo jak ja. Myślałem, że lubi kino.

Czasami sugerowała mi coś na temat opery albo koncertu w filharmonii. Niekiedy, przejeżdżając koło teatru, rzucała: „To chyba jest dobra sztuka. Moglibyśmy na nią pójść".

Ale później, pod koniec tygodnia, ja znów proponowałem: „Chodźmy do kina. Grają fantastyczny film", a ona radośnie się zgadzała. Wyciągałem stąd wniosek, że Bonnie lubi kino i jest bardzo szczęśliwa, że może tam często bywać. Prawda natomiast była taka, że Bonnie cieszyła się z tego, że może być ze mną, ale zdecydowanie wolałaby uczestniczyć w innych wydarzeniach kulturalnych niż chodzić do kina. Miała nadzieję, że to zrozumiem, bo przecież wspominała o tym często, ale ponieważ zgadzała się chodzić do kina, nie miałem pojęcia, że poświęca swoje pragnienia, aby mnie zadowolić.

Mam te wydarzenia w pamięci, dając teraz następujące wskazówki:

Mężczyznom: Pamiętaj, że jeśli kobieta zgadza się spełniać twoje życzenia, to wcale nie znaczy, że punktacja jest w równowadze. Wynik może być dwadzieścia do zera, a partnerka wciąż z radością będzie odpowiadać: „Oczywiście, odniosę twoje rzeczy do czyszczenia" albo: „OK. Zadzwonię tam i wszystko załatwię".

Zgoda partnerki na to, czego ty chcesz, nie oznacza, że ona chce tego samego. Musisz ją zapytać, co chciałaby robić, a jeśli już zgromadzisz dość informacji o tym, co partnerka lubi, zaproponuj, że ją tam zabierzesz.

Kobietom: Pamiętaj, że jeśli na prośbę mężczyzny natychmiast odpowiadasz: „Tak", to on uzyskuje przekonanie, że jak dotąd to on dał więcej lub że wasza punktacja jest wyrównana. Jeżeli czujesz, że dajesz więcej, a dostajesz mniej, przestań reagować na każde jego życzenie i zacznij w miły sposób prosić go, by robił dla ciebie więcej.

5. Mężczyźni dają punkty karne.

Kobiety nie wiedzą, że mężczyzna, jeśli nie czuje się kochany i wspomagany, przyznaje także punkty karne. Kiedy kobieta reaguje na niego nieufnie, odpychająco i bez uznania, dostaje punkty ujemne, co oznacza, że traci punkty, które już wcześniej zdobyła.

W chwilach kiedy mężczyzna czuje się czymś dotknięty, jego partnerka, która chwilę wcześniej miała dziesięć punktów, może je wszystkie utracić, a w cięższych przypadkach, jej punktacja może zejść poniżej zera.

Punkty karne bardzo niepokoją kobietę. Może się przecież zdarzyć, że zdobyła trzydzieści punktów, a potem w jednej chwili wszystkie je straci.

Punkty karne wnoszą do związków wiele złego. Przez nie kobieta czuje się nie doceniana, a mężczyzna myśli, że daje więcej. Mężczyzna neguje całą pomoc, jaką otrzymał od kochającej kobiety, i jeśli jeszcze partnerka wyrazi niezadowolenie, staje się zupełnie bierny. Traci całą motywację do działania. Stąd płyną pewne wskazówki:

Dla mężczyzny: Pamiętaj, że punkty karne nie są sprawiedliwe i nie przynoszą żadnych korzyści. W chwilach gdy poczujesz się obrażony, nie kochany lub zraniony, wybacz jej i przypomnij sobie całe dobro, jakie od niej otrzymałeś, zamiast je negować.

Zamiast ją karać, poproś ją o coś, na czym ci zależy, a z pewnością to otrzymasz. Grzecznie powiedz jej, że bardzo cię zraniła, i daj jej możliwość przeproszenia. Karanie nic nie daje! Pamiętaj, że masz do czynienia z Wenusjanką, która po prostu nie wie, co cię rani ani czego potrzebujesz.

Dla kobiet: Pamiętaj, że mężczyźni czasem przyznają punkty karne. Możesz się przed tym bronić na dwa sposoby.

Po pierwsze, musisz zrozumieć, że partner, odbierając ci punkty, robi źle. Grzecznie powiedz mu wtedy, co naprawdę czujesz. W następnym rozdziale porozmawiamy o tym, w jaki sposób wyrażać trudne i negatywne uczucia.

Po drugie, musisz dostrzec, że on odbiera ci punkty, kiedy uzna, że jest nie kochany i zraniony, a oddaje je z powrotem natychmiast, gdy znów poczuje twoją miłość i wsparcie. Jeśli będzie stale odczuwał, że jest kochany za drobne gesty wobec ciebie, powoli zacznie przyznawać coraz mniej punktów ujemnych. Spróbuj zrozumieć, czego oczekuje od ciebie mężczyzna, żeby mniej go ranić.

Kiedy dostrzeżesz, że zadałaś mu ból, koniecznie okaż mu, że jest ci z tego powodu przykro, a co ważniejsze — spróbuj dać mu to, czego bezskutecznie pragnął. Jeśli poczuł się nie doceniony — doceń go, jeśli odrzucony lub manipulowany — okaż, że go akceptujesz, jeśli pozbawiony zaufania — zaufaj mu, jeśli poczuł się w jakiś sposób lekceważony — zacznij go podziwiać. Kiedy mężczyzna czuje się kochany, przestaje przyznawać punkty karne.

Najtrudniejsze w proponowanym tu postępowaniu jest odkrycie, co partnera zraniło. Mężczyzna udający się do swej jaskini zwykle sam tego dokładnie nie wie, a po wyjściu z ukrycia zupełnie o tym nie mówi. Jak więc kobieta ma się dowiedzieć, co właściwie było dla niego przykre?

Dobrym początkiem odgadywania zranionych uczuć partnera może być ta książka, która pomoże lepiej rozumieć swoiste oczekiwania mężczyzny wobec kochającej kobiety. Dzięki tej lekturze kobieta zyska broń, o jakiej nigdy dotąd nie marzyła.

Potem łatwiej jej będzie wypróbować drugi ważny sposób dowiedzenia się czegoś bliższego o uczuciach mężczyzny: rozmowę. Jeżeli, jak już wcześniej proponowałem, będzie umiała sama się otworzyć i ufnie zwierzać się partnerowi — ten także z czasem nauczy się dzielić z nią tym, co go boli.

JAK MĘŻCZYŹNI PRZYZNAJĄ PUNKTY

Mężczyźni przyznają punkty w zupełnie inny sposób niż kobiety. Za każdym razem, kiedy kobieta docenia to, co zrobił mężczyzna, czuje się on kochany i przyznaje jej punkt. Żeby utrzymać punktację związku w równowadze, partner nie potrzebuje niczego więcej — pragnie tylko miłości. Kobiety zupełnie nie zdają sobie sprawy, jaką siłą dysponują, mogąc po prostu okazać uczucie. Zupełnie niepotrzebnie próbują zdobyć i podtrzymać miłość partnera, robiąc dla niego mnóstwo rzeczy, których on wcale nie pragnie.

Jeśli tylko kobieta umie okazać, że docenia wszystko, co partner dla niej robi, mężczyzna dostaje większą część tego, na czym mu w miłości zależy.

Pamiętajcie, że mężczyzna przede wszystkim pragnie być doceniany. Naturalnie, oczekuje przy tym, iż partnerka będzie partycypowała w pracach domowych, ale jeśli robiąc to, nie potrafi okazać podziwu dla jego starań, to cały jej wkład w prowadzenie gospodarstwa będzie dla mężczyzny prawie bez znaczenia.

Mężczyzna, co prawda, oczekuje od kobiety, że ona weźmie na siebie część codziennych obowiązków domowych, lecz jeżeli nie będzie umiała okazać przy tym podziwu dla jego starań, to cały jej wkład w prowadzenie gospodarstwa będzie dla mężczyzny prawie bez znaczenia.

Podobnie jest z kobietą. Nie umie docenić wielkich rzeczy, jakie partner dla niej robi, jeśli jednocześnie nie pamięta on o drobnych gestach. Te właśnie „małe rzeczy" zaspokajają podstawowe potrzeby kobiety, która chce się czuć miłowana, rozumiana i szanowana.

Dla mężczyzny z kolei podstawowym źródłem miłości jest to, że partnerka „miłośnie" reaguje na jego zachowanie.

Kiedy kobieta przygotowuje dla mężczyzny posiłek, może dostać jeden lub dziesięć punktów w zależności od tego, co przy tym czuje do partnera. Jeśli on wyczuwa jej wewnętrzny sprzeciw, posiłek, jaki przygotowała, nie ma większego znaczenia, a nawet może jej przynieść punkty karne.

Kiedy kobieta kocha, jej cała postawa odruchowo wyraża to uczucie, a gdy mężczyzna zachowuje się „miłośnie", jego uczucia podporządkowują się zachowaniu.

Nawet wtedy, gdy mężczyzna nie czuje już do partnerki

miłości, może się zdobyć dla niej na miły gest. Jeśli zostanie doceniony, serce mężczyzny znów zabije dawnym uczuciem.

Kobiety są pod tym względem zupełnie inne. Wenusjanka nie czuje się kochana, jeśli nie odczuwa, że jest pod czułą opieką, jest rozumiana i szanowana. Nawet jeśli coś zrobi dla partnera, nie poczuje dzięki temu przypływu ciepłych uczuć. Przeciwnie, może to sprawić, że poczuje się jeszcze bardziej rozżalona. Kiedy kobieta nie czuje miłości, powinna skupić całą energię na leczeniu urazy i tymczasem niczego nie ofiarować partnerowi.

Mężczyzna powinien przykładać szczególną wagę do „miłosnego" zachowania, ponieważ to ono spełnia podstawowe potrzeby jego ukochanej, ono otworzy dla niego serce partnerki i ono zadecyduje, że sam silniej odczuje miłość.

Mężczyzna czuje, że kocha, gdy uzyskuje pewność, że zadowolił kobietę.

Kobieta powinna położyć główny nacisk na ćwiczenie „miłosnej" postawy i uczuć, gdyż to one decydują, czy mężczyzna poczuje się kochany. Od tego, czy potrafi okazać swoje miłosne nastawienie do partnera, zależy, czy on zechce dawać więcej, a to z kolei ma wpływ na jej uczucie. Kobieta kocha wtedy, gdy uzyskuje oparcie, jakiego jej potrzeba.

Czasem kobiety są nieświadome tego, w jakich momentach mężczyzna najbardziej porzebuje miłości. A szkoda, bo odpowiednio się wtedy zachowując, mogłyby zdobyć u partnera dwadzieścia, a nawet trzydzieści punktów.

Kilka przykładów takich sytuacji podaję na następnych dwóch stronach.

JAK KOBIETA MOŻE UZYSKAĆ WIELE PUNKTÓW U MĘŻCZYZNY

Jej zachowanie:	**Nagroda, jaką uzyskuje (w punktach):**
1. On popełnił błąd, a ona nie mówi: „A mówiłam...” i nie zarzuca go radami.	10 – 20
2. On ją rozczarował, a ona go nie karze.	10 – 20
3. On, prowadząc samochód, zgubił drogę, a ona nie robi z tego dramatu.	10 – 20
4. On zabłądził, a ona znajduje dobre strony tej sytuacji i mówi: „Nigdy nie zobaczylibyśmy tego ślicznego zachodu słońca, gdybyśmy pojechali najprostszą drogą”.	20 – 30
5. On zapomniał coś przynieść z miasta, a ona mówi: „Nie szkodzi, pamiętaj tylko, żebyś to kupił przy najbliższej okazji”.	10 – 20
6. On ponownie zapomina to przynieść, a ona z zaufaniem i cierpliwością mówi: „Nic się nie stało. Przyniesiesz to następnym razem, dobrze?”	20 – 30
7. Jeśli go zraniła i rozumie, jak do tego doszło, przeprasza go i ofiarowuje mu taką miłość, jakiej oczekiwał.	10 – 40
8. Ona prosiła go z pomoc, a on odmówił. Nie rani jej to, bo wie, że gdyby mógł, z pewnością by się zgodził. Nie odrzuca go i nie „piętnuje”.	10 – 20
9. Następnym razem, kiedy prosiła go o pomoc, znów odmówił. Nie daje mu odczuć, że źle zrobił, lecz przyjmuje, że powodem były jakieś ważne sprawy.	20 – 30
10. Gdy wzajemna punktacja jest w jego opinii zrównoważona, ona prosi go o pomoc bez nacisku i z umiarem.	1 – 5
11. Ona prosi go o pomoc bez nacisku i wyrzutów, choć jest wytrącona z równowagi, a on wie, że ostatnio to właśnie ona dawała więcej.	10 – 30

Jej zachowanie:	Nagroda, jaką uzyskuje (w punktach):
12. Kiedy on się odsuwa, ona nie zachowuje się tak, by czuł się winny.	10 – 20
13. Kiedy on wraca ze swej jaskini, ona nie odrzuca go i nie karze.	10 – 20
14. On przeprasza za popełniony błąd, a ona przyjmuje to z wyrozumiałością i wybacza mu. Im większy był błąd, tym więcej punktów otrzyma.	10 – 50
15. Kiedy on ją o coś prosi, a ona odmawia, nie podając przy tym całej listy przyczyn, dla których nie może tego zrobić.	1 – 10
16. Kiedy on ją o coś prosił, a ona zgodziła się i nie pogorszyło to jej nastroju.	1 – 10
17. Kiedy po kłótni on stara się pogodzić i zaczyna robić wobec niej miłe, drobne gesty, a ona od razu zaczyna je zauważać i doceniać.	10 – 30
18. Cieszy się, kiedy on wraca do domu.	10 – 20
19. Ona nie pochwala jego zachowania, lecz zamiast to wyrazić, wychodzi do innego pomieszczenia, by się opanować i wraca po chwili z ciepłymi uczuciami w sercu.	10 – 20
20. Przy uroczystych okazjach ona nie dostrzega jego błędów, które zwykle mogłyby ją zdenerwować.	20 – 40
21. Naprawdę lubi się z nim kochać.	10 – 40
22. On zapomniał, gdzie podział klucze, a ona nie patrzy na niego tak, jakby był zupełnie nieodpowiedzialny.	10 – 20
23. Bardzo taktownie i z wdziękiem wyraża rozczarowanie restauracją lub kinem, które on wybrał na randkę.	10 – 20
24. Nie radzi mu, którędy jechać i gdzie zaparkować samochód, lecz wyraża wdzięczność za to, że ją dowiózł do celu.	10 – 20
25. Prosi go o pomoc, zamiast się gniewać.	10 – 20
26. Wyraża swoje negatywne uczucia bez jednoczesnego obwiniania i odrzucania partnera.	10 – 40

Kiedy kobieta może zdobyć więcej punktów

Każdy z powyższych przykładów wskazuje, że mężczyźni „prowadzą zapis" zdobytych punktów zupełnie inaczej niż kobiety. Oczywiście, kobieta nie musi podporządkować się wszystkim podanym tu sugestiom. Lista obejmuje tylko te sytuacje, w których mężczyzna jest najbardziej podatny na zranienie. Jeżeli w takich chwilach partnerka potrafi mu pomóc, może liczyć na jego hojność w przyznawaniu punktów.

Jak już mówiłem w rozdziale siódmym, zdolność kobiety do ofiarowania w trudnych chwilach miłości rośnie i opada jak fala. Kiedy fala emocjonalna kobiety wznosi się, przychodzi czas łatwiejszego zdobywania punktów, wiadomo bowiem, że gdy znajdzie się na fali opadającej, kobieta nie będzie skłonna do okazywania partnerowi miłości.

Wahaniom ulega nie tylko zdolność kobiety do dawania, lecz także pragnienie miłości u jej partnera. W każdym z przytoczonych na naszej liście przykładów liczba punktów przyznawanych przez mężczyznę zamyka się w pewnym przedziale, a nie jest ściśle określona. Dzieje się bowiem tak, że kiedy jego potrzeba miłości jest większa, rośnie też szczodrość w przyznawaniu punktów.

Jeżeli, na przykład, mężczyzna popełnił błąd, wstydzi się i jest zakłopotany, bardziej potrzebuje uczucia i dlatego, jeśli wówczas uzyska wsparcie kobiety, przyda jej sporo punktów. Im większy był jego błąd, tym więcej punktów ma szansę zdobyć jego partnerka. Jeśli jednak w takim momencie mężczyzna nie otrzyma tyle miłości, na ile liczył, to bez wahania zapisze punkty karne, a im większy był jego błąd, tym surowsza będzie kara, jaką wyznaczy.

Jeśli mężczyzna popełnił błąd, wstydzi się i jest zakłopotany, bardziej niż zwykle potrzebuje miłości partnerki... Im większy był jego błąd, tym więcej punktów przyznaje.

CO SPRAWIA, ŻE MĘŻCZYŹNI SIĘ BRONIĄ

Mężczyzna może się naprawdę mocno zezłościć na kobietę wtedy, gdy popełnił błąd, a ona się tym zdenerwowała. Złość partnera będzie wówczas proporcjonalna do jego własnej pomyłki. Mały błąd prowokuje słabszą obronę, duży — silniejszą. Czasem kobieta zastanawia się, dlaczego partner jej nie przeprasza, skoro zdarzyło mu się poważne potknięcie. Odpowiedź jest prosta: z obawy przed tym, że ona mu nie przebaczy. Potwierdzenie faktu, że ją zawiódł, byłoby dla niego zbyt przykre, i dlatego zamiast powiedzieć „przepraszam", złości się i przyznaje partnerce punkty karne.

Kiedy mężczyzna przeżywa niepomyślny okres,
potraktuj to jak przechodzące tornado
i... przyczaj się.

Kiedy mężczyzna znajdzie się w stanie „obronnej agresji", a partnerka potraktuje to jak przechodzące tornado i przyczai się, to po pewnym czasie otrzyma wielką liczbę punktów, bo nie udowadniała mu, że źle postępuje, i nie próbowała go zmieniać. Jeśli natomiast kobieta będzie usiłowała zatrzymać tornado, spowoduje spustoszenia, a partner jeszcze bardziej będzie ją obwiniał.

Proponowane tu „przyczajenie" jest dla kobiet rzeczą zupełnie nową. Kiedy na Wenus ktoś jest zdenerwowany, Wenusjanki nigdy tej osoby nie ignorują i nie biorą nawet pod uwagę możliwości przeczekania. Na Wenus tornado nigdy się nie zdarza. Jeśli Wenusjanka jest zdenerwowana, wszystkie inne starają się zaangażować w uspokojenie jej, i aby ją zrozumieć, zadają mnóstwo pytań. Kiedy na Marsie zbliża się tornado, wszyscy wynajdują sobie odpowiednie kryjówki i przyczajają się, by przeczekać.

KIEDY MĘŻCZYŹNI PRZYZNAJĄ PUNKTY KARNE

Jest bardzo pomocne, jeśli kobieta rozumie, że partner przyznaje punkty według innych reguł niż ona, chociaż trudno zrezygnować ze sprzeciwu, jaki budzą w niej punkty karne. Oczywiście, byłoby świetnie, gdyby wszyscy mężczyźni dostrzegli, jaką niesprawiedliwością jest przyznawanie punktów karnych, i natychmiast zmienili swoje zachowanie, lecz niestety, wszystkie zmiany wymagają czasu. Jedyne pocieszenie dla kobiet niech więc leży w pewności, że choć ich partnerzy łatwo przyznają punkty karne — to równie łatwo je potem wykreślają.

Mężczyzna przyznający punkty karne jest trochę podobny do kobiety, kiedy ta jest urażona, że z nich dwojga ona daje więcej. Rozżalona kobieta odejmuje wtedy punkty mężczyzny od swoich i bilans jest zerowy. W takich chwilach partner powinien zrozumieć, że cierpi ona na chorobę zwaną urazą, i ofiarować jej więcej miłości niż zazwyczaj.

Podobnie partnerka mężczyzny, który przyznaje punkty karne, musi zrozumieć, że jest to objaw choroby będącej odpowiednikiem występującej u kobiet urazy. Żeby się z niej wyleczyć, mężczyzna potrzebuje trochę więcej miłości. Wdzięczny za tę dawkę uczucia partner przyzna jej od razu tak dużą premię, że punktacja natychmiast się wyrówna.

Dzięki nabytej wiedzy o tym, jak otrzymać od mężczyzny wiele punktów, kobieta zdobywa nowe narzędzie wspomagania partnera, gdy ten czuje się zraniony. Zamiast robić dla niego wiele drobnych rzeczy (z listy „101 sposobów zdobywania punktów u kobiety"), których by ona w takim momencie oczekiwała, potrafi teraz ofiarować mu to, czego on potrzebuje (korzystając z listy „Jak kobieta może uzyskać wiele punktów u mężczyzny").

PAMIĘTAJMY O RÓŻNICACH

Zarówno mężczyźni, jak i kobiety mogą odnieść wielkie korzyści, wiedząc, jak różnymi zasadami kierują się obie płci, przyznając sobie punkty. Poprawa naszego związku pod tym względem nie będzie wymagała od nas więcej energii niż tracimy teraz, niczego w zamian nie uzyskując. Jeśli nie nauczymy się kierować wysiłków tam, gdzie chce tego nasz partner — nasz związek pozostanie trudny i wyczerpujący.

ROZDZIAŁ JEDENASTY

JAK WYRAŻAĆ SWOJE UCZUCIA

Kiedy jesteśmy zdenerwowani, rozczarowani, sfrustrowani i wściekli, trudno nam to miło wyrazić. W momencie gdy rodzą się w nas negatywne uczucia, przygasa w naszych sercach zaufanie, troska, zrozumienie, akceptacja, wdzięczność i szacunek. W takich chwilach, nawet jeśli mamy najlepsze intencje, rozmowa przeradza się w kłótnię. W ogniu walki w ogóle zapominamy, że można z partnerem rozmawiać w taki sposób, aby obie strony odniosły z tego korzyść.

W takich momentach kobiety nieświadomie zaczynają oskarżać mężczyzn i obwiniać ich. Zamiast pamiętać, że partner stara się robić wszystko jak najlepiej, kobieta dostrzega w jego działaniu to, co najgorsze, i wypowiada się o nim w sposób skrajnie krytyczny.

Opanowana przez negatywne uczucia nie potrafi się wypowiadać tak, by jednocześnie wyrazić zaufanie, akceptację i wdzięczność. Nie zdaje sobie przy tym sprawy, jak bardzo rani swoim zachowaniem partnera.

Kiedy mężczyzna jest zdenerwowany, zaczyna osądzać kobietę i jej uczucia. Nie pamiętając, że partnerka jest wrażliwa i delikatna, mężczyzna zapomina o jej podstawowych potrzebach i mówi w taki sposób, jakby zupełnie mu na niej nie zależało. Zdominowany przez negatywne emocje nie umie wypowiadać się tak, by oprócz nich komunikować troskę, zrozumienie i szacunek. Nie uzmysławia sobie przy tym, jak bolesne dla kobiety jest jego zachowanie.

W takich chwilach rozmowa nie przynosi niczego dobrego. Na szczęście jednak można się wypowiedzieć także inaczej. Zamiast mówić partnerowi o swoich uczuciach, można przecież napisać list. Pisanie pozwoli wsłuchać się w swoje emocje bez obawy, że zrani się bliską osobę. Dzięki możliwości swobodnego wyrażenia negatywnych uczuć automatycznie stajemy się spokojniejsi i bardziej kochający.

Mężczyźni, pisząc list, stają się bardziej troskliwi, wyrozumiali i lepiej okazują szacunek. Kobietom natomiast łatwiej wyrazić zaufanie, akceptację i to, że doceniają partnera.

Pisanie listu poświęconego negatywnym uczuciom uzmysławia nam także, jak ostro mogłaby zabrzmieć nasza wypowiedź. Wyrażenie tych uczuć w formie pisemnej jest także znalezieniem dla nich jakiegoś ujścia. Osłabione w ten sposób „zrobią miejsce" budzącym się w nas powoli cieplejszym uczuciom. Po napisaniu listu jesteśmy bardziej skoncentrowani i zdolni do wyrażania się w bardziej „miłosny" sposób. Dzięku temu, jeśli wówczas rozpoczniemy rozmowę, mamy większą szansę, że partner nas zrozumie i zaakceptuje to, co mamy do powiedzenia.

Poza tym po napisaniu listu całkiem całkiem tracimy chęć do rozmowy na bolesny temat. Może się nawet zdarzyć, że nagle zapragniemy uczynić wobec partnera gest świadczący o naszej miłości.

Zarówno wtedy, gdy zwierzacie się partnerowi w listach, jak i wtedy, gdy piszecie tylko po to, by poczuć ulgę, jest to bardzo pomocne.

Zarówno wtedy,
gdy zwierzacie się partnerowi w listach,
jak i wtedy, gdy piszecie tylko po to,
by poczuć ulgę, jest to bardzo pomocne.

Zamiast pisać list, możemy oczywiście zrobić coś podobnego w naszej wyobraźni. Trzeba się tylko powstrzymać od mówienia i przemyśleć wszystko, co się stało. Należy przyjąć, że mówimy o tym, co czujemy i myślimy, i czego pragniemy, lecz nie wolno się nam wówczas w żaden sposób wypowiadać. Dzięki temu, że skupiamy się na wewnętrznym wyrażaniu całej prawdy o naszych uczuciach, **uwolnimy się** od ich negatywnego działania.

Bez względu na to, czy wypowiemy swoje negatywne uczucia, pisząc list, czy poprzez wewnętrzny dialog — stracą one swą moc i ustąpią miejsca pozytywnym emocjom. Sposób postępowania, któremu nadałem nazwę „Technika *Listu miłosnego*", ogromnie podnosi znaczenie i efektywność opisanego wcześniej procesu. Można tę technikę stosować zarówno w proponowanej tu formie pisemnej, jak i przenieść ją do sfery medytacji.

TECHNIKA *LISTU MIŁOSNEGO*

Jedną z najlepszych metod uwolnienia się od negatywnych uczuć i wyrażenia ich w bardziej przyjazny sposób jest „Technika *Listu miłosnego*". Na skutek tego, że piszemy o swoich uczuciach, posługując się pewną określoną metodą, gasną w nas emocje negatywne, a narastają pozytywne.

„Technika *Listu miłosnego*" obejmuje:

1. Napisanie *Listu miłosnego* wyrażającego nasze uczucia złości, smutku, strachu, żalu i miłości.

2. Napisanie *Odpowiedzi*, wyrażającej to, co chcielibyśmy usłyszeć od partnera.

3. Pokazanie *Listu miłosnego* i *Odpowiedzi* partnerowi.

„Technika *Listu miłosnego*" jest bardzo elastyczna. Można równie dobrze stosować wszystkie trzy jej elementy albo ograniczyć się do jednego czy dwóch.

Wykorzystanie wszystkich trzech możliwości jest cudownie uzdrawiającym doświadczeniem dla obojga partnerów, ale niekiedy bywa zbyt czasochłonne i nie dostosowane do sytuacji.

Czasami najskuteczniejsze jest przejście tylko przez jeden etap — napisanie *Listu miłosnego*. Przyjrzyjmy się kilku przykładom tego rodzaju listów.

ETAP PIERWSZY: *LIST MIŁOSNY*

Przede wszystkim znajdź odosobnione miejsce i napisz do swojego partnera. W każdym *Liście miłosnym* wyrażaj kolejno uczucia gniewu, smutku, strachu, żalu, a w końcu miłości. Przyjęcie takiego porządku wypowiedzi pozwoli ci w pełni zrozumieć własne emocje, a to z kolei ułatwi wyrażenie ich wobec partnera w miły i rozsądny sposób.

Kiedy jesteśmy zdenerwowani, przeżywamy zwykle wiele uczuć naraz. Jeśli, na przykład, partner w jakiś sposób cię rozczarował, możesz odczuwać **złość**, że był tak nieczuły, **smutek**, że był zajęty pracą lub nie okazuje ci zaufania, **strach**, że nigdy ci nie wybaczy, i **żal**, że w głębi duszy powoli dławisz miłość, którą dawniej czułeś(-łaś). Z drugiej jednak strony, jesteś szczęśliwy, że on/ona jest z tobą i cieszysz się jego/jej miłością.

Żeby zgodnie z prawdą uświadomić sobie drzemiące w nas pokłady miłości, musimy najpierw wyzwolić wszystkie negatywne uczucia. Dopiero po okazaniu złości, smutku, strachu i żalu możemy w pełni odczuć i wyrazić swoją miłość. Pisanie *Listu miłosnego* automatycznie osłabia intensywność negatywnych uczuć, a pozwala „wypłynąć" uczuciom pozytywnym.

Oto podstawowe wskazówki, którymi należy się kierować, pisząc *List miłosny*.

1. Skieruj słowa listu do swojego partnera. Wyobrażaj sobie przy tym, że on/ona słucha cię z miłością i zrozumieniem.

2. Zacznij od złości, a potem przejdź do smutku, strachu, żalu i miłości. W każdym liście wyraź wszystkie te uczucia.

3. O każdym uczuciu napisz kilka zdań. Staraj się, by odpowiednie fragmenty były tak samo długie. Wyrażaj się jasno i prosto.

4. Po każdej części uświadom sobie, jakie teraz uczucie bierze w tobie górę. Napisz o nim od razu.

5. Nie przerywaj pisania, dopóki nie dobrniesz do uczucia miłości. Bądź cierpliwy i czekaj, aż ogarnie cię miłość.

6. Podpisz się na końcu. Zrób sobie krótką przerwę, by przemyśleć, co chciałbyś usłyszeć w odpowiedzi. Napisz to w postscriptum.

Aby uprościć sobie pisanie listów, możesz zrobić wiele odbitek kserograficznych następnej strony tej książki. Każdemu uczuciu podporządkowałem kilka początków zdań, które pomogą ci je wyrazić. Możesz użyć ich wszystkich lub tylko niektórych z nich. Oczywiście, najbardziej oczyszczające są zdania rozpoczynające się od: „Jestem zły", „Jestem smutny", „Boję się", „Czuję żal", „Chcę", „Kocham", jednak pozostałe sformułowania na następnej stronie także są skuteczne. Napisanie *Listu miłosnego* zabiera zwykle około dwudziestu minut.

List miłosny

Kochany/Kochana data:

Piszę do Ciebie, żeby podzielić się z Tobą swoimi uczuciami.

1. Złości

- Nie podoba mi się, że...
- Czuję się sfrustrowany...
- Jestem zły...
- Chcę...
- Jestem zirytowany...

2. Smutku

- Jestem rozczarowany...
- Smutno mi, że...
- Boli mnie, że...
- Chciałem...
- Chcę...

3. Strachu

- Niepokoi mnie...
- Boję się...
- Jestem przerażony...
- Nie chcę...
- Potrzebuję...
- Chcę...

4. Żalu

- Jestem zmartwiony...
- Przykro mi, że...
- Wstydzę się, że...
- Nie chciałem...
- Chcę...

5. Miłości

- Kocham...
- Chcę...
- Rozumiem...
- Wybaczam...
- Doceniam...
- Dziękuję Ci za...
- Wiem, że...

PS. Odpowiedź, jaką pragnąłbym(-ęłabym) od Ciebie usłyszeć:

A oto kilka przykładów prostych *Listów miłosnych*, które pomogą zrozumieć tę technikę.

List miłosny związany z tym, że partner o czymś zapomniał

Kiedy Tom zdrzemnął się na dłuższą chwilę i zapomniał zawieźć córkę Hayley do dentysty, jego żona Samanta wpadła we wściekłość. Zamiast jednak ujawnić swoją furię wobec Toma, usiadła i napisała cytowany niżej *List miłosny*.

Kiedy skończyła pisać, mogła już zwrócić się do męża w sposób akceptujący i racjonalny.

Dzięki temu listowi Samanta nie odrzuciła Toma i zamiast przeżyć kłótnię, spędzili razem miły wieczór. W tydzień potem Tom zawiózł Hayley do dentysty.

Oto list Samanty:

Kochany Tomie!

1. Złość: *Jestem wściekła, że zapomniałeś. Jestem zła, że zaspałeś. Nie cierpię tego, że po prostu idziesz spać i zapominasz o całym świecie. Męczy mnie to, że wciąż muszę być za wszystko odpowiedzialna. Oczekujesz ode mnie, żebym to ja wszystko robiła, a ja jestem już tym znużona.*

2. Smutek: *Smutno mi, że Hayley opuściła wizytę, na którą była umówiona. Smutno mi, że o tym zapomniałeś. Smutno mi, bo mam wrażenie, że nie mogę na Tobie polegać. Smutno mi, że musisz tak ciężko pracować i że jesteś taki zmęczony. Smutno mi, że masz teraz dla mnie mniej czasu. Boli mnie, że nie ożywiasz się na mój widok. Boli mnie, kiedy zapominasz o wielu rzeczach. Mam wrażenie, że Ci już na mnie nie zależy.*

3. Strach: *Boję się, że będę musiała robić dosłownie wszystko. Boję się Tobie zaufać. Boję się, że już Ci na mnie*

nie zależy. Boję się, że następnym razem znowu ja będę musiała pamiętać o wizycie. Nie chcę robić wszystkiego. Potrzebuję Twojej pomocy. Jest mi potrzebna. Boję się, że już nigdy nie będziesz odpowiedzialny. Boję się, że za ciężko pracujesz. Boję się, że się rozchorujesz.

4. Żal: *Jestem zmartwiona, kiedy zapominasz o umówionych spotkaniach. Jestem zażenowana, kiedy się spóźniasz. Przykro mi, że jestem zbyt wymagająca. Żal mi, że nie umiem Cię w pełni akceptować. Wstydzę się, że nie umiem być bardziej kochająca. Nie chcę Cię odrzucać.*

5. Miłość: *Kocham Cię. Rozumiem, że byłeś zmęczony. Pracujesz tak ciężko! Wiem, że starasz się wszystko robić jak najlepiej. Wybaczam Ci, że zapomniałeś o wizycie u dentysty. Dziękuję, że umówiłeś się już na następny termin. Dziękuję, że chcesz zabrać Hayley do dentysty. Wiem, że naprawdę Ci na mnie zależy. Wiem, że mnie kochasz. Mam szczęście, że mam Cię przy sobie. Chcę spędzić z Tobą wieczór.*

Kochająca Samanta

PS. Pragnę usłyszeć, że bierzesz na siebie sprawę zawiezienia Hayley do dentysty w przyszłym tygodniu.

List miłosny na temat obojętności partnera

Następnego ranka Jim miał wyjechać w podróż służbową. Ostatniego wieczoru przed tym wyjazdem jego żona Virginia próbowała stworzyć intymną sytuację. Przyniosła do sypialni owoce i zaproponowała je Jimowi. On jednak był zajęty czytaniem w łóżku i powiedział, że nie jest głodny. Virginia poczuła się odrzucona i wyszła. Była urażona i zła. Zamiast jednak wrócić i poskarżyć się na nieuprzejmość i niewrażliwość męża, napisała *List miłosny*.

Potem Virginia, czując, że wybacza Jimowi, wróciła do sypialni i powiedziała: „To nasz ostatni wspólny wieczór przed Twoim wyjazdem. Potraktujmy go szczególnie". Jim odłożył książkę i spędzili intymną noc. Napisanie listu pozwoliło Virginii prosić bardziej bezpośrednio o uwagę partnera. Nie musiała mu nawet pokazywać tego, co napisała.

Oto jej list:

Kochany Jimie!

1. Złość: *Jestem zła, że chce Ci się czytać książkę, chociaż to ostatni wieczór przed Twoim wyjazdem. Jestem zła, że mnie ignorujesz. Jestem zła, że nie chcesz tego czasu spędzić ze mną. Jestem zła, że nie jesteśmy częściej razem. Zawsze znajdzie się coś ważniejszego ode mnie. Chcę odczuwać, że mnie kochasz.*

2. Smutek: *Smutno mi, że nie chcesz być ze mną. Smutno mi, że tak ciężko pracujesz. Mam wrażenie, że gdyby mnie tu nie było, nawet byś nie zauważył. Smutno mi, że nie chcesz ze mną rozmawiać. Boli mnie, że Ci już na mnie nie zależy. Nie czuję się kimś szczególnym w Twoim życiu.*

3. Strach: *Boję się, że nawet nie wiesz, dlaczego jestem zdenerwowana. Boję się, że nie dbasz o to. Boję się powiedzieć Ci, co czuję. Boję się, że odwrócisz się ode mnie. Boję się, że coraz bardziej się od siebie oddalamy. Boję się, że nie mogę nic na to poradzić. Boję się, że Cię nudzę. Boję się, że Ci się nie podobam.*

4. Żal: *Czuję się zażenowana, że chcę być z Tobą, a Ty o to nie dbasz. Żałuję, że tak bardzo się zdenerwowałam. Przykro mi, jeśli to brzmi tak, jakbym wywierała nacisk. Przykro mi, że nie jestem dość kochająca i wyrozumiała. Przykro mi, że byłam taka oschła, kiedy nie chciałeś poświęcić mi czasu. Przykro mi, że nie dałam Ci żadnej szansy. Żal mi, że przestaję ufać Twej miłości.*

5. Miłość: *Kocham Cię. Dlatego właśnie przyniosłam owoce. Chciałam zrobić Ci przyjemność. Chciałam, żebyśmy przeżyli wspólnie miły wieczór. Ciągle tego pragnę. Wyba-*

czam Ci, że byłeś taki obojętny wobec mnie. Rozumiem, że akurat wtedy czytałeś coś ważnego. Spędźmy miły wieczór we dwoje.

Kocham Cię,
Virginia

PS. W odpowiedzi chciałabym usłyszeć: „Kocham Cię, Virginio, i będę za Tobą tęsknił. Ja także chcę, żeby ten wieczór był szczególnie miły".

List miłosny na temat kłótni

Michael i Vanessa nie zgadzali się co do pewnej decyzji finansowej. Ich rozmowa na ten temat po kilku minutach przerodziła się w kłótnię. Kiedy Michael uświadomił sobie, że krzyczy, natychmiast przerwał, wziął głęboki oddech i powiedział: „Potrzebuję trochę czasu, żeby to wszystko przemyśleć, a potem porozmawiamy". Następnie wyszedł do sąsiedniego pokoju i opisał swoje uczucia w *Liście miłosnym.*

Kiedy skończył, mógł już wrócić do Vanessy i w dalszym ciągu rozmowy okazać jej więcej zrozumienia.

Oto list Michaela:

Kochana Vanesso!

1. Złość: *Jestem zły, że nie panujesz nad sobą. Jestem zły, że uporczywie interpretujesz to, co mówię, na moją niekorzyść. Jestem zły, że nie umiesz być spokojna, kiedy rozmawiamy. Jestem zły, że jesteś taka wrażliwa i że tak łatwo Cię urazić. Jestem zły, że mi nie ufasz, że mi się sprzeciwiasz.*

2. Smutek: *Jest mi smutno, że się kłócimy. Boli mnie, że wątpisz we mnie. Rani mnie to, że tracę Twoją miłość. Smutno mi, że się kłócimy. Smutno mi, że się nie zgadzamy.*

3. Strach: *Boję się popełnić błąd. Boję się, że nie mogę robić tego, co chcę, nie wyprowadzając Cię jednocześnie* *z równowagi. Boję się mówić o swoich uczuciach. Boję się, że wypadnę na kogoś niekompetentnego. Boję się, że nie będziesz ze mnie zadowolona. Boję się rozmawiać z Tobą, kiedy jesteś taka zdenerwowana. Nie wiem, co powiedzieć.*

4. Żal: *Przykro mi, że Cię zmartwiłem. Przykro mi, że się z Tobą nie zgadzam. Przepraszam, że stałem się taki zimny. Przykro mi, że wciąż się sprzeciwiam Twoim pomysłom. Przepraszam, że krytykuję Twoje uczucia. Nie zasługujesz, żeby Cię tak traktowano.*

5. Miłość: *Kocham Cię i pragnę porozumienia. Myślę, że teraz mógłbym Cię wysłuchać. Chcę być dla Ciebie podporą. Rozumiem, że zraniłem Twoje uczucia. Przykro mi, że je lekceważyłem. Naprawdę bardzo Cię kocham. Chcę być Twoim bohaterem, a nie tylko wciąż się na wszystko zgadzać. Chcę, żebyś mnie podziwiała. Chcę być sobą i chcę, byś Ty była sobą. Kocham Cię. Teraz, kiedy będziemy rozmawiali, będę bardziej cierpliwy i wyrozumiały. Zasługujesz na to.*

Kochający
Michael

PS. W odpowiedzi chciałbym od Ciebie usłyszeć: „Kocham Cię, Michael. Naprawdę cenię Cię za to, że jesteś taki opiekuńczy i wyrozumiały. Ufam, że dojdziemy do porozumienia".

List miłosny o frustracji i rozczarowaniu

Jean wysłała swojemu mężowi Billowi bilecik z prośbą, żeby wracając do domu, przywiózł jej pewną bardzo ważną przesyłkę. Przypadek sprawił, że Bill nie dostał bileciku. Kiedy przyjechał do domu bez przesyłki, Jean była zdenerwowana i zawiedziona.

Chociaż Bill wcale tu nie zawinił, to słuchając Jean wykrzykującej, jak ważna była dla niej ta przesyłka, poczuł się atakowany i oskarżany. Jean nie rozumiała, że Bill bierze jej rozczarowanie bardzo osobiście. Był o krok od tego, by udowodnić żonie, że nie ma powodów do niezadowolenia i zaczął ją z kolei atakować, ale powstrzymał się i postanowił poświęcić kilkanaście minut na napisanie *Listu miłosnego*.

Kiedy skończył, wrócił do Jean, przytulił ją i powiedział: „Bardzo mi przykro, że nie dostałaś swojej przesyłki. Szkoda, że do mnie nie dotarł Twój bilecik. Czy jeszcze ciągle mnie kochasz?" Jean odpowiedziała mu, okazując miłość i wdzięczność, po czym spędzili bardzo miły wieczór.

Oto list Billa:

Kochana Jean!

1. Złość: *Nie znoszę, kiedy się tak wściekasz. Nie cierpię, kiedy mnie oskarżasz. Jestem zły, że jesteś taka nieszczęśliwa. Jestem zły, że nie ucieszyłaś się na mój widok. Wygląda na to, że wszystko, co robię, Ciebie nie zadowala. Chcę, żebyś mnie doceniała i cieszyła się, kiedy wracam do domu.*

2. Smutek: *Smutno mi, że jesteś taka zmartwiona i rozczarowana. Smutno mi, że nie jesteś ze mną szczęśliwa. Chcę, żebyś była szczęśliwa. Smutno mi, że moja praca tak często wpływa na nasz wspólny nastrój. Smutno mi, że nie doceniasz tego, co w naszym życiu jest dobre. Smutno mi, że wróciłem do domu bez przesyłki, na którą tak czekałaś.*

3. Strach: *Boję się, że nie potrafię Cię uszczęśliwić. Boję się, że przez cały wieczór będziesz smutna. Boję się otworzyć przed Tobą lub do Ciebie zbliżyć. Boję się pragnąć Twojej miłości. Boję się, że nie jestem dość dobry.*

4. Żal: *Przykro mi, że nie przyniosłem do domu przesyłki. Przykro mi, że jesteś smutna. Przykro mi, że nie wpadłem na to, żeby do Ciebie zadzwonić. Nie chciałem Cię zdenerwować. Chciałem, żebyś się ucieszyła na mój widok. Mamy cztery dni wolnego i chciałbym, żeby to były wyjątkowe dni.*

5. Miłość: *Kocham Cię. Chcę, żebyś była szczęśliwa. Rozumiem, że jesteś zdenerwowana. Rozumiem, że potrzebujesz trochę czasu, żeby to Ci minęło. Wiem, że nie robisz tego celowo. Po prostu potrzebujesz, żeby Cię przytulić i trochę Ci współczuć. Przepraszam. Czasem nie wiem, co robić, i zaczynam Cię krytykować. Dziękuję, że jesteś moją żoną. Tak bardzo Cię kocham. Nie musisz wcale być idealna, nie musisz być wciąż zadowolona. Rozumiem Twoje rozczarowanie z powodu przesyłki.*

Całuję
Bill

PS. A taką odpowiedź chciałbym od Ciebie usłyszeć: „Bill, kocham Cię! Doceniam, że tak wiele dla mnie robisz. Dziękuję, że jesteś moim mężem".

ETAP DRUGI: *ODPOWIEDŹ*

Drugim etapem „Techniki *Listu miłosnego*" jest pisanie *Odpowiedzi.* Kiedy już wyraziliście zarówno swoje negatywne, jak i pozytywne uczucia, dobrze będzie poświęcić jeszcze trzy do pięciu minut na ugruntowanie „procesu uzdrawiającego" przez sformułowanie odpowiedzi. Ma to być taka odpowiedź, jakiej oczekiwalibyście od partnera.

Należy sobie wyobrazić, że partner stara się odpowiedzieć miłością na wasze zranione uczucia opisane w *Liście miłosnym.* Potem napisz po prostu list od partnera do siebie. Umieść w *Odpowiedzi* wszystko, co chciałabyś usłyszeć. Możesz zacząć od następujących wyrażeń:

- Dziękuję Ci za...
- Rozumiem, że...
- Przepraszam...
- Zasługujesz na...
- Chcę...
- Kocham...

Czasami pisanie *Odpowiedzi* przynosi lepsze efekty niż pisanie samego *Listu miłosnego*. Wyrażanie w ten sposób tego, czego pragniemy, pozwala nam otworzyć się na przyjęcie pomocy, na jaką zasługujemy.

Poza tym, wyobrażając sobie naszych partnerów odpowiadających nam miłością, rzeczywiście im takie zachowanie ułatwiamy.

Niektórzy piszą z wielką łatwością o swoich negatywnych uczuciach, ale bardzo ciężko przychodzi im znalezienie w sobie miłości. Dla tych właśnie osób formułowanie *Odpowiedzi* będzie szczególnie przydatne. Pozwoli im dostrzec, że w pewien sposób sami utrudniają partnerowi ofiarowanie miłości, jakiej potrzebują. Dzięki pisaniu *Odpowiedzi* zyskuje się także pełną świadomość tego, jak trudno jest też naszemu partnerowi w takich chwilach.

Jak możemy poznać potrzeby swojego partnera

Kobiety niechętnie piszą *Odpowiedzi*. Chcą, by ich partner sam wiedział, co powiedzieć. Ukrywają myśl, którą można by wyrazić następująco: „Nie chcę mu powiedzieć, czego potrzebuję. Jeżeli naprawdę mnie kocha, sam to odgadnie". I w tym miejscu doskonale widać, że kobiety muszą pamiętać, skąd pochodzą ich partnerzy. Marsjanin nie wie, czego pragnie kobieta. Trzeba mu to powiedzieć.

Reakcje Marsjanina odzwierciedlają zachowania typowe dla mieszkańców jego planety, a nie siłę jego miłości do partnerki. Gdyby był Wenusjanką, wiedziałby, co robić. Mężczyzna naprawdę nie wie, jak zareagować na uczucia kobiety. Nasza kultura nie przekazuje mężczyznom żadnej wiedzy na temat potrzeb kobiety.

Gdyby mężczyzna widział w przeszłości, jak jego ojciec z troską i miłością odpowiada na negatywne uczucia matki, miałby znacznie lepszy pogląd na temat tego, co należy robić.

Niestety, większość z nas nigdy nie miała okazji uczyć się na dobrym przykładzie. Pisanie *Odpowiedzi* jest w tej sytuacji najlepszą metodą uświadomienia partnerowi, czego się od niego oczekuje. Będzie to zapewne długa droga, ale dzięki tej metodzie mężczyzna nauczy się, jakie są potrzeby kobiety.

Pisanie *Odpowiedzi* jest najlepszym sposobem na nauczenie mężczyzny, jakie są prawdziwe potrzeby kobiety.

Kobiety często zadają mi pytanie: „Jeśli powiem, co chcę usłyszeć, a on to nawet powtórzy, to skąd mam wiedzieć, czy tak naprawdę myśli?"

To rzeczywiście bardzo ważne pytanie. Odpowiedź także jest ważna: jeśli mężczyzna nie kocha kobiety, nie będzie sobie zawracał głowy próbami zadowolenia jej. Jeżeli więc partnerka widzi, że mężczyzna czyni wysiłki i powtarza odpowiedź, jaką mu zasugerowała, to może być przekonana, że jest to podyktowane uczuciem.

Odpowiedź partnera może początkowo brzmieć nie całkiem szczerze, ale wynika to stąd, że jest to przecież dopiero jeden z etapów nabywania umiejętności. Kobieta musi wówczas okazać cierpliwość i zachęcać partnera, by dalej szedł tą drogą. Trzeba pamiętać, że fałsz pobrzmiewający w odpowiedziach mężczyzny bierze się zwykle ze strachu, iż jego wysiłki nie dadzą rezultatu. Jeśli kobieta okaże, że je docenia, następnym razem będzie się czuł pewniej i dzięki temu pójdzie mu lepiej. Mężczyzna nie jest głupcem. Jeśli widzi, że pewne jego zachowania wywołują zadowolenie partnerki i przynoszą pozytywne zmiany w ich związku, to będzie je powtarzał. Potrzeba mu tylko trochę czasu.

Kobieta także może się wiele nauczyć z pisemnej *Odpowiedzi* mężczyzny. Zazwyczaj jest zdezorientowana reakcjami partnera na jej zachowanie. Nie wie, dlaczego mężczyzna odrzuca próby niesienia mu pomocy. Tymczasem kobieta po prostu nie rozumie potrzeb partnera. Niekiedy odwraca się od niego, sądząc, że on ma już dość tego związku. W rzeczywistości mężczyzna pragnie tylko jej zaufania, akceptacji i podziwu.

Żeby otrzymać pomoc, musimy nie tylko nauczyć naszego partnera, czego nam trzeba, lecz także sami być gotowi na przyjęcie jego pomocy. Jeśli będziemy przekazywać nasze negatywne uczucia z miną mówiącą: „Cokolwiek zrobisz czy powiesz, i tak nie polepszy mi nastroju", to nie tylko nie otrzymamy potrzebnego wsparcia, lecz jeszcze zranimy partnera. Jeśli miałoby się tak zdarzyć, lepiej w ogóle nie rozpoczynać rozmowy.

Oto przykład *Listu miłosnego* i *Odpowiedzi* na ten list. Zwróćcie uwagę, że cała odpowiedź nadal mieści się w PS, ale tym razem, w porównaniu z poprzednio przytoczonym przykładem, jest znacznie poszerzona.

List miłosny i *Odpowiedź* dotyczące sytuacji, kiedy partner odmawia

Kiedy Theresa prosi swojego męża Paula, by coś dla niej zrobił, on sprzeciwia się i daje jej odczuć, jak bardzo mu ciążą jej częste prośby.

Drogi Paulu!

1. Złość: *Jestem zła, że mi się sprzeciwiasz. Jestem zła, że nie proponujesz mi pomocy. Jestem zła, że zawsze muszę prosić. Tyle dla Ciebie robię. Potrzebuję Twojej pomocy.*

2. Smutek: *Smutno mi, że nie chcesz mi pomóc. Smutno mi, bo czuję się bardzo samotna. Chcę, żebyśmy więcej robili wspólnie. Brak mi Twojej pomocy.*

3. Strach: *Boję się prosić Cię o pomoc. Boję się Twojego gniewu. Boję się, że znów odmówisz i że mnie to zaboli.*

4. Żal: *Przepraszam, że Cię krytykuję i że marudzę. Przykro mi, że Cię nie doceniam. Przykro mi, że daję zbyt wiele, a potem oczekuję od Ciebie tego samego.*

5. Miłość: *Kocham Cię. Rozumiem, że starasz się, jak możesz. Wiem, że Ci na mnie zależy. Jesteś takim kochającym ojcem dla naszych dzieci.*

Kocham Cię,
Theresa

PS. A oto odpowiedź, jaką chciałabym od Ciebie usłyszeć:

Kochana Thereso!
Dziękuję, że mnie kochasz. Dziękuję, że dzielisz się ze mną swoimi uczuciami. Rozumiem, że boli Cię, gdy reaguję na Twoje prośby tak, jakbyś oczekiwała zbyt wiele. Rozumiem, że to, iż Ci odmawiam, jest dla Ciebie bolesne. Przepraszam, że częściej nie proponuję Ci pomocy. Zasługujesz na moją pomoc i chcę Ci jej więcej ofiarować. Kocham Cię i jestem bardzo szczęśliwy, że jesteś moją żoną.

Kochający
Paul

ETAP TRZECI: PODZIELENIE SIĘ *LISTEM MIŁOSNYM* I *ODPOWIEDZIĄ* Z PARTNEREM

Jest wiele korzyści płynących z pokazania naszych listów partnerowi:

- Daje to partnerowi szansę przyjścia nam z pomocą;
- Pozwala uzyskać zrozumienie, którego tak pragniemy;
- W łagodny i pełen szacunku sposób mobilizuje naszego partnera;
- Pomaga wprowadzić zmiany w naszym związku;

- Stwarza dobry nastrój do zbliżenia i namiętności;
- Uczy partnera, co jest dla nas ważne i jak nas skutecznie wspomagać;
- Pozwala partnerom ponownie nawiązać rozmowę, chociaż przestali się już do siebie odzywać;
- Uczy, jak bezpiecznie informować i słuchać o negatywnych uczuciach.

Jest pięć sposobów podzielenia się z partnerem *Listem miłosnym* i *Odpowiedzią*. Przykłady, które podam, dotyczą listów napisanych przez kobietę, ale oczywiście, w odwróconej sytuacji, metody te działać będą równie skutecznie.

1. On głośno czyta *List miłosny* i *Odpowiedź* w jej obecności. Potem bierze ją za ręce i formułuje własną *Odpowiedź*, wiedząc już, co ona chciałaby usłyszeć.

2. Ona głośno czyta *List miłosny* i *Odpowiedź*, po czym on bierze ją za ręce i wypowiada swoją *Odpowiedź*, mając świadomość jej oczekiwań.

3. On czyta głośno jej *Odpowiedź*. Potem odczytuje głośno jej *List miłosny*. Mężczyźnie jest łatwiej stawić czoło negatywnym uczuciom partnerki i nie wpadać w panikę, kiedy już wie, czego się od niego oczekuje. Po przeczytaniu *Listu miłosnego* mężczyzna bierze partnerkę za ręce i formułuje własną *Odpowiedź*, kierując się tym, co już wie na temat jej pragnień.

4. Najpierw ona czyta mu głośno *Odpowiedź*. Potem odczytuje głośno swój *List miłosny* do niego. W końcu on ujmuje jej ręce i formułuje własną *Odpowiedź*, znając już oczekiwania partnerki.

5. Ona daje mu swoje listy, a on czyta je w ciągu najbliższych dwudziestu czterech godzin. Potem on dziękuję jej za listy, bierze ją za ręce i daje *Odpowiedź* zgodną z tym, co wie o jej oczekiwaniach.

Co robić, jeśli partner nie umie odpowiedzieć miłością

Z powodu swoich przeszłych doświadczeń niektórzy ludzie mają wielkie problemy, gdy ktoś im czyta *List miłosny*. Nie powinno się wobec tego oczekiwać, że sami będą skorzy do odczytywania listów. Jednak nawet ci partnerzy, którzy chcą wysłuchać listu, często okazują się niezdolni do natychmiastowej odpowiedzi. Niech za przykład posłużą tu Theresa i Paul.

Paul nie doznaje przypływu ciepłych uczuć po lekturze listów Theresy i dlatego nie jest w stanie odpowiednio na nie zareagować, jednak z czasem jego zachowanie może ulec zmianie. Podczas czytania Paul zrozumiał gniew Theresy jako atak na siebie i wyzwolił reakcję obronną. Wielu z nas zachowuje się podobnie.

W takim przypadku najlepiej będzie, jeśli zrobimy przerwę, żeby zastanowić się nad tym, co usłyszeliśmy.

Ktoś, kto czyta *List miłosny*, czasami odbiera tylko jego część wyrażającą gniew i musi minąć trochę czasu, nim zdoła dostrzec coś jeszcze. Takiej osobie bardzo może ułatwić zadanie ponowna lektura listu. Najlepiej, jeśli wówczas skupi się na fragmentach dotyczących żalu i miłości.

Czasami, kiedy dostaję *List miłosny* od swojej żony, zaczynam od części mówiącej o miłości, a potem dopiero czytam cały od początku.

Jeśli po przeczytaniu *Listu miłosnego* mężczyzna jest wytrącony z równowagi, może oczywiście odpowiedzieć, pisząc własny *List miłosny*. To na pewno pomoże mu uporządkować uczucia. Czasami i mnie samemu trudno powiedzieć, co mnie niepokoi, dopóki Bonnie nie przeczyta mi swojego listu. Wtedy nagle czuję, że też mam coś do napisania. Dzięki konstruowaniu własnego listu mogę odnaleźć w sobie miłość i z większym zrozumieniem ponownie przeczytać list od Bonnie.

Jeżeli mężczyzna nie może natychmiast zareagować miłością, musi wiedzieć, że nie będzie za to ukarany. Partnerka powinna zrozumieć i zaakceptować konieczność przemyślenia przez niego całej sprawy. Żeby jej wtedy pomóc, mężczyzna może powiedzieć coś w rodzaju: „Dziękuję, że napisałaś ten list. Potrzebuję jednak trochę czasu, żeby o tym pomyśleć, a potem będziemy mogli porozmawiać". Ważne jest, by wtedy nie wypowiadał się o jej liście krytycznie. Ten sposób wyrażania uczuć powinien być bezpieczny.

Przytoczone poprzednio sugestie dotyczą oczywiście i takiej sytuacji, kiedy to kobiecie jest trudno w odpowiedni sposób zareagować na *List miłosny*.

Wszystkim parom gorąco radzę, żeby czytały *Listy miłosne* głośno. Poeksperymentujcie zresztą i znajdźcie taki sposób prezentowania listu, który najbardziej będzie wam odpowiadał.

ATMOSFERA BEZPIECZEŃSTWA

Udostępnienie swojego *Listu miłosnego* może przynieść bolesne skutki. Człowiek piszący taki list jest szczególnie wrażliwy na zranienie. Jeśli napotka wówczas odpychające zachowanie partnera, może bardzo cierpieć.

Celem *Listu miłosnego* jest otwarcie się i zbliżenie do partnera. Można to jednak osiągnąć tylko wtedy, gdy cały proces przebiega w atmosferze bezpieczeństwa. Osoba, która otrzymuje *List miłosny*, musi bardzo jednoznacznie okazywać szacunek zarówno wobec treści listu, jak i wobec jego nadawcy. Jeśli adresat nie może zapewnić, że przyjmie list życzliwie i potraktuje go poważnie, powinien poprosić o przełożenie czytania na czas, kiedy będzie gotów spełnić te wymogi.

Dzieleniu się *Listem miłosnym* muszą towarzyszyć odpowiednie intencje. Zarówno partner, który pisze list, jak i ten, dla kogo jest on przeznaczony, muszą być pewni, że będą przestrzegać pewnych zasad.

Zamiary nadawcy

Napisałem ten list, aby odnaleźć swoje pozytywne uczucia i okazać Ci miłość, na jaką zasługujesz. Częścią tego procesu jest podzielenie się z Tobą tymi negatywnymi uczuciami, które nas od siebie oddalają.

Twoje zrozumienie ułatwi mi otwarcie się i „wyrzucenie" z siebie owych „niedobrych" uczuć. Ufam, że zależy Ci na mnie i że odpowiesz na ujawnienie moich emocji tak, jak tylko Ty potrafisz. Doceniam Twoją gotowość wysłuchania mojego listu i udzielenia mi pomocy. Mam też nadzieję, że ten list pomoże Ci zrozumieć moje potrzeby, chęci i oczekiwania.

Zamiary odbiorcy

Obiecuję, że zrobię to, co w mojej mocy, by zrozumieć wagę Twoich uczuć, zaakceptować to, co nas różni, szanować Twoje potrzeby jak swoje własne i docenić Twoje wysiłki uświadomienia mi swych uczuć.

Obiecuję słuchać i nie korygować tego, co mówisz, ani nie oceniać Twoich uczuć. Przyrzekam akceptować Cię i nie próbować Cię zmieniać. Pragnę dowiedzieć się czegoś o Twoich uczuciach, ponieważ naprawdę mi na Tobie zależy i ufam, że nam się uda.

Przy pierwszych próbach zastosowania „Techniki *Listu miłosnego*" będzie bezpieczniej, jeśli obie strony na głos przeczytają powyższe dwa teksty.

Pomoże im to uszanować uczucia partnera i reagować tak, by czuł się kochany i bezpieczny.

MINILISTY MIŁOSNE

Jeśli zdarzy się, że będziecie zdenerwowani, a zabraknie dwudziestu minut na napisanie *Listu miłosnego*, spróbujcie napisać jego bardzo skróconą wersję. Zabiera to od trzech do pięciu minut, a naprawdę może pomóc. Oto kilka przykładów *Minilistów miłosnych*:

Drogi Maxie!

- *Jestem taka zła, że się spóźniłeś!*
- *Jest mi smutno, że o mnie zapomniałeś.*
- *Boję się, że Ci na mnie nie zależy.*
- *Przepraszam, że jestem taka krytyczna.*
- *Kocham Cię i wybaczam, że się spóźniłeś.*

Wiem, że naprawdę mnie kochasz. Dziękuję, że się starasz.

Całuję,
Sandie

Kochany Harry!

- *Jestem zła, że jesteś wciąż zmęczony. Jestem zła, że ciągle oglądasz telewizję.*
- *Jestem smutna, że nie chcesz ze mną rozmawiać.*
- *Boję się, że się od siebie oddalamy. Boję się, że Ciebie rozgniewam.*
- *Przykro mi, że byłam niemiła przy obiedzie. Przepraszam, że obwiniam Cię za nasze problemy.*
- *Brakuje mi Twojej miłości. Czy mógłbyś poświęcić mi trochę czasu dziś wieczorem albo w najbliższych dniach i porozmawiać o naszym życiu?*

Całuję,
Lesley

PS. Oto, co chciałabym od Ciebie usłyszeć:

Kochana Lesley!

Dziękuję, że napisałaś mi o swoich uczuciach. Rozumiem, że Ci mnie brakuje. Może spędzimy razem dzisiejszy wieczór?

Całuję,
Harry

KIEDY PISAĆ *LISTY MIŁOSNE*

Listy miłosne piszcie zawsze, kiedy jesteście wytrąceni z równowagi i chcecie poczuć się lepiej. *Listy miłosne* bywają przeróżne. Oto niektóre możliwości:

- *List miłosny* do partnera (partnerki).
- *List miłosny* do przyjaciela, dziecka, członka rodziny.
- *List miłosny* do klienta lub kogoś, z kim łączą was interesy. „Kocham Cię" powinno się wówczas zastąpić „Doceniam" lub „Szanuję". W większości przypadków nie radzę pokazywać tego listu adresatowi.
- *List miłosny* do siebie.
- *List miłosny* do Boga. Napiszcie o swoich rozczarowaniach życiowych i poproście o pomoc.
- Jeśli jesteście bardzo na kogoś oburzeni, napiszcie *List miłosny* od tej osoby do siebie. Zdziwicie się, jak bardzo ułatwi to wam wybaczenie.
- Okropny *List miłosny* napiszcie w przypadku, gdy jesteście przepełnieni najgorszymi uczuciami. Następnie spalcie ów list. Raczej „nie częstujcie" nim swojego partnera.
- *List miłosny* z przeszłości napiszcie wówczas, gdy sytuacje, jakie obecnie was ranią, przypominają wam sytuacje z dzieciństwa. Wyobraźcie sobie, że możecie cofnąć się w czasie i napisać do waszych rodziców, zwierzając się im i prosząc o pomoc.

DLACZEGO POTRZEBUJEMY *LISTÓW MIŁOSNYCH*

Jak już mówiliśmy, dla kobiet szczególnie ważne jest, by mogły się czuć otoczone czułą opieką, rozumiane i szanowane, dla mężczyzn zaś, by im ufano.

Największy problem wielu związków polega na tym, że gdy kobieta zwierza się ze swoich negatywnych uczuć, jej partner czuje się nie kochany.

Jej wypowiedź brzmi w jego uszach oskarżycielsko, krytycznie, pretensjonalnie. Kiedy z kolei mężczyzna sprzeciwia się temu, co usłyszał, jego partnerka czuje się nie kochana. Powodzenie związku zależy więc w głównej mierze od tego, czy mężczyzna będzie umiał słuchać, okazując jednocześnie miłość i szacunek dla uczuć kobiety, a ona — mówić o swoich uczuciach taktownie i z miłością.

Związek wymaga, aby partnerzy informowali się nawzajem o swoich zmieniających się uczuciach i pragnieniach. Nie można oczekiwać, że porozumienie będzie idealne. W rzeczywistości tak się nie zdarza. Na szczęście jednak między tym, co przeżywamy, a doskonałością jest wiele miejsca na... rozwój.

Realistyczne oczekiwania

Nie należy się spodziewać, że porozumiewanie się zawsze będzie łatwe. Niektóre uczucia trudno ujawnić, nie raniąc przy tym słuchacza. Czasami niełatwo z głębokim zrozumieniem odnieść się do poglądów osoby, która mówi rzeczy, jakich nie chcielibyśmy usłyszeć. Nie jest też prostą rzeczą słuchać o czyichś uczuciach, kiedy nasze własne zostały zranione.

Wiele par niesłusznie sądzi, że skoro nie potrafią się porozumieć, to widocznie się nie kochają. Miłość, co prawda, odgrywa tu ważną rolę, ale porozumiewanie się jest rodzajem umiejętności. Jest sztuką, której można się nauczyć.

Jak się tego nauczyć

Umiejętność porozumiewania się z partnerem bywa drugą naturą u ludzi, którzy w domu rodzicielskim mogli obserwować zdrowy przykład uczciwego i pełnego miłości porozumiewania się.

Niestety, dla minionych pokoleń porozumienie było jednoznaczne z wyrzekaniem się swoich negatywnych uczuć. Uczucia te traktowano jak wstydliwą chorobę, którą trzeba ukryć.

Gdybyśmy mieli za sobą inną przeszłość

Gdybyż nasza przeszłość była inna! Pamięć podsuwałaby nam wówczas obraz ojca przyjaźnie słuchającego matki mówiącej otwarcie o swoich uczuciach. Przypominalibyśmy sobie dowody troskliwego i pełnego szacunku traktowania kobiety.

Widzielibyśmy także, z jaką ufnością i szczerością matka zwraca się do ojca, nie obwiniając go ani nie krytykując. Widzielibyśmy, że można być zdenerwowanym, lecz nie odpychać z tego powodu partnera swym chłodem, nieufnością i krytykanctwem, ignorując go lub traktując protekcjonalnie. Przez kilkanaście lat życia w ramach szczęśliwego związku swoich rodziców nauczylibyśmy się postępować w sprawach uczuć, tak jak nauczyliśmy się chodzić i mówić. Dochodzenie do porozumienia byłoby dla nas wyuczoną umiejętnością, podobnie jak śpiewanie i czytanie.

Jednak większość z nas wyniosła z dzieciństwa zupełnie inne doświadczenia. Uczono nas raczej, jak nie dochodzić do porozumienia.

Żeby zrozumieć, ile trudności wynika z niewłaściwego wychowania, spróbujcie odpowiedzieć na następujące pytania:

1. Jak wyrazisz miłość, kiedy odczuwasz złość lub sprzeciw wobec partnera, skoro twoi rodzice w takiej sytuacji albo krzyczeli na siebie, albo aby uniknąć kłótni, zupełnie przestawali rozmawiać?

2. Jak postąpisz chcąc, żeby dzieci cię słuchały, nie wrzeszcząc i nie karząc ich, jeśli twoi rodzice, chcąc utrzymać kontrolę nad twoim zachowaniem, krzyczeli i stosowali kary?

3. Jak poprosisz o więcej, jeśli jako dziecko wielokrotnie byłeś zaniedbywany?

4. Jak masz się otworzyć i zwierzyć ze swoich uczuć, jeśli boisz się, że zostaniesz odrzucony?

5. Jak rozmawiać ze swoim partnerem, kiedy w danej chwili twoje uczucia podpowiadają: „Nienawidzę cię".

6. Jak powiesz „przepraszam", jeśli jako dziecko byłeś karany za swoje błędy?

7. Jak przyznasz się do błędu, skoro boisz się kary i odrzucenia?

8. Jak zdołasz okazać swoje uczucia, jeśli jako dziecko byłeś karcony i karany za płacz i niezadowolenie?

9. Jak masz prosić o więcej, skoro w dzieciństwie mówiono ci, że nie powinieneś chcieć zbyt dużo?

10. Jak masz wiedzieć, co czujesz, jeśli twoi rodzice nie mieli czasu, cierpliwości i ochoty, by cię zapytać o twoje uczucia i twoje problemy?

11. Jak ma ci się udać akceptowanie niedoskonałości partnera, jeśli jako dziecko czułeś, że aby być godnym miłości, musisz być idealny?

12. Jak masz słuchać cierpliwie o uczuciach partnera, skoro nikt nigdy nie wysłuchał twoich zwierzeń?

13. Jak masz wybaczyć, skoro tobie nie wybaczano?

14. Jak masz płaczem ukoić swój smutek i rozżalenie, jeśli w dzieciństwie wciąż ci powtarzano: „Nie płacz" albo: „Kiedy ty wreszcie dorośniesz?" lub: „Tylko dzieci płaczą"?

15. Jak masz być gotów do słuchania o rozczarowaniach partnera, skoro jako dziecko czułeś się odpowiedzialny za

ból swojej matki na długo przedtem, nim byłeś w stanie zrozumieć, że nie ponosisz tu winy?

16. Jak masz znosić ból partnera, skoro twoja matka i ojciec wyładowywali swoje frustracje, krzycząc na ciebie i wydając ci polecenia?

17. Jak masz się otworzyć i zaufać partnerowi, skoro pierwsi ludzie, którym zaufałeś, w pewien sposób cię zdradzili?

18. Jak masz się porozumiewać z miłością i szacunkiem, jeśli przez długie lata dzieciństwa nie miałeś okazji, by przyswoić sobie tę umiejętność?

Odpowiedzi na te pytania są bardzo podobne: możemy, oczywiście, nauczyć się sztuki miłosnego dialogu, lecz musimy nad tym popracować. Musimy nadrobić zaniedbania. Jeśli macie problemy w porozumiewaniu się, nie jest to ani żaden dopust boży, ani wina waszego partnera. To po prostu brak treningu uprawianego w atmosferze bezpieczeństwa.

Czytając powyższe pytania, poczuliście prawdopodobnie przypływ różnorodnych uczuć. Nie traćcie okazji, by się z nich oczyścić. Poświęćcie najbliższe dwadzieścia minut na napisanie *Listu miłosnego* do swoich rodziców. Weźcie po prostu długopis i kawałek papieru i zacznijcie wyrażać swoje uczucia, korzystając ze schematu *Listu miłosnego*. Spróbujcie to zrobić bezzwłocznie, a będziecie zaskoczeni wynikiem.

MÓWIENIE CAŁEJ PRAWDY

Listy miłosne przynoszą efekty, pomagają bowiem nam wypowiedzieć całą prawdę. Tylko w przypadku niektórych uczuć nie przynoszą oczekiwanego ukojenia. Na przykład:

- Wypowiadanie samej złości wcale nie pomaga. Prowokuje nas jedynie do jeszcze większego gniewu. Im bardziej skupiamy się na wyrażaniu złości, tym bardziej jesteśmy wytrąceni z równowagi.

- Wielogodzinny płacz może zostawić w nas uczucie pustki i wyczerpania, jeżeli żadne inne uczucie nie zastąpiło w tym czasie dręczącego nas smutku.
- Skupianie się na swoim strachu może spowodować, że staniemy się jeszcze bardziej niespokojni.
- Jeśli będzie nam przykro z powodu naszego postępowania, a nie wyzbędziemy się tego uczucia, to możemy zacząć czuć się winni i zawstydzeni, a to z kolei może obniżyć nasze poczucie własnej wartości.
- Próbując odczuwać wyłącznie samą miłość, będziemy tłumili wszystkie negatywne emocje i po kilku latach staniemy się całkowicie nieczuli i niezdolni do wyrażania jakichkolwiek uczuć.

Listy miłosne pomagają, ponieważ zmuszają nas do wyrażenia całej prawdy na temat wszystkich naszych uczuć. Żeby wyleczyć swój ból, musimy odczuć go we wszystkich czterech przejawach. Musimy przeżyć złość, smutek, strach i żal.

Dlaczego *Listy miłosne* pomagają

Jeśli wyrazimy wszystkie cztery rodzaje bólu emocjonalnego, oczyścimy się z niego. Napisanie tylko o jednym czy dwóch nie daje pożądanego efektu. Dzieje się tak dlatego, że wiele naszych negatywnych reakcji nie odzwierciedla prawdziwych uczuć, lecz jest sposobem obrony, który pomaga nam ukryć to, co faktycznie czujemy. Na przykład:

- Ludzie, którzy łatwo wpadają w gniew, w większości próbują ukryć w ten sposób swoje cierpienie, smutek, strach lub żal. Kiedy przeżywają swój ból, wówczas gniew schodzi na plan dalszy i potrafią być bardziej kochający.

- Ludziom płaczliwym trudno przychodzi przeżywanie złości. Jeśli nauczą się ją wyrażać, staną się spokojniejsi i bardziej kochający.
- Ludzie strachliwi mają zwykle problemy z wyrażaniem złości. Jeżeli im się to uda, staną się dużo odważniejsi.
- Ludzie, którzy często obarczają się odpowiedzialnością, powinni odczuć i wypowiedzieć swój gniew i urazę. Łatwiej im wtedy będzie doznać zadowolenia z siebie, na jakie zasługują.
- Ludzie, którzy bez przerwy odczuwają miłość, a zastanawiają się nad źródłami własnej depresji, powinni spróbować zadać sobie następujące pytanie: „Jeśli miałbym być z jakiejś przyczyny zły, to co by to mogła być za przyczyna?" i napisać odpowiedź. Pomoże im to uświadomić sobie uczucia ukryte za depresją i apatią. Osoby te mogą także ćwiczyć pisanie *Listów miłosnych*.

Jak jedne uczucia mogą przysłaniać inne?

Chciałbym teraz przytoczyć kilka przykładów, w jaki sposób mężczyźni i kobiety wykorzystują swoje negatywne uczucia, by ukryć lub stłumić swój najgłębszy żal. Pamiętajcie, że ten proces przebiega nieświadomie i całkowicie automatycznie.

Spróbujcie odpowiedzieć na kilka pytań:

- Czy kiedykolwiek uśmiechacie się, kiedy czujecie złość?
- Czy reagowaliście złością, kiedy w głębi czuliście strach?
- Czy śmiejecie się i żartujecie, podczas gdy naprawdę jesteście smutni lub zranieni?
- Czy łatwo oskarżacie innych, kiedy sami czujecie się winni i przestraszeni?

Obecnie zobaczymy, jak mężczyźni i kobiety zaprzeczają swoim prawdziwym uczuciom. Oczywiście nie do wszystkich mężczyzn da się dopasować opis „męskich" sposobów, a także nie do wszystkich kobiet będą się odnosiły zachowania „kobiece". Poniższa lista ma nam jedynie uświadomić, jak często nie przyznajemy się do swoich prawdziwych uczuć.

SPOSOBY UKRYWANIA SWOICH PRAWDZIWYCH UCZUĆ

Jak mężczyźni ukrywają swój prawdziwy ból: (proces ten jest zazwyczaj nieświadomy)	**Jak kobiety ukrywają swój prawdziwy ból:** (proces ten jest zazwyczaj nieświadomy)
1. Mężczyźni wykorzystują złość jako sposób „ominięcia" bolesnych uczuć: strachu, zranienia, smutku, winy i żalu.	1. Kobiety zaangażowaniem i zaniepokojeniem maskują bolesne uczucia złości, winy, strachu i rozczarowania.
2. Mężczyźni okazują obojętność, aby ukryć złość.	2. Kobiety mogą odczuwać zmieszanie, tłumiąc złość, irytację i frustrację.
3. Mężczyźni mogą się poczuć obrażeni, aby nie odczuć bólu wynikającego ze zranienia.	3. Kobiety mogą poczuć się chore, by „ominąć" złość, smutek, żal i zatroskanie.
4. Mężczyźni bywają źli i apodyktyczni, aby uniknąć strachu i niepewności.	4. Kobiety okazują strach i niepewność, gdy ukrywają złość, urazę i przygnębienie.
5. Mężczyźni mogą być zawstydzeni, by ukryć złość i przygnębienie.	5. Kobiety mogą odczuwać przygnębienie zamiast złości czy strachu.
6. Mężczyźni pod płaszczykiem spokoju i chłodu ukrywają złość, strach, rozczarowanie, wstyd i brak odwagi.	6. Kobiety mogą odczuwać nadzieję zamiast złości, smutku, przygnębienia i żalu.

7. Mężczyźni mogą demonstrować pewność siebie, aby nie poddać się wrażeniu, że nie dorastają do sytuacji.	7. Kobiety okazują radość i wdzięczność, aby nie przeżywać smutku i rozczarowania.
8. Mężczyźni mogą stać się agresywni, by zagłuszyć strach.	8. Kobiety mogą kochać i przebaczać, zamiast przeżywać złość i czuć się zranione.

LECZENIE NEGATYWNYCH UCZUĆ

Zrozumieć i zaakceptować negatywne uczucia drugiej osoby jest nam trudniej, jeśli nasze własne „niedobre" uczucia nie zostały przed kimś ujawnione.

Im lepiej uda nam się wyleczyć nasze ukrywane rany z dzieciństwa, tym łatwiej będzie nam dzielić się przeżyciami z partnerem i wychodzić naprzeciw jego zwierzeniom, nie odczuwając jednocześnie bólu, niecierpliwości, frustracji i obrazy.

Im bardziej powstrzymujesz się przed odczuwaniem swego wewnętrznego bólu, tym większą niechęć okażesz w zetknięciu z uczuciami innych. Jeśli reagujesz zniecierpliwieniem, kiedy inni wyrażają swoje emocje, jest to miernikiem tego, jak traktujesz samego siebie.

Aby się oczyścić, musimy przejść proces zbliżony do powtórnego przeżywania dzieciństwa. Musimy sobie uświadomić, że jest w nas ktoś, kto okropnie się denerwuje nawet wtedy, gdy nasz rozsądny, dorosły umysł mówi nam, że nie ma powodów do zdenerwowania. Musimy odnaleźć i wydzielić tę część naszej osoby i stać się dla niej kochającym rodzicem. Musimy zadać sobie pytania: „Co się stało? Czy coś cię boli? Co czujesz? Co cię zdenerwowało? Czym się złościsz? Czego się boisz? Czego chcesz?"

Kiedy ze współczuciem wsłuchujemy się w nasze emocje,

negatywne uczucia w cudowny sposób zostają uleczone i nagle stajemy się zdolni, by odpowiedzieć na pewne sytuacje w kochający i pełen szacunku sposób. Dzięki zrozumieniu naszych dziecinnych doznań automatycznie otwieramy drogę miłości.

Jeśli w dzieciństwie nasze uczucia byłyby wysłuchiwane i traktowane poważnie, wówczas w dorosłym życiu nie blokowalibyśmy w sobie negatywnych emocji. Jednak większość z nas nie znalazła w przeszłości takiego oparcia i dlatego musimy je sobie teraz stworzyć sami.

Jak nasza przeszłość wpływa na dzień dzisiejszy

Z pewnością niejednokrotnie byliście już w życiu owładnięci negatywnymi uczuciami. Oto przykłady sytuacji, w których nie ujawnione w dzieciństwie emocje mogą oddziaływać na nasze teraźniejsze zachowania, szczególnie wówczas, gdy działamy pod wpływem stresu:

- Jeśli coś nas frustruje, uparcie trwamy w gniewie i niepokoju, chociaż „dorosła" część naszej osobowości podpowiada, że powinniśmy być spokojni, kochający i zrównoważeni.
- Kiedy coś nas rozczarowało, nie możemy wydobyć się ze smutku i poczucia krzywdy nawet wtedy, gdy „dorosła połowa" przypomina, że mamy wiele powodów do radości, entuzjazmu i nadziei.
- Jeżeli czymś się zaniepokoimy, jeszcze długo potem odczuwamy strach i niepewność, choć jako dorośli wiemy, że możemy czuć się bezpieczni i ufni.
- Jeżeli byliśmy czymś zakłopotani, nie umiemy potem przez dłuższy czas wyzwolić się z poczucia winy i wstydu, nawet jeśli wiemy, że powinniśmy się czuć spokojnie, bezpiecznie, wspaniale.

Zagłuszanie swoich uczuć nałogami

Jako dorośli na ogół próbujemy panować nad swoimi uczuciami, po prostu ignorując niektóre z nich. Nasze nałogi świetnie zagłuszają bolesne uczucia i nie zaspokojone pragnienia. Szklanka wina na krótką chwilę uśmierza ból. Niestety, potem ból wraca.

Jak na ironię, właśnie unikanie negatywnych emocji pozwala im zawładnąć naszym życiem. Tracą moc jedynie wtedy, gdy nauczymy się w nie wsłuchiwać i je wyrażać.

Jak na ironię,
właśnie unikanie negatywnych emocji pozwala
im zawładnąć naszym życiem.

Kiedy jesteśmy bardzo zdenerwowani, z pewnością nie potrafimy porozumiewać się tak skutecznie, jak byśmy tego chcieli. W takich chwilach wracają uczucia z przeszłości. I dzieje się z nami mniej więcej to, co z dzieckiem, któremu nigdy nie pozwolono na okazanie złego humoru. Teraz dziecko ma krótki napad złości, ale zaraz znów zostanie za karę zamknięte w łazience.

Dopóki nie potrafimy wsłuchiwać się w te na pozór irracjonalne uczucia z naszej przeszłości (wdzierają się w nasze życie głównie wtedy, gdy najbardziej jest nam potrzebny rozsądek), dopóty będą one blokowały nasze porozumiewanie się z partnerem.

Cała sztuka dzielenia się negatywnymi uczuciami polega na tym, by mieć dość chęci i mądrości do pisemnego wyrażenia swoich negatywnych emocji, co pozwoli uświadomić sobie, że przeżywamy także uczucia pozytywne. Im lepiej będzie się nam udawało rozmawiać z naszym partnerem, tym lepszy będzie nasz związek.

Jeśli potraficie wypowiadać to, co was niepokoi, w sposób pełen miłości, waszym partnerom będzie łatwiej pospieszyć z pomocą, której pragniecie.

Pisanie *Listów miłosnych* jest świetnym sposobem niesienia pomocy sobie samemu, lecz jeśli od razu nie wejdzie wam to w nawyk, może z czasem w ogóle wylecieć z pamięci. Dlatego radzę, by co najmniej raz w tygodniu napisać *List miłosny.*

Listy miłosne pomagają nie tylko wtedy, gdy denerwuje nas partner, lecz także wówczas, gdy denerwuje nas cokolwiek innego. Pisanie tych listów leczy, gdy czujemy się dotknięci, nieszczęśliwi, niespokojni, przygnębieni, zmartwieni, zmęczeni, zablokowani lub po prostu napięci.

Za każdym razem, gdy chcecie poczuć się lepiej, piszcie *List miłosny*. Może nie zawsze od razu polepszy to wasz nastrój, ale z pewnością odpowiednio was ukierunkuje.

Sprawy zgłębiania swoich uczuć i pisania *Listów miłosnych* omówiłem bardziej szczegółowo w swojej pierwszej książce pt. *Możesz uleczyć swoje uczucia* (*What You Feel You Can Heal*). Również inni autorzy poruszali te tematy. Oczywiście, czytanie owych książek może stać się pomocne, lecz pamiętajcie: nie wyleczycie swych uczuć inaczej niż wypowiadając je głośno wobec kogoś, kto je „usłyszy". Książki mogą zachęcić was do tego, byście bardziej lubili samych siebie, ale uda wam się to tylko wówczas, gdy posłuchacie, opiszecie i głośno wypowiecie całą prawdę o waszych uczuciach.

Książki mogą zachęcić was do tego, byście bardziej lubili samych siebie, ale uda się wam to tylko wtedy, gdy posłuchacie, opiszecie i głośno wypowiecie całą prawdę o waszych uczuciach.

Ćwicząc „Technikę *Listu miłosnego*", odkryjecie tę część własnej osobowości, która najbardziej pragnie miłości. Wsłuchując się w swoje uczucia i wyrażając je, będziecie tę właśnie „część" najbardziej rozwijać.

Kiedy zaczniecie doznawać miłości i zrozumienia, łatwiej wam się będzie porozumiewać. Staniecie się dość silni, by reagować na sytuacje w „kochający" sposób.

Choć nie zostaliśmy dobrze zaprogramowani w dzieciństwie, to nasze zachowanie możemy świadomie zmieniać. I ten fakt jest źródłem wielkiej nadziei.

Proces, któremu powinniśmy się poddać, obejmuje wysłuchanie i zrozumienie nie ujawnionych w dzieciństwie uczuć, które nigdy nie miały szansy na ukojenie. Ta część naszej istoty potrzebuje, by ją poczuć, usłyszeć i zrozumieć. Jeśli nam się to uda, będziemy „wyleczeni".

Uprawianie „Techniki *Listu miłosnego*" jest bezpieczną metodą wyrażania ukrytych uczuć, negatywnych emocji i potrzeb bez narażania się na krytykę lub odrzucenie. Wsłuchując się w swoje emocje, zachowujemy się tak jak kochający ojciec kołyszący w ramionach zapłakane dziecko. Zgłębiając całą prawdę o naszych uczuciach, pozwalamy sobie na ich przeżywanie. Nie ujawnione uczucia z przeszłości dają się stopniowo uleczyć, jeśli dziecięcą cząstkę naszego „ja" będziemy traktować z miłością i szacunkiem.

Ludzie często dorastają zbyt wcześnie, ponieważ odrzucają i tłumią swoje uczucia. Ich nie ujawniony ból czeka, by go wydobyto, pokochano i uleczono. I nawet jeśli te osoby będą stale tłumiły w sobie owe uczucia, to ból i cierpienie będą miały trwały wpływ na ich życie.

W odniesieniu do większości chorób dowiedziono, że są bezpośrednio związane z naszym nie ujawnionym bólem emocjonalnym. Tłumione cierpienie emocjonalne staje się często przyczyną fizycznego bólu i choroby, a może nawet spowodować przedwczesną śmierć. Także większość naszych obsesji i nałogów jest wyrazem ukrytych cierpień emocjonalnych.

Tak na przykład częsta u mężczyzn obsesja osiągnięcia sukcesu jest zwykle ich rozpaczliwą próbą zdobycia miłości, która, jak sądzą, uleczy ich wewnętrzny ból.

U kobiet obsesja, by stać się kobietą idealną, jest desperacką próbą stania się godną miłości, co prawdopodobnie ukoiłoby ich wewnętrzne cierpienie.

Każda przesada w postępowaniu jest w istocie wyrazem stłumionego kiedyś bólu.

Społeczeństwo, w którym żyjemy, ciągle podsuwa nam wiele rozrywek. Ma to nam pomóc w zapominaniu o ranach wewnętrznych. Natomiast *Listy miłosne* pozwolą nam dojrzeć ten ból, odczuć go i w końcu uleczyć.

Za każdym razem, kiedy będziemy pisać *List miłosny*, pozwolimy zranionej cząstce naszego „ja" zaznać miłości, uwagi i zrozumienia, jakich potrzebuje, by poczuć się lepiej.

W odosobnieniu siła

Czasami, pisząc o własnych uczuciach w odosobnieniu, odkryjecie takie rejony swych emocji, jakich nie moglibyście odczuć w obecności partnera. Prywatność stwarza poczucie bezpieczeństwa pozwalające odczuwać głębiej. Nawet parom, które znakomicie potrafią ze sobą rozmawiać, zalecam, by nie stroniły od regularnego pisania *Listów miłosnych*. Poza innymi korzyściami płynie stąd i ta, że czas pisania listów jest czasem przeznaczonym wyłącznie dla siebie.

Proponuję także prowadzenie dziennika *Listów miłosnych* albo przechowywanie ich w jakiejś teczce.

Można też wprowadzać *Listy miłosne* na dyski komputerowe i drukować je zawsze, gdy chcemy się nimi z kimś podzielić.

Radzę, by zaglądać do teczki ze starymi listami i czytać je czasem w okresach dobrego nastroju, bo wtedy będziemy mogli przyjrzeć się swoim uczuciom z większym obiektywizmem. Właśnie to obiektywne spojrzenie pomoże nam w przyszłości wyrażać negatywne uczucia w sposób taktowny.

Jeżeli nie czujemy ulgi po napisaniu listu, to może nam ją przynieść jego przeczytanie.

Siła intymności

Pisanie listów w odosobnieniu może pomóc w procesie leczenia uczuć, lecz nie zaspokaja potrzeby „bycia usłyszanym i zrozumianym" przez innych. Kiedy piszecie list, okazujcie sobie miłość, lecz czyjąś miłość możecie odczuć dopiero wówczas, kiedy podzielicie się z nim swoim *Listem miłosnym*. Żeby naprawdę kochać samych siebie, potrzebna jest dawka „cudzej" miłości. Drogę tej miłości toruje dzielenie się całą prawdą o uczuciach.

Aby kształtować w sobie umiejętność kochania samych siebie, potrzebujemy dawki „cudzej" miłości.

Aby otrzymywać więcej miłości, potrzebujemy w naszym życiu więcej ludzi, którym otwarcie i bezpiecznie możemy zawierzać swe uczucia.

Możemy mówić, kim jesteśmy i co czujemy, możemy więc przyjmować miłość. A gdy ma się miłość, łatwiej uwalniać negatywne emocje: urazę, złość, strach. To nie znaczy, że musimy zwierzać się ze wszystkiego, co odkryliśmy podczas naszego odosobnienia, lecz jeżeli są w nas uczucia, o których boimy się mówić, to stopniowo muszą być ujawniane.

Życzliwy terapeuta lub bliski przyjaciel mogą być źródłem miłości i ulgi, jeśli potrafimy im przekazać prawdę o swoich uczuciach.

Pisanie w odosobnieniu polepszy samopoczucie, lecz najważniejszą sprawą jest dzielenie się *Listem miłosnym* z kimś bliskim.

Siła grupy

Nie sposób opisać siły tkwiącej w grupie, lecz wsparcie grupy jest czymś, czego koniecznie trzeba doświadczyć. Serdeczna i pomocna grupa może sprawić cuda na naszej drodze do głębokiego poznania własnych uczuć.

Grupa to po prostu większa liczba osób, które ofiarowują ci miłość. Nawet jeżeli nie wypowiadasz się wobec grupy, to dzięki słuchaniu innych mówiących otwarcie i uczciwie o swych uczuciach budujemy naszą świadomość siebie.

Kiedy prowadzę seminaria grupowe, systematycznie odkrywam coraz głębsze poziomy swojego emocjonalnego „ja". Kiedy ktoś wstaje i zaczyna otwarcie zwierzać się ze swoich uczuć, nagle zaczynam sobie coś przypominać albo uświadamiać sobie coś, co odczuwam. Zdobywam wiele nowych informacji o sobie i innych. Na każdym kolejnym seminarium czuję się „lżejszy" i bardziej serdeczny.

Wsparcie grupy jest jeszcze ważniejsze, jeżeli w dzieciństwie nie mogliśmy w rodzinie bezpiecznie mówić o swoich wewnętrznych problemach.

Oboje z żoną spotykamy się regularnie w grupach: ona z kobietami, ja z mężczyznami, i to znakomicie wpływa na nasz związek.

Poświęcanie czasu na słuchanie

Obojętne, czy piszesz o swoich myślach i uczuciach w odosobnieniu, czy używasz do tego komputera, czy wreszcie dzielisz się nimi ze swym partnerem i terapeutą albo z grupą — zawsze ważny krok czynisz zupełnie samodzielnie. Poświęcasz czas i uwagę swoim uczuciom; mówisz ukrytemu w tobie wrażliwemu dziecku: „Jesteś ważne. Zasługujesz na to, by cię wysłuchano, a ja troszczę się o ciebie i będę cię uważnie słuchał".

Kiedy poświęcasz czas na wsłuchiwanie się w swoje uczucia, to tak, jakbyś powiedział ukrytemu w tobie wrażliwemu dziecku: „Jesteś kimś ważnym. Zasługujesz, by ktoś cię wysłuchał. Ja troszczę się o ciebie i będę cię uważnie słuchał".

Mam nadzieję, że wykorzystacie „Technikę *Listu miłosnego*". Widziałem, jak przekształciła ona życie tysięcy ludzi, moje także. Jeśli będziecie pisać wiele *Listów miłosnych*, stanie się to dla was łatwe i przyniesie wyraźne efekty. Pisanie *Listów miłosnych* wymaga ćwiczenia, ale jest warte tego trudu.

ROZDZIAŁ DWUNASTY

JAK SKUTECZNIE PROSIĆ O POMOC

Jeśli w swoim związku nie otrzymujesz wsparcia, jakiego pragniesz, to prawdopodobnie albo o to nie prosisz, albo prosisz nieskutecznie. Umiejętność proszenia o miłość i wsparcie jest jednym z podstawowych warunków, aby związek był szczęśliwy.

Jeżeli chcecie DOSTAĆ, musicie PROSIĆ.

Zarówno mężczyźni, jak i kobiety napotykają trudności, kiedy mają poprosić o wsparcie. Jednak kobiety odczuwają boleśniej związane z tym frustracje i rozczarowanie. Dlatego obecny rozdział adresuję do kobiet, choć zapewne nie muszę dodawać, że mężczyźni znacznie lepiej zrozumieją psychikę partnerki, jeśli również go przeczytają.

DLACZEGO KOBIETY NIE PROSZĄ

Kobiety popełniają błąd, sądząc, że nie muszą wcale prosić o wsparcie. One same intuicyjnie czują potrzeby innych i ofiarowują wszystko, czym dysponują, więc spodziewają się, że mężczyźni będą postępować podobnie.

Zakochana kobieta instynktownie ofiarowuje swoją miłość. Z ogromną przyjemnością i entuzjazmem szuka okazji, by okazać pomoc. Im bardziej kocha, tym bardziej coś ją popycha, by dawać więcej.

Na Wenus wszyscy bez przerwy nawzajem się wspierają, nie ma więc potrzeby proszenia o pomoc. Właśnie to, że nie trzeba prosić o pomoc, jest sposobem okazywania miłości. Przysłowie wenusjańskie mówi: „Miłość nie musi prosić!"

Wenusjańskie przysłowie mówi:
„Miłość nie musi prosić!"

Kierując się tą zasadą, kobieta uważa, że jeżeli partner ją kocha, to sam ofiaruje jej pomoc, nie będzie więc musiała o nią prosić. Bywa nawet tak, że kobieta celowo nie zwraca się o pomoc, chcąc w ten sposób „przetestować" uczucia mężczyzny. Tym samym wymaga od niego, by domyślił się, jakie są jej pragnienia i nie proszony wszystkie je spełnił.

Niestety, ten sposób postępowania wobec mężczyzn zupełnie się nie sprawdza. Mężczyźni pochodzą przecież z Marsa, a tam, jeśli ktoś pragnie pomocy, to po prostu o nią prosi. Mężczyźni nie odczuwają potrzeby ofiarowywania swojego wsparcia. Muszą usłyszeć, że się go od nich oczekuje. Dość kłopotliwe jest i to, że jeśli mężczyzny wcale się nie poprosi, nie można liczyć na pomoc, ale gdy poprosi się w sposób nieodpowiedni, można go całkowicie zniechęcić do ofiarowania jej. Na początku znajomości, jeżeli kobieta nie dostaje tego, czego pragnie, sądzi po prostu, że partner nie ma już nic do ofiarowania. Cierpliwie i serdecznie daje mu więcej i więcej, sądząc, że prędzej czy później mężczyzna „zorientuje się". On natomiast sądzi, że skoro ona wciąż coś ofiarowuje, to widocznie jego wkład jest dostateczny. Nie zdaje sobie sprawy, że kobieta spodziewa się wzajemności. Mężczyzna sądzi, że jeśli partnerka chciałaby otrzymywać, po prostu przestałaby ofiarowywać.

Jednak kobieta pochodzi z Wenus i wobec tego nie tylko potrzebuje pomocy, lecz równocześnie pragnie, by partner sam ją ofiarował. Tymczasem mężczyzna czeka, aż partnerka go poprosi.

Niestety, kobieta zwykle zaczyna prosić dopiero wówczas, gdy ofiarowała już tyle, że narosła w niej uraza i wtedy jej prośba brzmi jak nachalne domaganie się.

Czasem kobieta zupełnie się odwraca od partnera tylko dlatego, że musi prosić o wsparcie. Nawet jeśli wreszcie się na to zdobędzie, a on odpowie: „Tak”, ona pomyśli: „Jeżeli musiałam go prosić, to się nie liczy”.

Mężczyźni bardzo źle reagują na żądania i urazę. Nawet jeśli partner jest gotów ofiarować swoją pomoc, to czując pretensje kobiety, może się zniechęcić. Szanse uzyskania upragnionego wsparcia maleją także wtedy, gdy jej prośba przeradza się w żądanie. W pewnych przypadkach, jeśli kobieta zażąda więcej, jej partner ofiaruje nawet mniej niż zazwyczaj.

Jeżeli kobieta o nic nie prosi, mężczyzna sądzi, że widocznie ofiarował jej już dostatecznie dużo.

Dla kobiet nieświadomych tego mechanizmu życie w związku staje się bardzo trudne. Problem ten, choć rzeczywiście niełatwy, daje się jednak rozwiązać. Pamiętając, że mężczyźni pochodzą z Marsa, ich partnerki mogą się nauczyć nowych sposobów wyrażania próśb — sposobów skutecznych.

Na swoich seminariach ćwiczyłem z tysiącami kobiet sztukę wypowiadania życzeń i wszystkie zapewniały mnie o natychmiastowym powodzeniu prób zastosowania tej sztuki w praktyce.

W kolejnym rozdziale zajmiemy się trzema etapami proszenia o to, czego pragniemy:

1. Ćwiczeniem prawidłowego proszenia o to, co i tak otrzymujemy.
2. Ćwiczeniem prawidłowego proszenia wtedy, gdy spodziewamy się, że partner odmówi.
3. Ćwiczeniem proszenia asertywnego.

ETAP PIERWSZY: PRAWIDŁOWE PROSZENIE O TO, CO I TAK OTRZYMUJEMY

Pierwszym krokiem w nauce tego, jak dostawać od partnera więcej, jest ćwiczenie proszenia o to, co i tak dostajemy.

Przede wszystkim uświadomcie sobie, co partner dla was robi. Szczególnie istotne niech tu będą rzeczy małe: przenoszenie skrzynek, naprawianie drobnych urządzeń, sprzątanie, odbieranie telefonów i inne drobnostki.

Na tym etapie musicie pamiętać, by o wszystko poprosić i żadnej „usługi" partnera nie uznawać za sprawę z góry przesądzoną. Kiedy partner zrobi już to, o co go poprosiłyście, musicie wyrazić wdzięczność.

Powinnyście także pamiętać, by nie prosić o więcej, niż zazwyczaj otrzymywałyście. Skupcie się tylko na tym, co i tak by wam ofiarował. Pozwólcie, by przyzwyczaił się do próśb wypowiadanych spokojnym, pozbawionym nutki żądania tonem.

Kiedy partner słyszy ton nakazu, to nieważne jak miłych słów użyjecie, do niego dotrze jedynie to, że nie dość dużo daje. Poczuje się wtedy nie kochany i nie doceniany. W takim stanie najprawdopodobniej będzie wam ofiarowywał mniej niż zwykle, aż do chwili, gdy dojdzie do wniosku, że to, co dawał na co dzień, zostało docenione.

Kiedy mężczyzna słyszy ton żądania, to nieważne, jak miłych słów użyjecie, dotrze do niego jedynie to, iż wszystko, co daje zazwyczaj, nie wystarcza. W takiej sytuacji mężczyzna zaczyna dawać mniej niż zwykle, aż do momentu, gdy poczuje, że to, co ofiarowywał początkowo, zostało docenione.

Mogło więc być i tak, że to ty albo jego matka „nauczyłyście" go odmawiać waszym prośbom.

Etap pierwszy ma go teraz przyzwyczaić do pozytywnego reagowania na wasze życzenia. Kiedy mężczyzna zda sobie sprawę, że jest doceniany i że was zadowala, będzie pragnął odpowiedzieć pozytywnie na wasze prośby tak często, jak tylko będzie mógł. Potem zacznie automatycznie ofiarowywać swą pomoc. (Na początku nie należy się jednak spodziewać tak zaawansowanych zachowań).

Jest jednak jeszcze jedna przyczyna proszenia partnera o coś, co już dla was robi. Musicie nauczyć się wypowiadać prośbę takim tonem, który pozwoli mężczyźnie usłyszeć życzenie i odpowiedzieć na nie. To właśnie nazywam „prawidłowym proszeniem".

Jak zachęcać partnera do tego, by odpowiedział na wasze prośby

Jest pięć zasad, których należy przestrzegać, jeśli chce się uzyskać od mężczyzny pomoc. Jeśli o którejkolwiek z nich zapomnisz, partner się zniechęci. Kiedy więc prosisz o coś mężczyznę, pamiętaj: wybierz odpowiedni czas, unikaj domagania się, bądź zwięzła, mów wprost i używaj odpowiednich słów.

1. Odpowiedni czas. Uważaj, byś nie prosiła go o to, co właśnie zamierza zrobić. Jeśli na przykład za chwilę miałby wyrzucić śmieci, nie mów: „Czy możesz wyrzucić śmieci?", bo będzie miał wrażenie, że dyktujesz mu, co ma robić. Jeżeli natomiast mężczyzna jest całkowicie czymś pochłonięty, nie spodziewaj się, że natychmiast się od tego oderwie i odpowie na twoją prośbę.

2. Niewypowiadanie żądań. Pamiętaj, że życzenie nie jest żądaniem. Jeśli zachowujesz się tak, jakbyś domagała się i żądała, to nawet jeśli dobierzesz najmilsze słowa, partner poczuje się nie doceniany i prawdopodobnie odpowie: „Nie".

3. Zwięzłość. Nie podawaj mu całego szeregu powodów, dla których powinien ci pomóc. Im dłużej mówisz, tym większy budzisz w nim sprzeciw. Długie wyjaśnienia powodują, że partner ma wrażenie, jakbyś nie ufała, że zdecyduje się tobie pomóc. Poczuje się manipulowany.

Kiedy prosisz o coś mężczyznę, pamiętaj — nie musisz go przekonywać.

Kobiety robią błąd, wypowiadając długą listę powodów, które usprawiedliwiają ich potrzeby. Mężczyzna słyszy tymczasem coś w rodzaju: „Dlatego musisz to zrobić". Im dłuższa jest wyliczanka, tym bardziej staje się oporny. Tylko wówczas, gdy partner wprost zapyta: „Dlaczego?", możesz mu odpowiedzieć, ale także wtedy pamiętaj: bądź zwięzła. Tak zwięzła, jak tylko potrafisz.

4. Mówienie wprost. Czasami kobiety myślą, że proszą o pomoc, choć w rzeczywistości wcale tego nie robią. Potrzebując wsparcia, kobieta opowiada o swoim kłopocie, nie prosząc o nic bezpośrednio. Czeka, aż partner sam zaproponuje pomoc. Jeśli „owijasz w bawełnę", mówisz w sposób niejednoznaczny, to sugerujesz tylko, że czegoś ci potrzeba. Życzenia wyrażane okrężną drogą powodują, że partner czuje się nie doceniany. Nic się nie stanie, jeśli czasami wypowiesz jakąś prośbę nie wprost, ale nie może się to stać regułą; w przeciwnym razie partner nauczy się stale odmawiać.

Oto zestawienie próśb wyrażanych wprost i formułowanych pośrednio oraz męskich reakcji na nie.

JAK MĘŻCZYZNA ODBIERA PROŚBY WYPOWIADANE NIE WPROST

Co ona powinna powiedzieć: (krótko i wprost)	**Czego nie powinna mówić:** (niejednoznacznie)	**Co mężczyzna słyszy, kiedy prośba wyrażona jest niejednoznacznie:**
Przywieź, proszę, dzieci.	Trzeba przywieźć dzieci, a ja nie mogę się tym zająć.	Jeżeli możesz pojechać po dzieci, to naprawdę powinieneś, w przeciwnym wypadku będę miała żal (żądanie).
Wnieś zakupy, dobrze?	W samochodzie są zakupy.	Twoją sprawą jest wnoszenie. Ja zrobiłam zakupy (oczekiwanie).
Wyniesiesz śmieci?	Nic już się nie zmieści w naszym wiadrze.	Nie wyniosłeś śmieci. Nie powinieneś z tym czekać tak długo (krytyka).

Posprzątaj, proszę, w ogródku.	Za domem jest straszny bałagan.	Znów nie posprzątałeś za domem. Powinieneś być bardziej odpowiedzialny. Nie chcę ci wciąż o tym przypominać (niezadowolenie).
Zabierzesz nas dziś na obiad?	Nie mam dziś czasu na gotowanie.	Tyle mam dziś obowiązków. Ty mógłbyś zrobić choć tyle, że weźmiesz rodzinę na obiad (niezadowolenie).
Zaproś mnie dokądś w tym tygodniu, dobrze?	Od tygodni nigdzie nie wychodzimy.	Zaniedbujesz mnie. Nie dostaję tego, co jest mi potrzebne. Powinieneś mnie częściej gdzieś zabierać (uraza).
Zaplanuj sobie, proszę, wieczór tak, żebyśmy mogli porozmawiać.	Musimy porozmawiać.	To twoja wina, że tak mało rozmawiamy. Powinieneś więcej ze mną rozmawiać (obwinianie).

5. Właściwy dobór słów. Jednym z najczęściej powtarzających się błędów jest używanie zwrotu „czy możesz" lub „czy mógłbyś" na początku prośby. „Czy mógłbyś wynieść śmieci?" jest raczej pytaniem mającym na celu uzyskanie odpowiedzi. „Proszę, wynieś śmieci" — wyrażeniem życzenia.

Kobiety bardzo często używają zwrotu „czy mógłbyś", co zaciera znaczenie ich wypowiedzi i w dodatku drażni mężczyznę.

Kiedy namawiam kobiety, by zaczęły prosić o pomoc, bardzo często się płoszą. Przecież ich partnerzy tyle już razy komentowali ich prośby uwagami typu:

- Przestań zrzędzić.
- Nie proś mnie bez przerwy o wszystko.
- Nie mów mi, co mam robić.
- Wiem, co mam robić.
- Nie musisz mi tego mówić.

Nieważne, jak te komentarze są formułowane. Wszystkie znaczą jedno: „Nie podoba mi się sposób, w jaki mnie poprosiłaś". Jeśli kobieta nie zrozumie, że pewne wyrażenia wpływają bardzo źle na mężczyzn, może się spotkać z jeszcze ostrzejszą reakcją. Zaczyna się wtedy bać i każdą prośbę poprzedza frazą „czy mógłbyś", sądząc, że brzmi ona grzeczniej. Tymczasem „czy mógłbyś", tak popularne na Wenus, na Marsie przynosi fatalne skutki.

Na Marsie mężczyznę obraża pytanie: „Czy mógłbyś wynieść śmieci?" Przecież to, że mógłby, jest oczywiste. W końcu każdy potrafi wynieść śmieci.

Nie chodzi o to, czy mógłby, lecz czy to zrobi. Mężczyzna jest urażony i prawdopodobnie odmówi prośbie tylko dlatego, że go zirytowała.

Jak wyrażać swe życzenia wobec partnera

Często, gdy na swoich seminariach poruszałem temat zwrotu „czy mógłbyś", kobiety twierdziły, że robię dużo zamieszania wokół drobnostki. W końcu „Czy mógłbyś to zrobić?" brzmi grzeczniej niż „Czy to zrobisz?" Dla mężczyzn jednak ta drobnostka oznacza zasadniczą różnicę. Aby to udowodnić, zacytuję wypowiedzi siedemnastu uczestników moich seminariów.

1. Kiedy pada pytanie: „Czy mógłbyś posprzątać za domem?", biorę je dosłownie. Odpowiadam: „Mógłbym", ale nie mówię: „Zrobię to"; nie traktuję tego, co powiedziałem, jak obietnicy. Jeżeli jednak postawione mi pytanie brzmi: „Czy posprzątałbyś za domem?", podejmuję decyzję i chcę być pomocny. Jeśli wówczas odpowiem: „Tak", szanse na to, że nie zapomnę posprzątać, są duże. Przecież zobowiązałem się to zrobić.

2. Kiedy ona mówi: „Potrzebuję twojej pomocy. Czy mógłbyś mi pomóc?", brzmi to w moim odczuciu tak niechętnie, jakbym już ją zawiódł. To nie robi wrażenia zaproszenia ani zachęty, by być miłym facetem i pomóc. Z drugiej strony: „Potrzebuję twojej pomocy. Przyniesiesz to?" stwarza szansę udowodnienia, że jest się miłym typem. Mam ochotę odpowiedzieć: „Tak".

3. Kiedy moja żona mówi: „Czy możesz zmienić Chrisowi pieluszkę?", myślę, że oczywiście mogę. Jestem sprawnym, normalnym człowiekiem, a zmiana pieluszki to nie żaden wyczyn. Ale jeśli nie mam ochoty, by to zrobić, znajduję jakiś wykręt. Kiedy jednak pytanie brzmi: „Czy zmienisz Chrisowi pieluszkę?", odpowiadam: „Dobra" i zmieniam. Czuję, że biorę udział w „hodowaniu" dzieci. Chcę pomóc.

4. Kiedy ona pyta: „Czy mi pomożesz?”, daje mi okazję, by jej pomóc, lecz jeśli mówi: „Czy mógłbyś mi pomóc?”, mam wrażenie, że jestem osaczony i bez możliwości wyboru. Nie czuję się doceniony.

5. Odmawiam prośbom: „Czy mógłbyś...” Odnoszę wtedy wrażenie, że nie mam innego wyjścia, jak tylko powiedzieć: „Tak”. Jeżeli odpowiem: „Nie”, ona będzie zdenerwowana. To nie jest żadna prośba, lecz żądanie.

6. Bez przerwy pracuję albo udaję, że coś robię, żeby tylko moja współpracowniczka nie zadała mi pytania: „Czy mógłbyś...” Pytanie: „Czy zrobiłbyś to...” daje mi szansę dokonania wyboru i sprawia, że chcę pomóc.

7. W ubiegłym tygodniu moja żona zapytała: „Czy mógłbyś dziś podlać kwiaty?”, a ja od razu odpowiedziałem: „Tak”. Kiedy wróciła do domu, zapytała: „Czy podlałeś kwiaty?”, a ja odparłem: „Nie”. Na to ona: „Czy mógłbyś podlać je jutro?” i ja znów powiedziałem bez namysłu: „Tak”. Minął tydzień, ona codziennie pyta, ja odpowiadam, a kwiaty więdną. Jeśli pytanie brzmiałoby: „Czy podlejesz kwiaty?”, zastanowiłbym się, nim bym odpowiedział, i jeśli wówczas powiedziałbym: „Tak”, z pewnością dotrzymałbym słowa.

8. Kiedy mówię: „Tak, mógłbym to zrobić”, nie czuję się do niczego zobowiązany. Kiedy mówię: „Zrobię to”, rozumiem, że będzie zła, jeśli ją zawiodę.

9. Miałem pięć sióstr, a teraz jestem żonaty i mam trzy córki. Kiedy żona pyta: „Czy możesz wynieść śmieci?”, po prostu nie reaguję. Do dziś nie wiedziałem dlaczego. Teraz rozumiem, że odpowiedziałbym na pytanie: „Czy wyniesiesz śmieci?”

10. Kiedy słyszę: „Czy mógłbyś...", od razu mówię: „Tak", a potem uświadamiam sobie, że niczego nie zamierzam robić. Jeśli jednak pada pytanie: „Czy zrobisz to?", cząstka mojego „ja" odpowiada: „Tak, mam ochotę ci pomóc". A potem, nawet jeśli nie bardzo mi się chce, robię to, bo przecież dałem słowo.

11. Na: „Czy możesz..." z reguły odpowiadam: „Tak", ale w głębi duszy czuję sprzeciw. Czuję się manipulowany. Jeśli jednak ona pyta: „Czy to zrobisz?", wierzę, że mam wolny wybór. Mogę powiedzieć: „Tak" lub „Nie", ale zazwyczaj wyrażam zgodę.

12. Kiedy kobieta pyta: „Czy to zrobisz?", czuję, że mam okazję do zarobienia punktu. Czuję się wtedy doceniany i z ochotą robię to, o co prosi.

13. Gdy słyszę: „Czy to zrobisz", mam wrażenie, że ona ufa, iż jej pomogę. Jednak kiedy mówi: „Czy mógłbyś", odbieram to jak pytanie ukryte w pytaniu. Ona pyta mnie, czy mógłbym, choć jest rzeczą oczywistą, że mogę. Pytanie udowadnia, że nie ufa mi dość mocno, aby poprosić wprost.

14. Kiedy partnerka pyta: „Czy to zrobisz?", czuję, że łatwo mógłbym ją zranić, odmawiając jej prośbie. Jestem bardziej świadom jej potrzeb. Nie chcę się jej sprzeciwiać. Jeżeli pyta: „Czy mógłbyś to zrobić", jestem skłonny odmówić, choćby dlatego, że mówiąc: „Nie", nie odmawiam prośbie partnerki. Odpowiadam tylko na pytanie.

15. Dla mnie pytanie: „Czy zrobisz" jest „osobiste" i chcę się wtedy zgodzić, a zwrot: „Czy mógłbyś..." jest trochę bezosobowe, więc jeśli nie mam nic innego do roboty, mogę pomóc, ale nie czuję się do tego zobowiązany.

16. Kiedy kobieta mówi: „Czy mógłbyś mi pomóc?”, budzi to mój sprzeciw i zwykle odmawiam. Jeśli jednak powie: „Pomożesz mi?”, nie wyczuwam w tym jej urazy i spieszę z pomocą.

17. Kiedy kobieta pyta: „Czy mógłbyś to dla mnie zrobić?”, mam ochotę być uczciwy i odpowiadam: „Raczej nie”, gdyż wychodzi na jaw moja leniwa natura. Kiedy jednak słyszę: „Proszę, pomóż mi...”, staję się twórczy i wymyślam różne formy pomocy.

Kobiety, którym trudno zrozumieć, w jakim stopniu różnica między „Czy mógłbyś to zrobić?” a „Czy to zrobisz?” jest dla mężczyzn istotna, niech spróbują wyobrazić sobie pewną romantyczną scenkę: mężczyzna się oświadcza. Z sercem przepełnionym uczuciem, na kolanach, ujmuje ręce wybranki i mówi: „Czy MOGŁABYŚ wyjść za mnie?” Przyznajecie, że cały nastrój pryska przez to nieszczęsne „mogłabyś”. Gdyby zapytał: „Wyjdziesz za mnie?”, wyraziłby zarówno swą desperację, jak i wrażliwość. Używając „mogłabyś”, okazuje brak zaufania i słabość.

Kiedyś na seminarium pewna kobieta powiedziała to samo, lecz używając wenusjańskich określeń. Jej wypowiedź brzmiała tak: „Na początku nie czułam różnicy między tymi dwoma sposobami wyrażania próśb. Jednak potem przekonałam się, o czym mówiłeś. Po prostu odwróciłam sytuację. Dla mnie ma wielkie znaczenie, czy partner odpowie: „Nie zrobię tego” czy: „Nie mogę tego zrobić”. Kiedy mężczyzna mówi „nie mogę”, odnosi się to nie do mnie, czyli osoby, która prosi, lecz do niego i jego możliwości.

Najpopularniejsze błędy w wypowiadaniu próśb

Najtrudniejszą częścią nauki proszenia jest zapamiętanie kilku zasad i stosowanie się do nich. Oczywiście, wymaga to wprawy. Aby poprosić o coś mężczyznę:

- Mów wprost.
- Bądź zwięzła.
- Używaj zwrotów: „Czy zrobisz?", „Zrób proszę".

Nie owijaj w bawełnę, nie rozwlekaj wypowiedzi, nie używaj formy „Czy mógłbyś".

Spójrzmy na kilka przykładów.

Powiedz:	**Nie mów:**
„Czy wyniesiesz śmieci?"	„W kuchni jest straszny bałagan. Tu po prostu cuchnie. W wiadrze już nic się nie zmieści. Mógłbyś to wynieść. (Po pierwsze — za długie, a po drugie — „mógłbyś").
„Pomóż mi, proszę, przesunąć ten stół".	„Nie mogę przesunąć tego stołu. Muszę przestawić meble przed wieczornym przyjęciem. Czy mógłbyś to zrobić ze mną?" (Za długie i zawiera „mógłbyś").
„Pomożesz mi to wyrzucić?"	„Nie mogę tego sama wyrzucić". (Niejednoznaczne).
„Czy przyniesiesz zakupy z samochodu?"	„Zostawiłam w samochodzie cztery torby z zakupami. Są tam produkty potrzebne do obiadu. Czy mógłbyś je przynieść?"

	(Za długie i zawiera „mógłbyś”).
„W drodze do domu kup, proszę, mleko”.	„Będziesz przechodził obok sklepu Lauren, a potrzebne jest mleko. Ja nie jestem w stanie jeszcze raz wyjść. Jestem taka zmęczona. Miałam okropny dzień. Mógłbyś kupić to mleko?” (Za długie, niejednoznaczne i zawiera „mógłbyś”).
„Czy przywieziesz Julie ze szkoły?”	„Julia musi jakoś wrócić do domu, a ja nie mogę po nią jechać. Czy masz trochę czasu? Myślisz, że mógłbyś po nią pojechać?” (Za długie, niejednoznaczne i zawiera „mógłbyś”).
„Zawieź Zoey do weterynarza, dobrze?”	„Czas na szczepienia Zoey. Nie chciałbyś jej zawieźć do weterynarza?” (Niejednoznaczne).
„Zabierz nas dziś na obiad, dobrze?”	„Jestem zbyt zmęczona, by gotować. Tak dawno nie wychodziliśmy. Chciałbyś dokądś pójść?” (Zbyt długie i zawiłe).
„Zapnij mi zamek, kochanie”.	„Potrzebuję twojej pomocy. Czy mógłbyś mi zapiąć zamek?” (Zawiera „mógłbyś”).
„Napalisz w kominku, kochanie?”	„Jest naprawdę zimno. Czy zamierzasz napalić?” (Niejednoznaczne).
„Zabierzesz mnie w tym tygodniu do kina?”	„Chciałbyś pójść w tym tygodniu do kina?” (Niejednoznaczne).

„Pomóż Lauren włożyć buty, dobrze?”	„Lauren jeszcze nie włożyła butów! Spóźnimy się. Nie mogę wszystkiego robić sama! Czy mógłbyś pomóc?” (Za długie, niejednoznaczne i zawiera „mógłbyś”).
„Chciałabym, żebyś usiadł ze mną dziś wieczorem albo w najbliższych dniach, abyśmy mogli omówić nasze plany”.	„Nie wiem, co się dzieje. Nie rozmawialiśmy ostatnio, a przecież muszę wiedzieć, co będziemy robić”. (Za długie i niejednoznaczne).

Jak zapewne zauważyłyście, to, co dotąd traktowałyście jako wyrażanie prośby, dla Marsjan wcale tym nie jest. Okazuje się konieczne, byście świadomie zmieniły sposób, w jaki wyrażacie prośbę. Zabierze to trochę czasu i będzie wymagało sporo wysiłku. Radzę poświęcić tym ćwiczeniom jakieś trzy miesiące, zanim przejdziecie do drugiego etapu programu uzyskiwania tego, na czym wam zależy.

Na obecnym (pierwszym) etapie dobrze byłoby raz jeszcze uświadomić sobie, ile razy wcale nie prosicie o wsparcie, a także jak wypowiadacie prośby. Mając w pamięci wszystkie wcześniejsze uwagi, wprawiajcie się, prosząc o to, co partner i tak wam daje.

Potem doceńcie go i ładnie podziękujcie.

Częste pytania

Pierwszy etap jest niełatwy. Oto kilka pytań pozwalających zrozumieć zastrzeżenia, jakie mogą mieć kobiety:

Pytanie pierwsze. Kobieta może myśleć: „Dlaczego ja muszę prosić, skoro nie wymagam, aby on mnie prosił?”

Odpowiedź: Marsjanie dają mniej, kiedy nie czują, że się ich docenia. Jeśli zaakceptujesz i weźmiesz pod uwagę ich odmienność, dostaniesz to, czego pragniesz. Jeśli przeciwnie — postanowisz ich zmieniać, będą się uparcie przeciwstawiać. Chociaż proszenie nie leży w naturze Wenusjanek, możesz to robić bez wyrzekania się siebie; kiedy partner poczuje się kochany i doceniany, stopniowo będzie chętniej proponował pomoc, nie czekając, aż go poprosisz. Ale to już dalszy etap.

Pytanie drugie. Kobieta może myśleć: „Dlaczego mam doceniać to, co dla mnie robi, skoro sama robię więcej?"

Odpowiedź: Marsjanie dają mniej, kiedy nie czują się doceniani. Jeśli chcesz, by więcej dawał, musisz mu okazać więcej wdzięczności. Jeżeli dajesz więcej, to oczywiście, może ci być trudno jeszcze „do tego" okazywać wdzięczność. Najlepiej więc, jeśli postarasz się delikatnie przeprowadzić zmianę: zacznij troszeczkę mniej dawać, a bardziej doceniać partnera. On poczuje się kochany, a ty otrzymasz to, czego pragniesz.

Pytanie trzecie. Kobieta może pomyśleć: „Jeśli muszę go prosić o pomoc, gotów pomyśleć, że robi mi łaskę".

Odpowiedź: Tak właśnie powinien się czuć. Podarunek miłości jest łaską. Jeśli mężczyzna myśli, że robi łaskę, to znaczy, że daje ze szczerego serca. Pamiętaj, on jest Marsjaninem i nie liczy punktów tak jak ty. Jeżeli twój partner poczuje, że jest zmuszony do dawania, jego serce się zamyka i przestaje reagować na twoje prośby.

Pytanie czwarte. Kobieta może myśleć: „Jeżeli mnie kocha, powinien po prostu ofiarować swą pomoc, nie czekając aż go poproszę".

Odpowiedź: Pamiętaj, że on pochodzi z Marsa i dlatego jest inny. Mężczyźni czekają, by ich poproszono. Zamiast myśleć: „Jeśli mnie kocha, to ofiaruje mi pomoc, nie czekając aż go poproszę", spróbuj pomyśleć: „Gdyby pochodził z Wenus, ofiarowałby swą pomoc, ale jest Marsjaninem".

Jeśli zaakceptujesz jego „inność", obudzisz w nim chęć niesienia pomocy i z czasem zaczniesz dostawać więcej.

Pytanie piąte. Kobieta może myśleć: „Jeśli będę go prosiła o różne rzeczy, może odnieść wrażenie, że nie daję tyle co on. Boję się, że będzie mu się wydawało, iż nie musi już więcej dawać".

Odpowiedź: Mężczyzna jest bardziej hojny, kiedy uważa, że nie musi dawać. W dodatku, jeśli kobieta prosi go taktownie o pomoc, mężczyzna sądzi, że widocznie czuje się uprawniona, by tę pomoc otrzymać. Wcale w tym przypadku nie wyciąga wniosków, że kobieta daje mniej. Przeciwnie, jest przekonany, że ofiarowała więcej niż on, skoro bez zażenowania zwraca się z prośbą.

Pytanie szóste. Kobieta może myśleć: „Kiedy proszę o pomoc, obawiam się mówić krótko. Pragnę wyjaśnić, dlaczego potrzebuję tej pomocy. Nie chcę się wydać zbyt wymagająca".

Odpowiedź: Kiedy mężczyzna słyszy prośbę, uważa, że partnerką kierują zapewne jakieś ważne powody. Jeżeli jednak kobieta podaje mnóstwo przyczyn, dla których powinien spełnić jej prośbę, czuje się tak, jakby nie wolno mu było odmówić, jakby był manipulowany. Pozwól mu dać ci prezent. Nie stwarzaj sytuacji, w których jego pomoc będzie rzeczą oczywistą.

Jeśli partner będzie chciał wiedzieć więcej, zapyta „dlaczego". Wtedy, oczywiście, możesz mu podać powody. Lecz nawet wówczas uważaj, by nie mówić za długo. Podaj jedną lub najwyżej dwie przyczyny. Jeśli jeszcze czegoś będzie się chciał dowiedzieć, zapyta znowu.

ETAP DRUGI: NAUKA PROSZENIA O WIĘCEJ (NAWET WTEDY, GDY WIEMY, ŻE PARTNER ODMÓWI)

Zanim podejmiesz próby proszenia o więcej, musisz być pewna, że partner czuje, iż doceniasz to, co dla ciebie robi. Jeśli będziesz teraz prosić go o pomoc, nie spodziewając się, że zrobi dla ciebie coś jeszcze, poczuje się w pełni akceptowany.

Kiedy partner przyzwyczai się, że prosisz go o wsparcie, nie oczekując od niego żadnych dodatkowych wysiłków, będzie przy tobie czuł się kochany, a co najważniejsze — uzyska pewność, że nie musi się zmieniać, by zasłużyć na miłość. Osiągnąwszy tę świadomość, zapragnie tych zmian, by lepiej odpowiadać na twoje potrzeby. Na tym etapie możesz już zaryzykować i poprosić go o więcej, bacząc przy tym, by nie wysłać mu sygnału, że cię nie zadowala.

Drugi etap naszej edukacji ma na celu uświadomienie mężczyźnie, że może odpowiedzieć „nie" i nadal być kochanym. Kiedy zaś partner wie, że może odmówić, czuje, że ma wolny wybór i że może odpowiedzieć „tak" lub „nie".

Pamiętajcie, że mężczyzna chętniej odpowiada „tak", jeśli ma możliwość odmowy.

Mężczyźni znacznie chętniej odpowiadają „tak",
jeśli mają możliwość odmowy.

Dla kobiet ważne jest, by nauczyły się zarówno prosić, jak i akceptować odpowiedź odmowną. Kobiety często intuicyjnie wiedzą, jaka będzie reakcja partnera, jeszcze zanim się do niego zwrócą. Kiedy przeczuwają, że mężczyzna odpowie „nie", nie decydują się wyrazić prośby, przy czym, choć cały proces przebiega bez udziału partnera, czują się przez niego odrzucone.

Etap drugi ma na celu nauczenie was, byście prosiły także

w sytuacjach, kiedy chciałybyście poprosić, ale nie robicie tego, wiedząc, że partner odmówi. Odwagi!

Proście go, nawet czując wyraźnie jego opór.

Tak na przykład żona może zapytać męża pogrążonego w lekturze gazety: „Czy pójdziesz do sklepu po łososia na kolację?" Zadając to pytanie, jest oczywiście przygotowana na odmowę. Partner jest prawdopodobnie kompletnie zaskoczony, ponieważ nigdy nie przerywała mu czytania takimi życzeniami. Zapewne odpowie: „Właśnie czytam. Czy ty nie mogłabyś tego zrobić?"

Kobieta może wówczas pomyśleć: „Oczywiście, że mogę. Tyle tylko, że zawsze wszystko robię sama. Nie chcę być twoją służącą. Potrzebuję trochę pomocy".

Kiedy wyrażacie prośbę, a czujecie, że partner odmówi, przygotujcie się na to, że usłyszycie „nie", i bądźcie gotowe odpowiedzieć wtedy „dobrze".

Ważne jest, byście prosiły, a potem zachowywały się tak, jakby partner miał pełne prawo odmówić. Pamiętajcie: musi czuć się bezpieczny. Aby było wam łatwiej właściwie się zachować, wybierajcie takie sytuacje, gdy jego odmowa rzeczywiście nie będzie dla was stanowiła problemu. Musicie naprawdę czuć, że męskie „nie" nie okaże się dla was bolesne.

Oto kilka przykładów.

Sytuacja:	**Co należy powiedzieć:**
On właśnie nad czymś pracuje, a ty chciałabyś, żeby pojechał po dzieci. Zwykle nie zawracałabyś mu głowy i sama je przywiozła.	Mówisz: „Przywieziesz dzieci, kochanie? Właśnie dzwoniły". Jeśli on odmówi, powiedz po prostu „dobrze".
Po powrocie do domu on zawsze czeka, abyś ty przygotowała obiad. Chcesz, żeby on się tym zajął. Czujesz, że partner nie chce gotować.	Mówisz: „Pomóż mi pokroić ogórki, proszę" albo: „Zrobisz dziś obiad, kochanie?" Jeśli on odmówi, powiedz po prostu „dobrze".

On zwykle ogląda po obiedzie telewizję, podczas gdy ty zmywasz naczynia. Chciałabyś, żeby to on je umył albo przynajmniej pomógł, ale nigdy go o to nie prosisz. Może dla ciebie nie jest to takie poświęcenie jak dla niego, więc robisz to sama.	Mówisz: „Pomożesz mi dziś przy naczyniach?" albo: „Umyjesz dziś naczynia, kochanie?" Jeśli on odmówi, powiedz po prostu „dobrze".
On chce wyjść do kina, a ty na dancing. Zazwyczaj wiedząc, że on woli iść do kina, nawet nie wspominasz o dancingu.	Mówisz: „Zabierzesz mnie dziś na dancing? Tak lubię z tobą tańczyć". Jeśli on odmówi, powiedz po prostu „dobrze".
Oboje jesteście zmęczeni i chcecie się położyć. Następnego ranka wywożą śmieci. Czujesz, że on jest zmęczony, więc nie prosisz go, żeby wyniósł wiadro.	Mówisz: „Wyniósłbyś śmieci?", a jeśli odmówi, odpowiadasz po prostu „dobrze".
On jest zajęty ważną pracą. Nie chcesz mu przeszkadzać, ale bardzo pragniesz z nim porozmawiać. Normalnie nawet byś nie próbowała.	Mówisz: „Poświęciłbyś mi trochę czasu?" Jeżeli odmówi, powiedz po prostu „dobrze".

W każdej z przytoczonych sytuacji bądź przygotowana na odpowiedź odmowną. Zaakceptuj jego „nie" i ufaj, że gdyby mógł, zaofiarowałby swą pomoc. Jeżeli poprosisz mężczyznę o wsparcie, a on odmówi, przyjmij to spokojnie, a dostaniesz od pięciu do dziesięciu punktów. Kiedy ponownie go o coś poprosisz, będzie bardziej chętny, by to zrobić.

Dowiedziałem się tego od mojej współpracownicy wiele lat temu. Pracowaliśmy nad czymś i potrzebni nam byli ochotnicy, którzy by nam pomogli. Ona chciała zadzwonić po naszego kolegę, ale ja wiedziałem, że nie będzie mógł przyjść, więc jej to odradzałem. Powiedziała mi wtedy: „I tak do niego zadzwonię. Jeśli odmówi, zrozumiem to i zaakceptuję. Następnym razem, kiedy się do niego z czymś zwrócę, będzie bardziej chętny, by mi pomóc". Miała rację.

Jeśli prosiłaś mężczyznę o pomoc i nie oburzyłaś się, gdy odmówił, będzie to pamiętał i następnym razem wykaże więcej chęci.

Jeśli prosiłaś mężczyznę o pomoc
i nie oburzyłaś się, gdy odmówił,
będzie to pamiętał i następnym razem
wykaże większą chęć pomocy.

Jeśli wielokrotnie będziesz prosiła o więcej, to niekiedy partner odpowie „tak". W ten sposób uzdrawiasz wasz związek.

Zdrowe związki

Związek jest zdrowy wówczas, gdy każde z partnerów może swobodnie prosić o to, czego pragnie, i jednocześnie ma prawo, jeśli chce, odmówić takiej prośbie.

Spójrzmy na przykład.

Pewnego dnia rozmawiałem w naszej kuchni z kolegą, kiedy przybiegła moja pięcioletnia córka Lauren i poprosiła, żebym wziął ją na ręce i trochę się z nią pobawił. Odpowiedziałem: „Nie, dziś nie mogę. Jestem naprawdę zmęczony". Lauren nalegała: „Tatusiu! Tatusiu! Tatusiu! Proszę cię! Tylko na chwileczkę!" Wtedy mój kolega wtrącił: „Lauren, twój tatuś ciężko pracuje i jest zmęczony. Nie powinnaś go znowu prosić". Lauren zapytała dlaczego, a on odpowiedział: „Bo choć jest zmęczony, to jeśli cię kocha, nie może ci odmówić". Wtedy moja żona i wszystkie trzy córki zawołały chórem: „Ależ może!"

Byłem dumny z mojej rodziny. Choć zabrało nam to trochę czasu, nauczyliśmy się zarówno prosić o pomoc, jak i odmawiać.

ETAP TRZECI: NAUKA ASERTYWNEGO PROSZENIA

Jeśli zdobyłyście już umiejętność akceptowania odpowiedzi odmownej, możecie przejść do trzeciego etapu naszego programu. Obecnie osiągniecie pełną możliwość uzyskania tego, czego pragniecie.

Na tym etapie prosicie o pomoc, a jeśli partner sprzeciwia się lub znajduje jakieś usprawiedliwienie, nie mówcie „dobrze", jak to robiłyście poprzednio. Zamiast tego nauczycie się teraz spokojnie przyjmować jego odmowę, lecz jednocześnie nadal oczekiwać pozytywnej reakcji.

Wyobraźmy sobie, że mężczyzna właśnie zamierza się zdrzemnąć, a ty go pytasz: „Poszedłbyś do sklepu po mleko?" W odpowiedzi słyszysz: „Och, jestem taki zmęczony. Chcę się przespać".

Zamiast natychmiast uwolnić go od nacisku, mówiąc „dobrze", nie mów nic. Stój obok niego i przyjmuj spokojnie to, że ci odmawia. Jeśli nie przeciwstawisz się temu, że on się sprzeciwia, będziesz miała większe szanse, że powie „tak".

Cała sztuka asertywnego proszenia leży w umiejętności zachowania milczenia i powstrzymywania się od komentowania odmowy partnera.

Gdy poprosiłaś go o coś i zachowujesz milczenie, mężczyzna zacznie zapewne jęczeć, wydawać pomruki niezadowolenia, rzucać gniewne spojrzenia, warczeć, mamrotać i okropnie narzekać. Im bardziej partner był czymś pochłonięty, gdy go poprosiłaś o pomoc, tym głośniej będzie gderał. Jednak jego narzekania nie mają (jak sądzi większość kobiet) nic wspólnego z tym, czy chce pomóc, czy nie. Są tylko wyrazem jego stopnia skupienia na jakiejś innej sprawie.

Narzekania mężczyzny są dowodem, że bierze pod uwagę spełnienie twojej prośby. Gdyby tak nie było, bardzo spokojnie powiedziałby „nie". Męskie gderanie — to dobry znak.

Męskie gderanie — to dobry znak.
Narzekanie partnera oznacza,
że zastanawia się nad spełnieniem twej prośby.

Jeśli zignorujesz pomruki partnera, bardzo szybko umilkną. Często mężczyzna gdera właśnie wtedy, gdy jest coraz bliżej powiedzenia „tak". Niestety, większość kobiet źle interpretuje męskie narzekania i albo w ogóle nie decyduje się prosić, albo reaguje na te wszystkie pomruki bardzo osobiście i obraża się.

W powyższym przykładzie, kiedy partner został zaskoczony prośbą o przyniesienie mleka, gdy zmierzał właśnie do łóżka, można było liczyć się z tym, że zacznie gderać. „Jestem taki zmęczony — powie niecierpliwie. — Chcę iść do łóżka".

Jeśli w takiej sytuacji źle to odbierzesz, odpowiesz mniej więcej tak: „Zrobiłam ci obiad, położyłam dzieci, a ty, jak dotąd, wyłącznie się wylegujesz. Nie proszę o wiele, ale przynajmniej teraz mógłbyś pomóc. Jestem zmęczona. Wszystko muszę robić sama".

No i rozpoczyna się kłótnia. Jeśli jednak wiesz, że gderanie to tylko gderanie, a w dodatku jest ono rodzajem wstępu poprzedzającego zgodę mężczyzny, wówczas na jego jęki odpowiesz milczeniem. Twoje milczenie jest dla niego sygnałem, że wierzysz, iż w końcu powie „tak".

Zachęcanie mężczyzny, by powiedział „tak"

Po raz pierwszy uzmysłowiłem sobie przebieg tego procesu, kiedy moja żona poprosiła mnie, żebym poszedł po mleko, kiedy miałem się właśnie położyć. Pamiętam, jak głośno biadoliłem. Zamiast się ze mną pokłócić, słuchała spokojnie, dając do zrozumienia, że wierzy, iż w końcu zgodzę się. Wreszcie kilka razy trzasnąłem drzwiami, wsiadłem do samochodu i ruszyłem do sklepu.

I wtedy coś się stało. Coś, co przydarza się wszystkim mężczyznom w podobnej sytuacji, a o czym kobiety nie mają pojęcia: kiedy zbliżałem się do mojej zdobyczy (mleka), mój niepokój się rozwiał. Zacząłem odczuwać miłość do żony i chęć przyjścia jej z pomocą. Poczułem się porządnym facetem. Wierzcie mi, bardzo mi się to uczucie podobało.

W sklepie również było miło. Kiedy poczułem butelkę z mlekiem w ręce, miałem wrażenie, jakbym wbijał gola. Uniosłem butelkę, odwróciłem się, spojrzałem dumnie i miałem ochotę powiedzieć: „Hej! Patrzcie na mnie! Zdobyłem mleko dla żony. Ależ jestem wspaniały!"

Kiedy wróciłem do domu, Bonnie ogromnie się ucieszyła. Przytuliła mnie i powiedziała: „Bardzo ci dziękuję. Tak się cieszę, że nie musiałam się ubierać!"

Jeśli Bonnie zignorowałaby mój powrót, to przy następnej okazji gderałbym jeszcze głośniej, ale ona na szczęście okazała mi wiele ciepła. Wsłuchałem się w siebie. Czułem coś, co można by wyrazić tak: „Jaką wspaniałą mam żonę. Chociaż taki byłem oporny i marudny i tak jest mi wdzięczna". Następnym razem, gdy Bonnie poprosiła, bym przyniósł mleko, narzekałem znacznie mniej. Po moim powrocie Bonnie też się cieszyła. Za trzecim razem, gdy mnie poprosiła, automatycznie odpowiedziałem: „Oczywiście, już idę".

Po tygodniu zauważyłem, że mleko się kończy, więc zaproponowałem, że po nie pójdę. Bonnie odparła, że nie trzeba, bo i tak wybiera się do sklepu. Ku mojemu zdumieniu, jakaś cząstka mojego „ja" przeżyła rozczarowanie! Chciałem iść po mleko! Miłość żony mnie do tego zachęciła. Do dziś, jeśli tylko Bonnie prosi, bym przyniósł mleko, jestem zadowolony! Tak mnie „zaprogramowała".

Odczułem to na własnej skórze. To, że żona zaakceptowała moje narzekania i wyraziła wdzięczność po moim powrocie ze sklepu, wyleczyło mój opór przeciwko chodzeniu po mleko. Od tego czasu, w miarę jak Bonnie lepiej opanowywała sztukę asertywnego proszenia, było mi coraz przyjemniej postępować zgodnie z jej życzeniami.

Znaczące milczenie

Jednym z kluczowych elementów asertywnego proszenia jest umiejętność zachowania milczenia po wyrażeniu swojej prośby o pomoc. Pozwól partnerowi, by sam pokonał swój opór. Pamiętaj, by nie skomentować jego gniewnych pomruków.

Dopóki zachowujesz milczenie, dopóty masz szansę, że uzyskasz jego pomoc. Jeśli przerwiesz ciszę, natychmiast stracisz swą siłę.

Kobiety nieświadomie przerywają milczenie i tracą przewagę, wypowiadając mniej więcej takie uwagi:

- „Ach, trudno! Nie myśl już o tym!"
- „Niemożliwe, żebyś odmawiał. Przecież tyle dla ciebie robię".
- „Chyba nie proszę o zbyt wiele".
- „To ci zabierze nie więcej niż piętnaście minut".
- „Jestem zawiedziona. To mnie naprawdę zmartwiło".
- „Chcesz powiedzieć, że tego dla mnie nie zrobisz?"
- „Dlaczego nie możesz tego zrobić?"

I tak dalej, i tym podobne. Kobieta wszczyna dyskusję z partnerem, próbując go przekonać, że powinien to zrobić. Teraz już nieważne, czy on zastosuje się do jej życzenia, czy nie — następnym razem będzie jeszcze bardziej oporny.

Jednym z kluczowych elementów asertywnego proszenia jest umiejętność zachowania milczenia po wygłoszeniu swojej prośby.

Żeby dać mężczyźnie szansę spełnienia twojego życzenia, najpierw poproś, a następnie zamilknij. Pozwól mu trochę ponarzekać. Milcz. Słuchaj. W końcu on powie „tak". Jego narzekania nie są skierowane przeciwko tobie, póki z nimi nie dyskutujesz.

Czasami jednak partner nie powie „tak”. Może też zacząć walczyć, zadając ci pytania:

- „Dlaczego sama tego nie zrobisz?”
- „Nie mam czasu. Może jednak ty byś to zrobiła?”
- „Jestem teraz zajęty. A co ty robisz?”

Czasami są to tylko pytania retoryczne i możesz na nie nie odpowiadać. Nie odzywaj się, aż nie stanie się oczywiste, że on naprawdę czeka na odpowiedź. Udziel mu jej wtedy i znowu wypowiedz swoją prośbę. Asertywne proszenie jest zawsze połączone z ufnością, że jeśli partner tylko będzie mógł, na pewno pomoże.

Oto kilka przykładów wskazujących, jak się zachować, kiedy partner zadaje pytania.

On, sprzeciwiając się jej prośbie, mówi:	**Jak ona powinna odpowiedzieć:**
„Nie mam czasu. Czy ty nie możesz tego zrobić?”	„Ja także dzisiaj się spieszę. Czy mógłbyś to zrobić?” (Potem zachowaj milczenie).
„Nie, nie chcę tego robić”.	„Byłabym ci naprawdę wdzięczna. Zrobiłbyś to dla mnie?” (Potem zachowaj milczenie).
„Jestem zajęty. A ty co robisz?”	„Ja również jestem zajęta. Proszę, zrób to”. (Potem zachowaj milczenie).
„Nie mam na to ochoty”.	„Ja także nie mam na to ochoty. Zrobiłbyś to, kochanie?” (Potem zachowaj milczenie).

Zwróć uwagę, że w naszych przykładach kobieta nie próbuje przekonywać partnera. Jeśli mężczyzna jest zmęczony, nie tłumacz mu, że ty też jesteś bardzo zmęczona i że dlatego powinien cię wyręczyć. Staraj się nie przytaczać powodów, dla których musi cię posłuchać. Pamiętaj, że tylko prosisz, nie żądasz.

Jeżeli partner nadal się opiera, cofnij się do etapu drugiego i zaakceptuj jego sprzeciw. Nie jest to odpowiedni moment, by okazywać swe rozczarowanie. Jeśli dasz temu wyraz, następnym razem będzie jeszcze trudniej.

Z czasem odnotujesz postępy w sztuce proszenia i uzyskiwania tego, czego pragniesz. Pamiętaj, że nawet będąc na trzecim etapie, musisz wciąż ćwiczyć umiejętności zdobyte w dwóch poprzednich, zawsze bowiem należy prawidłowo prosić i spokojnie przyjmować odmowę.

DLACZEGO MĘŻCZYŹNI SĄ TACY WRAŻLIWI

Pewnie zadajecie sobie pytanie, dlaczego mężczyźni są tak wrażliwi na punkcie formy, w jakiej prosi się ich o wsparcie.

Przyczyna leży nie w jakimś niezwykłym lenistwie mężczyzn, lecz w tym, że każde życzenie sugeruje, że mężczyzna nie jest w pełni akceptowany.

Pamiętajcie: kobieta jest szczególnie uwrażliwiona na to, czy się ją uważnie słucha i akceptuje, a mężczyzna na to, czy akceptuje się go takim, jakim jest. Każda próba wpływania na niego powoduje, że ma on wrażenie, jakby oczekiwano od niego, iż się zmieni.

Popularne na Marsie przysłowie mówi: „Nie naprawiaj czegoś, co nie jest zepsute". Kiedy mężczyzna czuje, że partnerka chce więcej, myśli, że coś jest z nim nie tak. Wtedy nabiera przekonania, że nie jest kochany.

Dzięki umiejętności prawidłowego proszenia wasz związek znacznie się wzbogaci.

Kobieta nauczy się uzyskiwać więcej miłości i pomocy ze strony partnera, a i on sam dzięki temu poczuje się szczęśliwszy.

Mężczyźni są najbardziej szczęśliwi wówczas, gdy czują, że potrafią w pełni zadowolić osoby, na których im zależy.

Jeśli kobieta będzie w odpowiedni sposób wyrażała swe życzenia, to nie tylko ona sama zostanie obdarzona tym, czego pragnie, ale spowoduje także, że jej partner poczuje się kochany.

W następnym rozdziale porozmawiamy o tym, co czynić, by miłość nie umarła.

ROZDZIAŁ TRZYNASTY

NIE POZWOLIĆ, BY MIŁOŚĆ UMARŁA

Jednym z paradoksów związku miłosnego jest fakt, że kiedy wszystko układa się dobrze i czujemy się kochani, możemy nagle zacząć oddalać się emocjonalnie od naszych partnerów albo zachowywać się wobec nich w zgoła nie „kochający" sposób.

Spróbujcie się zastanowić nad kilkoma przykładami. Słowo „partner" odnosić się tu będzie do partnera-mężczyzny lub partnera-kobiety:

1. Czujemy wiele miłości do partnera, a następnego ranka budzimy się poirytowani i odczuwamy wobec niego niechęć.

2. Jesteśmy kochający, cierpliwi, akceptujący, a potem nagle stajemy się wymagający i niezadowoleni.

3. Nie możemy sobie wyobrazić, że moglibyśmy nie kochać tej osoby, a następnego dnia, po kłótni, zaczynamy poważnie myśleć o rozwodzie.

4. Nasz partner robi dla nas coś miłego, a my czujemy się urażeni tym, że kiedyś wcześniej nas ignorował.

5. Partner bardzo nas pociąga, a nagle czujemy się przy nim apatyczni.

6. Jesteśmy razem szczęśliwi, a potem dochodzimy do wniosku, że nie potrafimy w tym związku osiągnąć tego, na czym naprawdę nam zależy.

7. Jesteśmy pewni miłości partnera, a po chwili odczuwamy o nią niepokój.

8. Hojnie obdarowujemy swoją miłością, a potem nagle stajemy się zamknięci w sobie, krytyczni, źli.

9. Jesteśmy zafascynowani partnerem, a gdy on się zaangażuje, czujemy, że inni są dla nas bardziej atrakcyjni.

10. Chcemy się kochać z partnerem, ale kiedy on wyrazi na to ochotę, nam się nagle odechciewa.

11. Czujemy się zadowoleni z siebie i ze swego życia, a potem niespodziewanie wydaje nam się, że jesteśmy nic nie warci, opuszczeni, „jacyś nie tacy".

12. Mamy wspaniały nastrój i nie możemy doczekać się spotkania z partnerem, lecz gdy się pojawia, jakaś jego uwaga sprawia, że nagle czujemy się rozczarowani, odtrąceni, zmęczeni i odlegli uczuciowo.

Być może zauważyliście, że także waszemu partnerowi zdarzyło się przejść podobne metamorfozy. Poświęćcie jeszcze chwilkę na ponowną lekturę powyższych przykładów, pamiętając tym razem, że również wasz partner może nagle stracić zdolność ofiarowywania wam miłości, na jaką zasługujecie. Bardzo często zdarza się bowiem, że dwoje ludzi, którzy jednego dnia bardzo się kochają, następnego przeżywają przypływ prawdziwej nienawiści.

Choć takie nagłe zmiany są niepokojące, to jednak bardzo powszechne. Jeśli nie rozumiemy, skąd się biorą, możemy doznać wrażenia, jak byśmy stracili kontrolę nad sobą lub, co gorsza, że nasza miłość umarła. Na szczęście jest dla nich wytłumaczenie.

Miłość wyzwala w nas wszystkie nie ujawnione dotąd uczucia. Jednego dnia czujemy się kochani, a następnego nagle przestajemy wierzyć w miłość partnera. Ujawniają się bolesne wspomnienia z przeszłości. Z jednej strony ufamy partnerowi, a z drugiej — przeżywamy ponownie to, co czuliśmy, gdy ktoś bliski nas odrzucił.

Gdy wyzwolimy w sobie miłość do samych siebie, lub wtedy gdy ktoś nas kocha, ciepłe uczucia przejściowo bywają przesłaniane przez „wypływające na powierzchnię", stłumione wcześniej cierpienia. Ból ciągle powraca, ponieważ w miłosnym związku można go uleczyć. Wtedy właśnie nagle stajemy się drażliwi, krytyczni, uparci, wymagający, apatyczni i źli.

Uczucia, których nie wolno nam było dopuścić do głosu, zaprzątają nas teraz, gdy mamy już swobodę ich odczuwania. To miłość wyzwala te negatywne emocje i one na jakiś czas zaczynają dominować w naszym związku.

Wszyscy wędrujemy przez życie z wielkim bagażem minionych cierpień oraz ran z przeszłości ukrytych głęboko. Wtedy właśnie, gdy wiemy, że naprawdę możemy być sobą, nasze zranione uczucia wychodzą na jaw.

Jeśli zdołamy poradzić sobie z tymi emocjami, poczujemy się znacznie lepiej, obudzą się nasze twórcze możliwości i chęć przeżywania miłości. Jeżeli jednak zaczniemy walczyć i obwiniać partnera, zamiast oczyszczać własną przeszłość, to najpierw doznamy wielkiego niepokoju, a potem ponownie stłumimy swoje negatywne uczucia.

Jak nie chciane uczucia wychodzą na jaw

Problem polega na tym, że stłumione uczucia nie uprzedzają nas o swoim nadejściu: „Cześć, to ja, twoje uczucie osamotnienia i opuszczenia. Przychodzę z twojego dzieciństwa". Kiedy poczucie opuszczenia i osamotnienia dochodzi do głosu, mamy wrażenie, jakby to nasz partner nas odrzucił i opuścił. Następuje projekcja bólu z przeszłości w teraźniejszość. Rzeczy, na które zwykle nie zwrócilibyśmy najmniejszej uwagi, bardzo nas teraz bolą.

Przez całe lata tłumimy nasze cierpienia, a potem zakochujemy się i to miłość sprawia, że czujemy się dość bezpieczni, by się otworzyć i uświadomić sobie swoje prawdziwe uczucia.

Miłość powoduje, że otwieramy się i odczuwamy ból.

Wiele par zaczyna walczyć w najpiękniejszych chwilach

Nasze bolesne uczucia z przeszłości ujawniają się nie tylko wtedy, gdy się zakochujemy, lecz także wówczas, gdy jest nam dobrze, czujemy się szczęśliwi i radośni. Często w takich pięknych chwilach zupełnie nieoczekiwanie partnerzy zaczynają ze sobą walczyć.

Konflikty mogą towarzyszyć na przykład przeprowadzce do nowego domu, zmianie wystroju mieszkania, zdobyciu dyplomu, uroczystości religijnej, ślubowi, otrzymaniu prezentu, wakacjom, zakończeniu jakiejś pracy, Wigilii i Wielkanocy, wspólnemu podjęciu decyzji o porzuceniu nałogu, kupnie nowego samochodu, sukcesom zawodowym, wygranej na loterii, zdobyciu pieniędzy, wydaniu dużej kwoty, wspaniałym przeżyciom intymnym.

We wszystkich tych sytuacjach oboje partnerzy, bądź tylko jedno z nich, mogą przeżywać niezrozumiałe emocje i zachowywać się bardzo niespokojnie. Zdenerwowanie albo poprzedza przyjemne chwile, albo zakłóca je; zdarza się również, że następuje bezpośrednio po nich. Bardzo pouczające jest przemyślenie, w jaki sposób nasi rodzice zachowywali się w sytuacjach podobnych do wymienionych wyżej, i jak my sami na takie okoliczności reagujemy.

ZASADA 90/10

Skoro już wiemy, że nie ujawnione w przeszłości uczucia wypływają czasem na powierzchnię, zrozumiemy, dlaczego niekiedy tak łatwo rani nas zachowanie partnera. Kiedy jesteśmy wyprowadzeni z równowagi, 90 procent tego zdenerwowania wynika z przeszłości, a tylko 10 związane jest z sytuacją teraźniejszą.

Spójrzmy na przykład. Jeśli partner jest wobec nas odrobinę krytyczny, może tylko trochę zranić nasze uczucia. Jesteśmy dorośli i dlatego potrafimy zrozumieć, że nie zamierzał nas krytykować, że może ma po prostu zły dzień. Dzięki takiemu rozumowaniu postępowanie partnera nie psuje nam humoru.

Innym razem jednak taka sama krytyka głęboko nas zrani. Jesteśmy wrażliwsi, ponieważ jest to dzień, w którym ujawniły się nasze stłumione uczucia. Jako dziecko bardzo często bywaliśmy krytykowani. Uwaga naszego partnera przyczynia się do „przypomnienia" minionego cierpienia.

W dzieciństwie nie zdawaliśmy sobie sprawy, że jesteśmy niewinni, a niezadowolenie rodziców było ich sprawą, nie naszą. Dzieci zawsze traktują krytykę, odrzucenie i obwinianie bardzo osobiście.

Wyobraźcie sobie, że ktoś leciutko was potrąca. Nie jest to wcale bolesne. Jeżeli jednak macie otwartą ranę, a ktoś potrącając was, uderza dokładnie w to miejsce, ból jest ogromny.

To samo dzieje się wówczas, gdy ożywają uczucia z przeszłości. Stajemy się nadwrażliwi i cierpimy z powodu zwykłego dotknięcia. Musimy jednak pamiętać, że nasz ból byłby o 90 procent łagodniejszy, gdybyśmy mieli za sobą inną przeszłość.

Jak możemy sobie pomagać

Kiedy wychodzą na jaw stłumione uczucia mężczyzny, wycofuje się on do jaskini i oczekuje akceptacji. Kobieta w takiej sytuacji traci poczucie własnej wartości, idzie ze swoją falą na dno i marzy o troskliwej opiece.

Można jednak panować nad swoimi ujawnionymi nagle uczuciami. Jeśli partner zaczyna nas denerwować, to zanim dojdzie do konfrontacji, siądźmy nad kartką papieru i napiszmy o tym, co czujemy. Pisanie *Listu miłosnego* osłabi nasze negatywne nastawienie i automatycznie uleczy ból z przeszłości. *Listy miłosne* ułatwiają skoncentrowanie się na teraźniejszości, dzięki czemu zaczynamy darzyć partnera większym zaufaniem, akceptacją i zrozumieniem; stajemy się zdolni do wybaczania.

Zrozumienie zasady 90/10 pomaga także wtedy, gdy partner zachowuje się wobec nas gwałtownie. Łatwiej zrozumieć jego reakcje, kiedy pamiętamy, że pozostaje pod wpływem przeszłości.

Pamiętajmy, by nigdy w takich momentach nie mówić partnerowi, że reaguje z przesadą. To go tylko bardziej zaboli. Jeśli ukłujemy kogoś w sam środek rany, nie dziwimy się przecież najgwałtowniejszej nawet reakcji.

Jeśli zbyt trudno jest nam słuchać partnera pobudzonego przez ujawniającą się przeszłość, zanim zaczniemy rozmowę, zachęćmy go do napisania *Listu miłosnego.*

List uzdrawiający

Świadomość tego, jak przeszłość wpływa na nasze obecne związki, pomaga w leczeniu uczuć.

Jeżeli partner was uraził, napiszcie do niego *List miłosny* i podczas pisania zastanówcie się, czy odnosi się to do waszej przeszłości. Jeżeli odnajdziecie w sobie wspomnienie sprzed lat i dojdziecie do wniosku, że wasze zdenerwowanie wywołał ojciec czy matka, piszcie dalej, lecz teraz kierując już *List miłosny* do któregoś z rodziców. Potem sformułujcie *Odpowiedź* i całość przedstawcie partnerowi.

Partnerowi na pewno się to spodoba. Wspaniale jest pomóc w przezwyciężeniu 90 procent bólu, kiedy się wie, że nikt nas za tę część cierpienia nie obwinia.

Jeżeli zależy wam, aby wasz partner był bardziej wrażliwy na wasze uczucia, pozwólcie mu partycypować w swojej przeszłości. Umożliwią wam to *Listy miłosne.*

NIGDY NIE JESTEŚCIE ŚWIADOMI PRAWDZIWEJ PRZYCZYNY SWOJEGO ZDENERWOWANIA

Gdy będziecie pisywać *Listy miłosne*, zauważycie, że najczęściej jesteście wytrąceni z równowagi przez coś zupełnie innego, niż się z początku wydawało. To pełne doświadczenie głębszych emocji sprawia, że ustępują one równie nagle, jak nagle się pojawiły.

Oto kilka przykładów:

1. Pewnego ranka Jim obudził się zirytowany. Cokolwiek robiła jego partnerka, bardzo go denerwowała. Kiedy zabrał się do pisania *Listu miłosnego*, odkrył, że tak naprawdę źródłem jego złości było zachowanie się jego matki, która w dzieciństwie nazbyt go kontrolowała. Napisał wobec tego *Minilist miłosny* do matki. Kiedy skończył, nie był już zły na partnerkę.

2. Po wielu miesiącach cudownej miłości Lisa stała się nagle bardzo krytyczna wobec swego partnera. W czasie pisania *Listu miłosnego* zrozumiała, że w głębi duszy nie wierzy, by była wystarczająco dobrą partnerką, i obawia się, czy ukochany się nią nie znudzi. Po tym odkryciu stała się znowu zdolna do okazywania miłości.

3. Następnego ranka po wspaniale spędzonym wieczorze Bill i Jean okropnie się pokłócili. Jean okazała niezadowolenie z tego, że Bill o czymś zapomniał, a on nagle zażądał rozwodu. Pisząc potem *List miłosny* zrozumiał, że bardzo boi się, iż zostanie porzucony. Wróciło uczucie przykrego osamotnienia, które ogarniało go w dzieciństwie, kiedy rodzice się kłócili. Napisał *List* do rodziców i nagle odczuł przypływ miłości do żony.

4. Mąż Susan, Tom, pracował do późna, by skończyć jakiś ważny projekt. Kiedy wrócił do domu, zastał żonę wyjątkowo poirytowaną. Co prawda, zrozumiała, że był zajęty, ale nie mogła zapanować nad złością. Pisząc *List miłosny*, Susan odkryła w sobie złość na ojca, który porzucił matkę, kiedy Susan była dzieckiem. Susan napisała do ojca i przestała się gniewać na Toma.

Kiedy będziecie pisywać *Listy miłosne*, często napotkacie swoje przeżycia i wspomnienia z przeszłości. Stanie się też dla was jasne, że większość niepokojów, które odczuwacie, pochodzi właśnie stamtąd.

SPÓŹNIONA REAKCJA

Nie tylko miłość i poczucie bezpieczeństwa, lecz także spełnienie jakiegoś ważnego pragnienia powoduje ujawnienie się naszych stłumionych uczuć. Pamiętam, jak to odkryłem. Zdarzyło się to wiele lat temu. Chciałem się kochać ze swoją partnerką, ale ona nie miała nastroju. Zaakceptowałem to. Następnego wieczoru znów dawałem jej do zrozumienia, że chcę się kochać, lecz wciąż nie wyrażała ochoty. Powtarzało się to przez dwa tygodnie. Pod koniec tego okresu zacząłem odczuwać urazę. Wtedy jednak nie umiałem jeszcze mówić o swoich uczuciach. Udawałem więc, że wszystko jest w porządku. Tłumiłem negatywne uczucia i zachowywałem się jak ktoś bardzo kochający.

Robiłem wszystko, żeby była zadowolona, ale w głębi duszy byłem coraz bardziej urażony. Wreszcie podarowałem jej piękną nocną koszulę, a gdy okazała miłe zaskoczenie, poprosiłem, żeby ją przymierzyła. Odmówiła. Wtedy się poddałem. Zapomniałem o seksie. Pogrążyłem się w pracy i cały czas tłumiłem swoje niezadowolenie. Minęły następne dwa tygodnie i któregoś dnia po powrocie do domu zastałem swoją partnerkę w zakupionej wtedy bieliźnie. Na stole czekała kolacja, płonęły świece, w tle słyszałem dyskretną muzykę. Wyobraźcie sobie moją reakcję. Nagle odczułem całą nagromadzoną urazę. Pomyślałem: „Teraz ty się męcz przez cztery tygodnie!"

Po pewnym czasie zrozumiałem, że to jej gotowość spełnienia moich pragnień wyzwoliła zadawniony ból.

Zacząłem dostrzegać tę prawidłowość w wielu innych sytuacjach, a także w swojej praktyce terapeutycznej. Często gdy jedno z partnerów decydowało się dokonać zmiany na lepsze, drugie nagle stawało się niechętne i skore do kłótni.

Ilekroć Bill chciał ofiarować May to, czego pragnęła, tylekroć ona odpowiadała mu: „Za późno" lub: „Teraz to już niepotrzebne".

Spotykałem się kiedyś z parą, która żyła razem przez dwadzieścia pięć lat, wychowała dzieci i gdy te odeszły z domu, kobieta nagle zażądała rozwodu. Jej mąż ocknął się i postanowił się zmienić. Kiedy zaczął dokonywać zmian na lepsze i okazywać jej miłość, na którą czekała przez tyle lat — ona zareagowała zimno i odpychająco. Wydawało się, że chciała, aby teraz on cierpiał.

Na szczęście, kiedy zaczęli rozmawiać o swoich uczuciach i on okazał zrozumienie dla jej emocji, powoli stała się zdolna do przyjęcia zmian.

DLACZEGO ZDROWI LUDZIE POTRZEBUJĄ LECZENIA

Im głębszy jest wasz związek, tym silniejsze uczucie. Miłość staje się coraz piękniejsza, a w wyniku tego ujawniają się coraz boleśniejsze uczucia, takie jak strach czy wstyd, które trzeba uleczyć. Zazwyczaj blokuje nas to i nie wiemy, jak postępować z naszymi negatywnymi emocjami.

Aby uleczyć swoje uczucia, musimy się nimi podzielić, lecz jesteśmy zbyt wstydliwi, by je wyjawić. W takich chwilach popadamy w depresję, niepokój, znudzenie, odczuwamy nagle sprzeciw lub wyczerpanie — wszystko bez widocznego powodu.

Instynktownie chcemy wówczas uciec od miłości albo umocnić nasze nałogi. Nie wolno nam jednak uciekać i szukać schronienia. Nadszedł najlepszy moment, by uleczyć nasze uczucia. Bardzo rozsądnie byłoby teraz właśnie zwrócić się o pomoc do terapeuty.

Kiedy ujawniają się głębokie uczucia, przenosimy je na najbliższą sobie osobę. Jeśli nigdy dotąd nie czuliśmy się dość bezpiecznie, by wyrazić swoje uczucia wobec byłego partnera czy partnerów, nie jesteśmy zdolni do tego, by uświadomić sobie to, co czujemy, wobec kogoś, kto obecnie jest nam bliski.

Jest w tym swoisty paradoks: ponieważ czujemy się przy naszym partnerze bezpieczni, nasze głębokie lęki mają szansę ujawnienia. Kiedy jednak zaczynamy je odczuwać, stajemy się niezdolni do podzielenia się tym, co czujemy. Paraliżuje nas strach, a uczucia, które wypłynęły na powierzchnię, zamierają.

To prawdziwy paradoks: ponieważ czujemy się przy naszym partnerze bezpieczni, nasze najgłębsze lęki mają szanse ujawnienia. Kiedy jednak zaczynamy je odczuwać, stajemy się niezdolni do podzielenia się tym, co odczuwamy. Paraliżuje nas strach.

Właśnie wtedy bardzo pomocny bywa terapeuta. Kiedy jesteście z kimś, na kogo nie przenosicie swoich lęków, możecie doświadczyć ujawniających się uczuć. Obecność partnera w takich przypadkach tylko was blokuje. Uzdrawiające mogą się okazać nie tylko spotkania z terapeutą, lecz także z grupą życzliwych ludzi. Nawet najszczęśliwszy związek miłosny nie zdoła tego zastąpić. Jeśli przenosimy dawne uczucia na partnera, nie może on nam pomóc.

Uświadomienie sobie, jak nasza przeszłość stale wpływa na obecny związek uczuciowy, pozwoli nam zaakceptować przypływy i odpływy miłości. Zaczynamy ufać miłości, a to naprawdę ma zbawienny skutek. Nie chcąc dopuścić, by miłość umarła, musimy być elastyczni i dostosować się do każdej z czterech pór miłości.

CZTERY PORY MIŁOŚCI

Związek uczuciowy jest podobny do ogrodu — jeśli ma rozkwitać, musi być regularnie podlewany. Każdej porze roku odpowiada specyficzny rodzaj pielęgnacji. Trzeba wyrywać chwasty i siać nowe ziarno. Podobnie, aby utrzymać przy życiu naszą miłość, musimy zrozumieć naturę każdej z jej kolejnych pór i dostosować się do jej szczególnych wymagań.

Wiosna miłości

Zakochanie jest jak wiosna. Czujemy się tak, jakbyśmy mieli zawsze być szczęśliwi. Nie wyobrażamy sobie, jak moglibyśmy nie kochać naszego partnera. Przyszedł czas niewinności. Miłość wydaje się wieczna. W tej czarownej aurze wszystko przychodzi z łatwością i wydaje się idealne. Wspaniale do siebie nawzajem pasujemy. Bez wysiłku tańczymy nasz cudownie harmonijny taniec, wierząc w naszą szczęśliwą gwiazdę.

Lato miłości

Latem odkrywamy, że partner nie jest tak idealny, jak nam się wydawało, i że musimy nad naszym związkiem popracować. Nasz wybranek nie tylko pochodzi z innej planety, ale jest zwyczajnym człowiekiem posiadającym także wady. Rodzą się frustracje i rozczarowanie. Trzeba usunąć chwasty, a roślinki wymagają dodatkowej porcji wody, by nie uschły w palącym słońcu. Nie jest już łatwo dawać miłość i otrzymywać miłość, jakiej nam trzeba. Odkrywamy, że nie zawsze jesteśmy szczęśliwi i nie zawsze czujemy do partnera gorące uczucie. Nie tak wyobrażaliśmy to sobie.

Na tym etapie wielu ludzi traci złudzenia. Nie chcą pracować nad swoim związkiem. Cierpią, że wiosna nie trwa wiecznie. Obwiniają o to „drugą stronę", nie podejmują starań, nie rozumieją, że miłość nie jest łatwa, że czasem wymaga ciężkiej pracy pod palącym słońcem. W lecie naszego związku musimy zaspokajać potrzeby uczuciowe partnera i otrzymywać od niego takie dowody miłości, jakich pragniemy, a to nie dzieje się automatycznie.

Jesień miłości

Przychodzi czas żniw. Czas zbierania owoców naszej letniej pracy. Złota pora — bogata i przynosząca zadowolenie. Doświadczamy dojrzałej miłości, która akceptuje i rozumie niedoskonałości partnera i nasze własne. Jeśli naprawdę pracowaliśmy w lecie, teraz możemy odprężyć się i cieszyć miłością.

Zima miłości

Potem znów zmienia się pogoda i nadchodzi zima. W czasie chłodnych miesięcy wszystko w naturze zamyka się w sobie.

Nadszedł czas odpoczynku, refleksji i odnowy. Doświadczamy swego nie ujawnionego bólu kryjącego się dotąd w cieniu. Nadszedł czas, gdy rozwijamy się samotnie i jesteśmy skupieni na własnych problemach. Mężczyźni zastygają w swoich jaskiniach, kobiety na samym dnie, dokąd doniosła je uczuciowa fala.

A potem, dzięki miłości, jaką darowaliśmy samym sobie, budzimy się uleczeni. Nasze serca znów są gotowe otworzyć się na wiosnę miłości.

SZCZĘŚLIWE ZWIĄZKI

Po przestudiowaniu podręcznika wskazującego, jak polepszyć swoje umiejętności porozumiewania się oraz uzyskiwania w związkach uczuciowych tego, na czym wam zależy, jesteście dobrze przygotowani, by wasze związki były naprawdę szczęśliwe. Macie powody, by w waszych sercach zagościła nadzieja. Ja sam byłem świadkiem, jak tysiące par przekształciło swoje związki; niektóre z nich uczyniły to dosłownie w ciągu jednego dnia. Jeśli będziecie pamiętać, że kobiety pochodzą z Wenus, a mężczyźni z Marsa, poczujecie, jak znów budzi się w was miłość.

Musicie jednak zdawać sobie sprawę z tego, że miłość ma swoje cztery pory. Wszystko, co wiosną przychodzi bez trudu, latem wiąże się z ciężką pracą. Jesienią doświadczycie pełni, a zima przyniesie pustkę.

Latem, kiedy wszystko staje się trudne i nie doznajecie miłości, jakiej wam potrzeba, może się zdarzyć, że w jednej chwili zapomnicie o wszystkim, czego dowiedzieliście się z tej książki. Może znów będziecie obwiniać partnera i przestaniecie zaspokajać jego potrzeby. Być może, staniecie się cyniczni i zechcecie się poddać.

Kiedy nadejdzie pustka zimy, prawdopodobnie poczujecie beznadziejność. Będziecie obwiniać samych siebie i odmówicie sobie miłości. Może będziecie wątpić w siebie i w partnera. Lecz jest to po prostu pewien etap cyklu. Zawsze przed świtem jest najciemniej.

Aby zapewnić sobie szczęśliwy związek, musicie zrozumieć i zaakceptować cztery pory miłości. Musicie też być wobec siebie wyrozumiali i nie wymagać trwałej i niezawodnej pamięci o wszystkim, czego dowiedzieliście się z tej książki.

W procesie uczenia się jest miejsce nie tylko na słuchanie i przyswajanie, lecz także na zapominanie i ponowne odnajdywanie w pamięci.

W tej książce znaleźliście wiedzę, której nie mogli wam przekazać rodzice, ponieważ jej nie znali. Wy, co prawda, uzyskaliście ją, lecz bądźcie wobec siebie tolerancyjni. Każdy może popełniać błędy i zapominać — nawet o rzeczach ważnych. Wymagajcie od siebie cierpliwości w stawianiu drobnych i nieporadnych czasem kroków.

Istnieje teoria, która mówi, że aby się nauczyć czegoś nowego, trzeba to usłyszeć dwieście razy. W waszym przypadku trzeba jeszcze dodać, że musicie się ponadto wielu rzeczy oduczyć. Nie jesteśmy niewinnymi dziećmi. Zostaliśmy ukształtowani przez rodziców, kulturę, w której wzrośliśmy, i nasze bolesne doświadczenia.

Przyjęcie nowej wiedzy i walka o szczęśliwy związek emocjonalny jest wielkim wyzwaniem. Jesteście pionierami. Poznajecie nieznany ląd. Liczcie się z tym, że i wy, i wasz partner możecie czasem zabłądzić. Zaglądajcie do tej książki, tak jak zaglądacie do mapy, kiedy zgubicie drogę.

Kiedy następnym razem coś was będzie w płci przeciwnej irytowało, przypomnijcie sobie, że mężczyźni są Marsa, a kobiety z Wenus.

Nawet jeżeli niczego więcej z tej książki nie zapamiętacie, to i tak będzie wam łatwiej żyć ze świadomością, że macie różne natury.

Jeżeli wyrzekniecie się krytykowania oraz oskarżania i konsekwentnie będziecie prosić o to, na czym wam zależy, stworzycie związek, jakiego potrzebujecie i na jaki każde z was zasługuje.

Wiele jeszcze przed wami. Życzę wąm, byście rozwijali w sobie miłość i światło. Dziękuję, że pozwoliliście mi zmienić swoje życie.

SPIS TREŚCI